«Der Wandel des Fußballs hängt eng zusammen mit dem Wandel des Trainerjobs. Früher waren sie eben das: Fußballtrainer. Heute müssen sie zig Funktionen in einem erfüllen. Sie müssen Mannschaftsführer sein, Lehrer, Taktikfuchs, Psychologe, Physiotherapeut, Experte für die sich ständig weiterentwickelnde Trainingswissenschaft und abgebrühte Medienprofis. Trainer genießen fast so viel Popularität wie ihre Spieler. Sieg oder Niederlage, Triumph oder Debakel, schöner oder hässlicher Fußball: All das wird heute am Trainer festgemacht. Und nicht ohne Grund, wie die vergangenen Jahre zeigen. Ein guter Trainer kann den Unterschied machen zwischen einer durchschnittlichen und einer sehr guten Mannschaft.»

Tobias Escher beschäftigt sich rund um die Uhr mit Fußball. Er ist Mitbegründer des Taktikblogs *Spielverlagerung.de*, das zahlreiche Auszeichnungen erhalten hat. In der Internetsendung *Bohndesliga*, einer Produktion von Rocket Beans TV, analysiert er die Spiele der Bundesliga. Als freier Journalist schreibt Escher ebenfalls für *Zeit Online*, *11 Freunde* und erarbeitet Taktikanalysen für das ZDF. Das *Medium-Magazin* wählte ihn 2013 unter die besten zehn Sportjournalisten Deutschlands.

TOBIAS ESCHER

DIE ZEIT DER STRATEGEN

Wie Guardiola, Löw, Mourinho und Co.
den Fußball neu denken

Rowohlt Taschenbuch Verlag

6. Auflage November 2020

Originalausgabe
Veröffentlicht im Rowohlt Taschenbuch Verlag,
Reinbek bei Hamburg, April 2018
Copyright © 2018 by Rowohlt Verlag GmbH, Reinbek bei Hamburg
Umschlaggestaltung ZERO Media GmbH, München
Umschlagabbildungen Claudio Villa; Laurence Griffiths/Staff;
Chris Brunskill – AMA/Kontributor/Getty Images; FinePic®, München
Satz aus der FF Scala bei Dörlemann Satz, Lemförde
Druck und Bindung CPI books GmbH, Leck, Germany
ISBN 978 3 499 63307 2

Inhalt

«Schnelligkeit im Fußball ist nicht das Resultat schneller Beine, sondern klugen Vorausdenkens!»

SEPP HERBERGER

Prolog

Fußball ist ein einfaches Spiel. Oder etwa nicht? Wer den Fußball der jüngeren Vergangenheit verfolgt, dürfte nicht immer das Gefühl haben, einen einfachen Sport vor sich zu haben. Früher hieß es: «Geht's raus und spielt's Fußball.» Heute ist von falschen Neunern die Rede und von abkippenden Sechsern, von Fünferketten und Matchplänen, von individueller Belastungssteuerung und von digitalen Scouting-Lösungen. Ist das, wie der *kicker* vorwurfsvoll formulierte, «der Versuch einer Elite, durch eine Verwissenschaftlichung der Begriffspalette jene von der Diskussion um den Volkssport Nummer eins auszuschließen, denen man ohnehin nicht zutraut, etwas von der Materie zu verstehen»? Anders gefragt: Was hat sich schon verändert? Ein Ball, 22 Spieler, ein Platz mit 7140 Quadratmetern – so war der Fußball, so wird er immer sein. Warum sollte der Sport plötzlich komplexer geworden sein, wie man allerorten hört?

Die Antwort liegt, wie Otto Rehhagel einst so schön sagte,

auf dem Platz. Wer ein heutiges Fußballspiel mit einer Partie aus den Sechzigern, den Neunzigern oder auch nur von vor zehn Jahren vergleicht, kann sich fragen: Ist das dieselbe Sportart? Früher benötigten die Teams eine halbe Minute, um den Ball von einem Tor vor das andere zu treiben. Heute liegen zwischen Balleroberung und Torabschluss oft keine zehn Sekunden. Früher zogen sich die Teams nach einem Ballverlust an den eigenen Strafraum zurück und warteten ab, was der Gegner tut. Heute ergreift eine Mannschaft nach dem Ballverlust sofort wieder die Initiative, das gesamte Team schiebt nach vorne. Vor zwanzig Jahren liefen die Spieler sieben bis acht Kilometer pro Spiel, heute legen Mittelfeldspieler in neunzig Minuten Strecken von vierzehn Kilometern oder mehr zurück. Der Fußball ist athletischer geworden, schneller, durchdachter. Die Spieler bewegen sich, überspitzt formuliert, wie orchestrierte Roboter über den Platz. Ja, der Fußball hat sich verändert. Man muss beide Augen fest zukneifen, um das nicht zu erkennen.

Der Wandel ereignete sich nicht von heute auf morgen. Ein Grund dafür ist das viele Geld, das mit dem Profifußball verdient wird. Die Umsätze der Spitzenklubs haben sich seit den neunziger Jahren verzehnfacht. Das Interesse am Fußball macht es möglich. Der Fan bezahlt, sei es für das Stadionticket, Merchandising oder Pay-TV-Abos. Viel von diesem Geld stecken die Klubs in irrwitzige Transfersummen und immer höhere Gehälter. Doch es fällt auch etwas für andere Bereiche ab: für die Nachwuchsarbeit, mit der bereits sehr junge Talente gesucht und gefördert werden, für immer modernere Trainingsplätze, auf denen Fußballer effektiver trainieren können, oder für technische Innovationen, die Spielern helfen, schneller zu regenerieren und besser Muskeln aufzubauen. Im Spitzenfußball sind vollkommen andere Leistungen möglich, als noch vor zwanzig Jahren. Technisch, weil die Spieler besser ausgebildet sind. Athletisch, weil die Spieler effektiver trainieren. Taktisch, weil Spieler bereits in der Jugend verschiedene Systeme kennenlernen und ein wesentlich höheres Verständnis für taktische Fragen haben als früher.

Der Fußball hat sich in sämtlichen Bereichen professionalisiert. Vorbei sind die Zeiten, als Manager aus Lust und Launen heraus Spieler verpflichteten. Horst Hrubesch, einer der treffsichersten Stürmer seiner Zeit, wurde erst entdeckt, als er schon 24 war, per Zufall, bei einem Spiel für einen Amateurklub. Heute beschäftigen die großen Vereine Kaderplaner, die genaue Vorstellungen entwickeln, welche Spieler zum Klub passen und welche nicht. Scouts leuchten mögliche Neuverpflichtungen aus bis ins kleinste Detail. Ärzte und Physiotherapeuten überwachen die Blutwerte der Spieler, stets besorgt, dass die Spieler konditionell oder athletisch abfallen. Möglichst wenig soll dem Zufall überlassen werden – in der Vergangenheit ein häufig bemühter Faktor im Fußball.

Den größten Einfluss auf die Entwicklung des Fußballs hatten aber nicht die hypermodernen Trainingszentren oder die Sponsoren mit dem vielen Geld. Es sind Menschen, die mit ihren Ideen die Welt verändern. Im Fußball findet man diese Menschen oft auf den Trainerbänken. Es liegt in der Natur des Berufs: Die Forschung mag große Durchbrüche in der Trainingswissenschaft erzielt haben, die Mannschaften mögen intelligenter zusammengestellt sein, die Spieler besser ausgebildet. Am Ende entscheidet der Trainer, wie eine Mannschaft spielt, wie sie trainiert, welche Taktik sie umsetzt. In der Geschichte des Fußballs gab es immer wieder Trainer, die auf diese Fragen neue, innovative Antworten gefunden haben.

Sei es, indem sie neue Trainingsmethoden anwandten, neue Strategien erprobten oder ihre Mannschaft völlig unerwartet aufstellten. Die Trainer sind das kleine Rädchen im Zahnradgetriebe Fußball, um das sich alle anderen Rädchen drehen.

Der Wandel des Fußballs hängt eng zusammen mit dem Wandel des Trainerberufs. Kein Posten im Fußball hat sich in den vergangenen zwanzig Jahren so sehr verändert wie der Beruf des Trainers. Früher waren sie eben das: Fußballtrainer. Heute müssen sie zig Funktionen auf einmal erfüllen. Sie müssen Mannschaftsführer sein, Lehrer, Taktikfuchs, Psychologe, Physiotherapeut, Experte für die sich ständig weiterentwickelnde Trainingswissenschaft und – last, but not least – abgebrühte Medienprofis. Nie war das Scheinwerferlicht, das auf die Trainer fällt, greller als heute. Trainer genießen fast so viel Popularität wie ihre Spieler. Sieg oder Niederlage, Triumph oder Debakel, schöner oder hässlicher Fußball: All das wird häufig am Trainer festgemacht. Die Erwartungen steigen ins Unermessliche, wenn Pep Guardiola zu Bayern München oder José Mourinho zu Manchester United wechselt. Und das nicht ohne Grund, wie die vergangenen Jahre zeigen: Ein guter Trainer kann den Unterschied machen zwischen einer durchschnittlichen und einer sehr guten Mannschaft.

In diesem Buch möchte ich Ihnen Trainer vorstellen, die den Fußball in den vergangenen Jahren maßgeblich geprägt haben. Die Einfluss darauf hatten, wie heute Fußball gespielt wird. Ich möchte ihre Ideen vorstellen, ergründen, wie sie auf diese Ideen gekommen sind, und beschreiben, was sie einzigartig macht und wieso sie mit ihren Mannschaften Erfolge feiern. Erfolg muss nicht gleichbedeutend sein mit dem Gewinn von Titeln. Es kann auch ein Erfolg sein, wenn ein Trainer besonders schönen Fußball spielen lässt oder wenn seine Ideen so revolutionär sind, dass sie seine Kollegen inspirieren. Kurz: Ich möchte analysieren, wie elf Trainer den Fußball verändert haben.

Ein Fußballteam ist ein komplexer Organismus, Fußball ein komplexer Sport. Kondition, Technik, Psychologie, Taktik, Form, persönliche Animositäten und Kritik von außen – all diese Dinge entscheiden über Erfolg und Misserfolg. Ein Trainer muss die richtigen Entscheidungen treffen, um alle Themen unter einen Hut zu bekommen. Jeder Trainer hat Bereiche, in denen er sich besonders auskennt. Der eine mag ein Meister der Trainingslehre sein, der andere ein abgebrühter Medienprofi, der Dritte ein einfühlsamer Psychologe. Viele Wege führen nach Rom. Ich möchte zeigen, welche neuen Wege die Trainer in den jeweiligen Teilbereichen des Fußballs beschritten haben.

Ein Aspekt, der in den vergangenen Jahren immer wichtiger wurde, ist die Taktik. Es ist der Bereich des Fußballs, in dem ich mich besonders gut auskenne. Seit Jahren beobachte, analysiere, beschreibe ich Strategien und Taktiken, mit denen Spitzenteams Erfolge feiern. Als Blogger habe ich auf der Seite *Spielverlagerung.de* angefangen, über das Phänomen Taktik zu berichten. Mittlerweile habe ich das Hobby zum Beruf gemacht. Taktik nimmt auch in diesem Buch einen großen Stellenwert ein, ist sie doch der Bereich, der sich in den vergangenen Jahren maßgeblich gewandelt hat. Trainer definieren sich mehr denn je über ihre Spielphilosophie, über die taktischen Ideen, die sie ihren Spielern mitgeben. Die Professionalisierung hat dazu geführt, dass die Klubs mittlerweile Analysten und Scouts einstellen, die ihren Chefs zuarbeiten. Sie analysieren den kommenden Gegner, suchen Stärken und

Schwächen. Sie helfen den Trainern, für jeden Gegner maßgeschneiderte Taktiken zu entwerfen.

Strategie und Taktik
Strategie und Taktik werden oft synonym verwendet, bezeichnen aber zwei unterschiedliche Konzepte. Die Strategie bezieht sich auf übergeordnete Fragen, die ein Trainer über längere Zeit prägt: Ist es ihm wichtiger, dass seine Mannschaft Tore schießt, oder soll sie in erster Linie Tore verhindern? Will ein Team den Ball haben, oder spielt es stärker auf Konter?
Die Taktik bezeichnet die einzelnen Elemente, die genutzt werden, um eine Strategie umzusetzen. Das Konterspiel ist beispielsweise ein strategisches Element. Der lange Ball, um schnell das Mittelfeld zu überbrücken, wäre ein dazu passendes taktisches Element.

Es ist kein Zufall, dass die erfolgreichsten Trainer der vergangenen Jahre auch die taktisch klügsten waren. Pep Guardiola und José Mourinho haben mehr Titel gewonnen als jeder andere Trainer. Sie sind zwei Taktikfüchse, jeder auf seine Art. Auch Jürgen Klopp, Joachim «Jogi» Löw oder Antonio Conte haben ihre Teams mit den richtigen Strategien an die Spitze geführt. Man könnte dies als Ex-post-Analyse abtun nach dem Motto: «Der Sieger schreibt die Geschichte.» Ich argumentiere andersherum: Zunächst stand bei all diesen Trainern die Spielidee, die Philosophie, nach der sie spielen ließen. Die Erfolge stellten sich erst ein, als ihre Spielideen fruchteten. Darum möchte ich mich auch gar nicht zu sehr auf ihre Titel, auf ihre Erfolge fokussieren. Ich lasse die Arbeit der Trainer für sie sprechen.

Thomas Tuchel verglich ein Fußballspiel im Interview mit dem *ZeitMagazin Mann* mit einem Theaterstück: «Die Mannschaften gehen raus, dann ist Aufführung, und wir gucken alle das Spiel.» Ein bisschen gleicht der Trainerberuf tatsächlich dem eines Regisseurs: Er behält den Überblick, plant alles, versucht, den Spielern seine Vision zu vermitteln. Am Ende sind zwar die Spieler die Schauspieler, die das Stück aufführen. Es waren aber die Trainer, die ihnen das Wie an die Hand gaben. Insofern spiegelt ein Fußballspiel auch immer die Philosophie und ein Stück weit auch die Persönlichkeit eines Trainers, genau wie Theaterstücke häufig Spiegelbilder ihrer Regisseure sind. In meinen Porträts wiegen daher die Taten der Protagonisten mehr als ihre Worte; der Fokus liegt auf der Analyse ihrer Arbeit, ihrer Aufführungen, die sie der Welt präsentieren. Was sind die Methoden dieser Trainer? Wie sieht ihre bevorzugte Taktik aus? Wie sieht ihre tägliche Arbeit aus? Was machen sie anders als ihre Kollegen? Welche Menschen haben sie beeinflusst, und welchen Mitarbeitern vertrauen sie? Wie sieht ihre Trainingsmethodik aus, welche Strategie steckt hinter ihrer Aufstellung? Kurz: Wie denken sie den Fußball neu?

Die Biographien und die Persönlichkeiten der Trainer sind dabei wichtige Bausteine, um ihren Erfolg zu erklären. Unsere Umgebung formt uns zu dem, was wir sind. Ich werde in jedem Kapitel den Werdegang und die wichtigsten Eigenheiten eines Trainers vorstellen. Was ich nicht machen werde: Ihnen vorbeten, wie fleißig und fußballverrückt sie sind. Jedes Porträt ließe sich mit denselben Phrasen ausschmücken: Sie alle lieben den Fußball. Abgöttisch. Man könnte sie nachts wecken, und sie würden Vorträge halten über die Stärken und die Schwächen ihres Linksverteidigers oder über die Taktik des kommenden Gegners. Alle Trainer erscheinen morgens als Erster auf dem Trainingsgelände und verlassen es abends als Letzter. Sie alle haben schon Nächte durchgearbeitet oder sind mitten in der Nacht aufgestanden, weil sie eine geniale Idee hatten, die sie unbedingt sofort notieren mussten. Im Spitzenfußball ist dieser Fleiß keine herausragende Eigenschaft, er ist die Grundvoraussetzung. Qualität kommt in dieser Welt immer auch von Qual – und von ständiger Selbstoptimierung. Alle Trainer sind immer auf der Suche nach neuen Ideen, nach Inspirationen, nach neuen Mitteln und Wegen, ihre Mannschaft besser zu machen. Sie alle sind Laptoptrainer, denn mal ehrlich: Wer arbeitet heutzutage schon ohne Laptop?

Für dieses Buch habe ich mir Tausende Fußballspiele angesehen, bin zu Trainings von Bundesliga-Vereinen gefahren, habe Zeitungen und Bücher nach Interviews und Anekdoten durchgewälzt. Ich habe Spieler getroffen, die unter diesen Trainern gearbeitet haben, und mit Journalisten und Experten gesprochen, die deren Karrieren bereits lange verfolgen. Ich habe mich bemüht, möglichst viele Informationen über die elf Trainer zusammenzutragen. Nur eines ist mir leider nicht gelungen: persönlich mit ihnen zu sprechen. Einerseits ist das nur zu verständlich: In Zeiten des totalen medialen Interesses am Fußball erhalten die Trainer Dutzende, teils Hunderte Interviewanfragen. Andererseits hat sich bei vielen Klubs mittlerweile eine Wagenburgmentalität entwickelt. Pressesprecher halten Journalisten auf Abstand, beantworten selbst einfache Fragen nicht mehr – Presseabwimmler wäre in den meisten Fällen die passendere Jobbeschreibung.

Ich wage dennoch zu behaupten: Auch ohne persönliche Interviews dürfte dieses Buch Ihnen Erkenntnisse bieten. Es gab auch für mich viele «Aha!»-Momente, als ich die Lebensgeschichten der Trainer und ihre Methoden studierte. Oft ergab sich aus dem einen das andere. Wussten Sie, dass José Mourinho bereits in den Neunzigern am Laptop gearbeitet hat? Dass Jogi Löw seine Trainerausbildung eigentlich in der Schweiz absolvierte? Oder dass Zinédine Zidane Cristiano Ronaldos Vertrauen gewann, indem er gegen ihn in einem Freistoß-Wettbewerb antrat?

Sie werden wahrscheinlich nicht jedem Schluss zustimmen, den ich aus meinen Analysen ziehe. Vielleicht werden Sie auch nicht mit meiner Auswahl an Trainern einverstanden sein. Aber ich hoffe, dass Sie zumindest etwas lernen über die Trainer und ihre Methoden – und nebenbei auch darüber, wie der Fußball im Jahr 2018 funktioniert.

KAPITEL 1

José Mourinho

«Für mich ist Schönheit, dem Gegner nicht zu geben, was er will. Es gibt viele Dichter im Fußball, aber die gewinnen keine Titel.»

Tief versteckt in Mourinhos Computer, im Unterordner eines Unterordners, findet sich eine Datei. Als Benfica Lissabon ihn im Jahr 2000 nach nur wenigen Monaten entließ, legte Mourinho diese Datei an. Er nutzte die erzwungene Auszeit, um seine Karriere Revue passieren zu lassen. Seit über einem Jahrzehnt arbeitete er nun im Fußball – zunächst als Scout, später als Assistenztrainer, jetzt als Cheftrainer. Er wollte das Wissen, das er in dieser Zeit erlangt hat, katalogisieren. Trainingsmethoden. Taktische Ideen. Spielvorbereitung. Analysen des Gegners. Berichte über neue Talente, die er entdeckt hat. Seine Medienstrategie. All das sammelte er in dieser einen Datei. Und das war erst der Anfang: Seit knapp zwanzig Jahren pflegt Mourinho die Datei. Er verbringt Stunden an seinem Laptop, um Dokumente auf dem neuesten Stand zu halten. Nur wenige Eingeweihte dürfen einen Blick darauf werfen. Mourinho taufte sie «Die Bibel».

Obwohl ich mich seit Jahren mit der Arbeit von Mourinho

beschäftige, war die Tatsache, dass Mourinho derart methodisch vorgeht, neu für mich. Mourinho – ein Pedant, der seine komplette Arbeit im Detail protokolliert? Es will so gar nicht recht passen zu dem Bild, das ich von Mourinho hatte. Mourinho, das Großmaul. Mourinho, der Defensivstratege. Mourinho, der «Special One», dem jedes Mittel für den Erfolg recht ist. Es schien mir irgendwie falsch zu sein, dass dieser Mann, der gerne gegnerische Trainer verspottet und über sich selbst in der dritten Person redet, dass dieser Mann stundenlang vor seinem Laptop sitzt und jeden einzelnen Schritt seiner Arbeit akribisch protokolliert.

Mourinho hat das Spiel mit den Medien perfektioniert. Jedes Mikrophon nutzt er als Bühne, um sich selbst darzustellen. Nicht nur der Mensch Mourinho verschwindet hinter dieser Fassade, sondern auch der Fußballtrainer. Was macht Mourinho eigentlich den ganzen Tag lang? Was zeichnet ihn als Trainer aus? Und wie konnte er zu einem der größten Trainer unserer Zeit werden? Diese Fragen sind gar nicht so leicht zu beantworten bei einem Menschen, der sein Image genau steuert. Der sein privates Ich vor der Öffentlichkeit abschottet und über jedes Detail wacht, das nach außen dringt. Doch wenn man sich näher mit Mourinho als Trainer beschäftigt, stellt man fest: Es steckt mehr hinter ihm, als man vermuten würde. Mourinho ist einen steinigen Weg gegangen, um zu einem der erfolgreichsten Trainer unserer Zeit zu werden. Und er steht beispielhaft für eine wichtige Einsicht: Ein großer Trainer muss kein großer Spieler gewesen sein.

Mourinhos «Bibel» liefert einen ersten Anhaltspunkt, wie der allseits bekannte und doch irgendwie völlig unbekannte Trainer Mourinho tickt. Als José Mourinho in den Neunzigern seine Trainerkarriere begann, besaßen Fußballtrainer keine Laptops, viele nicht einmal einen Computer. Mourinho war ein Außenseiter, nicht nur aufgrund seiner Vorliebe für Hochleistungsrechner. Für Fußballenthusiasten, die nicht selbst auf höchstem Niveau gespielt haben, war es zu jener Zeit nahezu unmöglich, als Trainer im bezahlten Profifußball zu arbeiten. Der Job des Trainers war Ex-Spielern vorbehalten, speziell in Mourinhos Heimat Portugal. Den meisten portugiesischen Klubs standen Ex-Profis als Präsidenten vor. Sie reservierten die Plätze auf den Trainerbänken für ihre früheren Teamkollegen.

Mourinhos Traum, mit Fußball sein Geld zu verdienen, war nahezu aussichtslos. Er versuchte es trotzdem. Mourinho hatte eine tiefe Verbindung zum Fußball, er wurde praktisch in den Fußball hineingeboren. Sein Vater Félix Mourinho war von Beruf Torhüter. Höhepunkt von dessen Karriere war ein Länderspieleinsatz für Portugal. Nach seinem Karriereende arbeitete er als Trainer. José schaute seinem Vater stets über die Schulter. Als kleiner Junge alberte er mit den Mitspielern seines Vaters herum, später war er Mitarbeiter des Trainerstabs. José arbeitete als sogenannter Scout: Er beobachtete für seinen Vater den nächsten Gegner. So lernte er früh das Trainergeschäft kennen – auch dessen Schattenseiten. Hilflos musste er mit ansehen, wie sein Vater wieder und wieder den Job verlor und wie die Familie darunter litt. Die wohl prägendste Erfahrung ereignete sich Weihnachten 1984: Familie Mourinho hatte sich gerade zum Weihnachtsessen eingefunden, als das Telefon klingelte. Der Vereinspräsident war am Apparat. «Tut mir leid, Félix.» Der Vater wurde entlassen. An Heiligabend.

Mourinho träumte dennoch davon, eines Tages ein Großer des Fußballs zu werden. Zunächst versuchte er sich als Spieler. Ihm fehlten jedoch die Statur und das Talent, um auf dem höchstem Niveau mithalten zu können. Nach einigen Einsätzen in der zweiten portugiesischen Liga beendete er seine Karriere. Dem Wunsch seiner Mutter, eine Banklehre zu machen, kam er genau einen Tag lang nach. Dann kündigte er. Stattdessen bewarb er sich für ein Studium der Sportwissenschaften in Lissabon. Sein Vater stand hinter ihm und half ihm, für die Aufnahmeprüfung zu büffeln.

Das Studium der Sportwissenschaften war der erste wichtige Wendepunkt in Mourinhos Leben. Er traf an der Universität Akademiker, die sein Bild vom Fußball prägen sollten. Bereits am ersten Tag lernte er Professor Manuel Sérgio kennen, einen Philosophen, der sich auf Fußball spezialisiert hat. Auf Sérgios Frage, was er denn werden wolle, antwortete Mourinho selbstbewusst: «Fußballtrainer!» Sérgio entgegnete kühl: «Wer sich nur für Fußball interessiert, wird den Fußball niemals verstehen.» Sérgio lehrte Mourinho, den Fußball mit anderen Fachgebieten zu verknüpfen: Psychologie, Literatur, Neurowissenschaften. «Fußball ist mehr als nur ein Spiel», so Sérgios Motto. Besonders aufmerksam lauschte Mourinho auch den Vorlesungen von Vítor Frade. Der Professor für Sportwissenschaften gilt als Erfinder der «taktischen Periodisierung», einer zu jener Zeit neu entwickelten Trainingsmethodik.

Nach seinem Studium verschaffte Jesualdo Ferreira, ein weiterer Dozent der Hochschule, Mourinho einen Posten als Assistenztrainer beim Klub Estrela da Amadora. Als Mourinho die Hochschule verließ, hatte er nicht nur seine erste Festanstellung im Fußballgeschäft, sondern auch eine neue Sichtweise auf den Sport gewonnen.

Periodisierung

Im Sport stammt das Konzept der Periodisierung aus der Leichtathletik. Die Trainingszeit wird in unterschiedliche Perioden eingeteilt, meist Zyklen genannt. Innerhalb der einzelnen Zyklen werden unterschiedliche Bereiche mit wechselnder Intensität trainiert. Die Zyklen dienen dazu, zu einem bestimmten Zeitpunkt in Bestform zu sein. Es ist ein Modell, das zur langfristigen Trainingsplanung dient. Dieses Modell wird heutzutage auf den Fußball übertragen.

Der zweite Wendepunkt in Mourinhos Leben folgte 1993. Als Sporting Lissabon den Briten Sir Bobby Robson als neuen Trainer anstellte, suchte der Verein händeringend einen Übersetzer – Robson verstand kein Wort Portugiesisch. Mourinho, der sich in Großbritannien fortgebildet hatte, sprach fließend Englisch. Eigentlich sollte Mourinho für seinen neuen Boss nur übersetzen, doch er gab sich damit nicht zufrieden. Er half Robson beim Training und fertigte vor jedem Spiel Dossiers über den Gegner an. Robson war beeindruckt. «Da stand dieser Typ vor mir, in seinen frühen Dreißigern, der nie ein großer Spieler war und praktisch keine Erfahrungen als Trainer vorzuweisen hatte. Und doch waren seine Dossiers besser als alles, was ich von den Top-Profis bekommen habe, die für mich bei Weltmeisterschaften gearbeitet haben.» Mit der Zeit übertrug Robson seinem Übersetzer mehr und mehr Aufgaben. Robson kümmerte sich hauptsächlich um das Training der Offensive, Mourinho durfte das Training der Defensivkräfte leiten – eine Aufgabenteilung, die im Fußball zu jener Zeit eher unüblich war und die Mourinho für seine weitere Karriere prägte.

Mourinho wechselte gemeinsam mit Robson zum FC Porto und später zum FC Barcelona. Dort arbeitete er zunächst weiter für den Briten. Als Barça Robson entließ, übernahm Louis van Gaal dessen Amt. Mourinho sollte eigentlich mit Robson den Verein verlassen, drängte sich jedoch dem neuen Trainer auf. Van Gaal imponierte Mourinhos Selbstbewusstsein. «Ein arroganter junger Mann» sei Mourinho gewesen, doch genau das faszinierte van Gaal an ihm. Mourinho habe seine Meinung nie versteckt. «Am Ende habe ich öfter auf Mourinho gehört als auf meine übrigen Assistenztrainer.»

«Barcelonas Philosophie hat mich mehr beeinflusst als jeder Trainer», sagte Mourinho später. «Diese vier Jahre waren für mich absolut entscheidend.» Barcelona war aus fußballerischer Sicht in den neunziger Jahren ein außergewöhnlicher Verein. Ballkünstler wie Luís Figo, Christo Stoitschkow oder Rivaldo zelebrierten das Spiel mit ihren Tricks und Finten. Vor allem aber war Barcelona ein Ort, an dem der Fußball neu gedacht wurde. Johan Cruyff, der frühere holländische Weltklassefußballer, hatte den Verein Anfang der Neunziger als Trainer umgekrempelt. Barcelona bekam zu jener Zeit eines der modernsten Jugendzentren. Die Barcelona-Philosophie – viele Pässe, viel Struktur im Spiel – wurde den Spielern schon im Jugendbereich eingeimpft. Als Assistenztrainer, der für die Beobachtung der kommenden Gegner zuständig war, tauschte sich Mourinho regelmäßig mit den Spielern aus. Stars wie Luis Enrique, der junge Xavi oder Pep Guardiola suchten das Gespräch mit ihm, um mehr über die Schwachstellen des Gegners zu erfahren. Er traf in Barcelona auch auf Francisco Seirullo, einen Fitnesscoach, der neue Methoden lehrte. Seirullo schaffte in Barcelona das klassische Konditionstraining ab: Die Spieler mussten keine Runden um den Platz drehen, keine Waldläufe absolvieren. Jede einzelne Einheit sollte mit dem Ball absolviert werden. Mourinho lernte Seirullos Konditionstraining mit Ball kennen und schätzen. Barcelona wurde so etwas wie ein magischer Ort für Mourinho.

Im neuen Jahrtausend verließ Mourinho Barcelona. Er wollte nicht länger Assistenztrainer sein, sondern als Cheftrainer selbst Verantwortung tragen. Nach einem kurzen Stelldichein bei Benfica Lissabon – Mourinho überwarf sich mit dem Präsidenten – führte er den Provinzklub União Leiria 2002 zu einem sensationellen fünften Platz, die beste Platzierung in der Vereinsgeschichte. In der darauffolgenden Saison wechselte Mourinho zum FC Porto. Nun verlief der Aufstieg Mourinhos kometenhaft: 2003 holte er mit Porto die nationale Meisterschaft sowie den UEFA Cup, den Vorläufer der heutigen Europa League. 2004 gewann der vom Status und von der Finanzkraft eher zweitrangige Verein FC Porto völlig unerwartet die Champions League. Plötzlich war Mourinho, wenige Jahre zuvor noch Assistenztrainer, ein Coach von Weltrang.

Mourinho selbst scherzte zu jener Zeit: «Nach 15 Jahren als Trainer gelte ich jetzt als Erfolg über Nacht.» Tatsächlich hatte er sich über ein Jahrzehnt auf den Trainerberuf vorbereitet. An der Universität von Lissabon und als Assistenztrainer in Barcelona entwickelte er seine Philosophie. Dass er in Porto derart große Erfolge feierte, hatte einen simplen Grund: Er war der Konkurrenz um mehrere Jahre voraus, und das in allen relevanten Bereichen des Fußballs: im Training, in der Taktik und in der Mannschaftsführung.

Im Training orientiert sich Mourinho bis heute an der Methodik von Seirullo, die er in Barcelona kennengelernt hat. Jede Trainingseinheit findet mit Ball statt. Ein isoliertes Konditionstraining, beispielsweise durch Waldläufe, verhöhnt Mourinho: «Ein begnadeter Pianist rennt nicht um sein Klavier oder macht Liegestütze auf seinen Fingern. Er spielt Klavier, sein ganzes Leben lang.» Wichtig ist für ihn ein ganzheitliches Training, das alle Aspekte des Fußballs vereint. Statt einzelner Übungen, bei denen nur ein Detail trainiert wird, sollten die Trainingseinheiten immer mehrere Elemente umfassen. Wenn Mourinho möchte, dass sein Team das Passen trainiert, stellt er keine Hütchen auf und lässt seine Spieler vorgegebene Passfolgen abspulen. Stattdessen wird das Passen in eine

Spielform integriert – ein Drei-gegen-Drei, ein Sechs-gegen-Sechs, ein Fünf-gegen-Zehn. Jedes Training sollte sich so anfühlen wie eine Situation aus einem echten Spiel, inklusive Handlungs- und Gegnerdruck. Dazu gehört auch, dass eine Trainingseinheit unter Mourinho 90 Minuten dauert, in Ausnahmefällen kürzer, aber niemals länger. Schon Sepp Herberger wusste: Ein Spiel dauert 90 Minuten. Warum sollte ein Training länger dauern?

Anders als die meisten Trainer plant Mourinho sein Training nicht «aus dem Bauch heraus», sondern gibt ihm einen wissenschaftlichen Anstrich. Mourinho trainiert dabei nach dem Konzept der «taktischen Periodisierung», das sein Universitätsprofessor Frade entwarf. Im Vordergrund steht die Vermittlung des Spielkonzepts, das Mourinho sehen möchte. Dieses Spielkonzept ist die Maxime. Die Maxime wird wiederum in einzelne Sub-Prinzipien unterteilt. Diese Organisation geht hinunter bis zu den Sub-Sub-Prinzipien. Entscheidend ist, dass alle zurückführen zur Maxime, dem Kern der Mannschaft. Die einzelnen Sub-Prinzipien müssen immer und immer wieder trainiert werden, damit die Spieler sie irgendwann unbewusst abrufen können. Somit entfernt sich Mourinho auch von der klassischen Trainingsmethodik, nach der die Spieler auf einzelne Höhepunkte «in Form gebracht» werden sollen. Mourinhos Methodik zielt darauf ab, sein Spielkonzept, die Maxime, so weit zu perfektionieren, dass die zahlreichen Sub-Prinzipien jederzeit abgerufen werden können, egal, ob in einem Spitzenspiel der Champions League oder einem Duell gegen einen Abstiegskandidaten. Er plant seine Trainingswochen lange im Voraus, um die einzelnen Sub-Prinzipien über lange Zeit perfektionieren zu können. Jede Trainingswoche enthält dabei Phasen der Regeneration

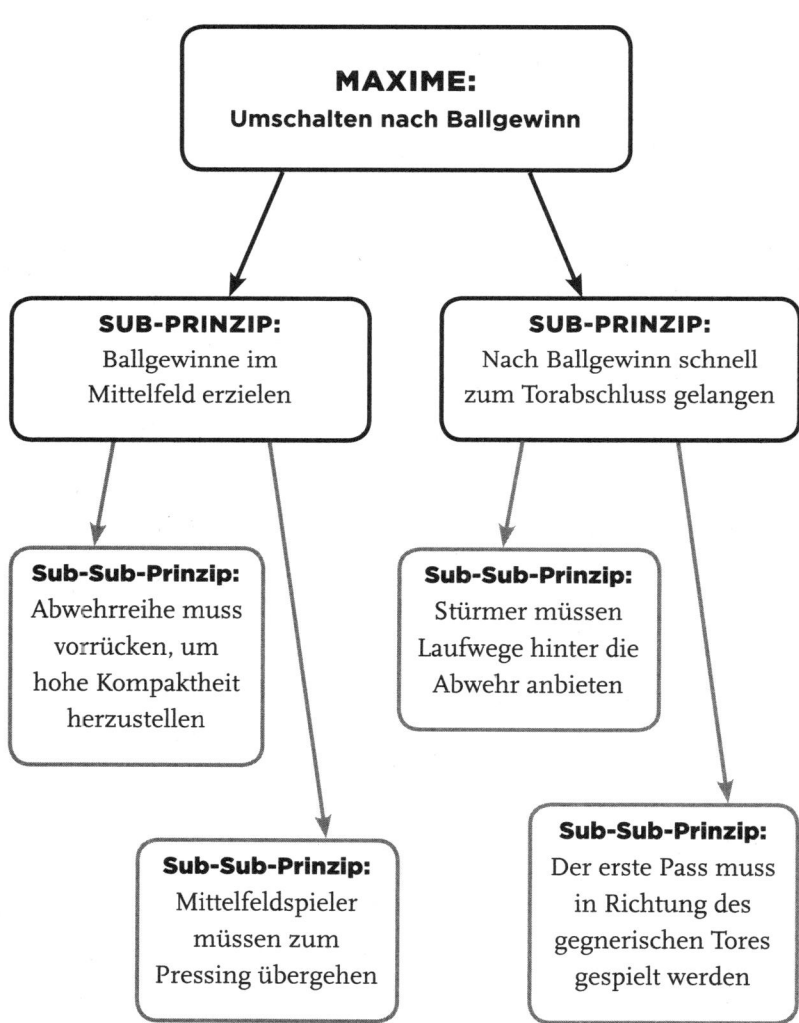

MAXIME:
Umschalten nach Ballgewinn

SUB-PRINZIP:
Ballgewinne im Mittelfeld erzielen

SUB-PRINZIP:
Nach Ballgewinn schnell zum Torabschluss gelangen

Sub-Sub-Prinzip:
Abwehrreihe muss vorrücken, um hohe Kompaktheit herzustellen

Sub-Sub-Prinzip:
Stürmer müssen Laufwege hinter die Abwehr anbieten

Sub-Sub-Prinzip:
Mittelfeldspieler müssen zum Pressing übergehen

Sub-Sub-Prinzip:
Der erste Pass muss in Richtung des gegnerischen Tores gespielt werden

Taktische Periodisierung

vor und nach den Spielen. Das war Anfang der nuller Jahre nicht selbstverständlich. Noch heute hält sich bei manchen Trainern (und vielen Fans) der Irrglaube, nach einem schwachen Spiel sollten die Spieler mit einem extra harten Training bestraft werden. Mourinho würde das nie tun, schadet es doch der Regeneration und damit der geistigen und körperlichen Frische der Spieler.

Mourinhos Training beim FC Porto war immer ganz darauf ausgerichtet, seinem Team Vorteile im taktischen Bereich zu verschaffen. Die Maxime seines Spielkonzepts, das strategische Ziel, war der Umschaltmoment nach Ballgewinnen. Heutzutage ist der Umschaltmoment in der Fußballsprache etabliert, jener Moment, in dem ein Team den Ball gewinnt und damit von Defensive auf Offensive umschalten kann. Anfang des Jahrtausends war das Wort «Umschaltmoment» ein Neologismus, eine Wortneuschöpfung, die kaum jemand benutzte. Mourinho, Organisationsfanatiker, wie er war, ließ genau trainieren, wie die Mannschaft den Ball zu erobern und wie sie nach Ballgewinnen umzuschalten hat. Mourinho erklärte den Umschaltmoment zur Maxime, dem sich alles im Spiel unterzuordnen hat. Wenn seine Mannschaft den Ball gewann, sollte sie nicht nach hinten oder zur Seite passen, sondern direkt nach vorne. «Je länger der Ball im Mittelfeld zirkuliert, umso wahrscheinlicher ist es, dass der Gegner uns den Ball abnehmen wird», so Mourinho. Schnelligkeit geht über Genauigkeit.

Das erste Sub-Prinzip, das für ein schnelles Umschaltspiel nötig ist: die Balleroberung. Mourinho wollte nicht, dass sein Team am eigenen Strafraum verharrt und auf den Gegner wartet. Nur wer den Ball am richtigen Ort erobere, könne schnell vor das gegnerische Tor gelangen. Die Abwehr sollte nach vorne rücken, das Mittelfeld ebenso. Die Mannschaft sollte die

Räume eng machen, sodass sie Druck auf den Gegner ausüben kann. Alle Spieler mussten dafür defensiv mithelfen. «Es gibt Leute, die sagen, kreative Spieler seien von Abwehraufgaben zu entlasten», sagt Mourinho. «Wer dies behauptet, kennt den Fußball nicht. Alle elf Spieler müssen zu jeder Zeit genau wissen, was sie zu tun haben.»

Als Sub-Sub-Prinzip ließ Mourinho verschiedene Formen des Balleroberns trainieren: eine Variante, bei der der Gegner bereits in dessen Hälfte gestört wird – ein Angriffspressing. Eine Variante, bei der Abwehr und Mittelfeld eng aneinanderstehen und den Ball am Mittelkreis erobern – ein Mittelfeldpressing. Und eine Variante, bei der sein Team tief verteidigt und den Gegner in die eigene Hälfte lockt, um dort zuzuschlagen – ein Abwehrpressing. Mourinho forcierte dabei vor allem das Mittelfeldpressing: Wer den Ball im Mittelfeldzentrum gewinnt, könne am besten kontern. Die gegnerische Mannschaft ist dann aufgerückt, der Weg zum Tor nicht zu weit. Das möchte Mourinho ausnutzen. Mourinhos Trainingsorganisation geht dabei ins kleinste Detail, bis hin zu der Frage, wie sich einzelne Spieler in einzelnen Situationen bewegen sollen.

Pressing

Im allgemeinen Sprachgebrauch verwendet man den Begriff Pressing, wenn das verteidigende Team den Gegner schon weit in dessen Hälfte attackiert. In der Fußball-Fachsprache bezeichnet das Pressing allerdings *jeden* Versuch, dem Gegner den Ball abzunehmen – egal, wo auf dem Feld das geschieht. Im modernen Fußball wird das meist im Kollektiv versucht, um dem Gegner keine Lücken zu bieten und die Chance auf einen Ballgewinn zu erhöhen. Das Gegenteil vom Pressing ist das Stellen des Gegners. Hierbei schließt man nur passiv die Passwege für den ballführenden Spieler, versucht aber nicht aktiv, den Ball zu erobern. Der Verteidiger bleibt hierzu vor dem Gegenspieler stehen und geht nicht aktiv in den Zweikampf.

Mourinhos Geniestreich in Porto war es, die einzelnen Varianten so weit zu perfektionieren, dass sein Team sie jederzeit abrufen konnte. Der FC Porto konnte seiner Maxime, dem Umschaltspiel, stets treu bleiben, sich dabei aber individuell an den Gegner und das Spiel anpassen. Dass sein Team die Stärken und Schwächen des Gegners bedenkt, ist Mourinho äußerst wichtig. Die Gegnerbeobachtung hat für den früheren Scout höchste Priorität. Als er bei Benfica als Cheftrainer anfing, war er mit der Qualität der Gegneranalysen

derart unzufrieden, dass er einen neuen Scout einstellte –
auf eigene Kosten. In Porto installierte er sein eigenes Team,
das ausschließlich Analysen des Gegners anfertigte. Wie der
Gegner das Spiel aufbaut. Wo die Schwächen liegen. Welche
Eckballvarianten der Gegner im Gepäck hat. «Wenn du
einen Ferrari hast und ich ein kleines Auto, muss ich dein
Rad kaputt machen oder dir Zucker in den Tank streuen»,
sagte Mourinho einst. Genau das hatte er mit dem «kleinen»
FC Porto vor.

Die letzten zwei Trainingstage vor einem Spiel waren immer der Einstellung auf den kommenden Gegner vorbehalten.
Mourinho ließ nicht nur eine Marschroute trainieren. Sein
Torhüter Vítor Baía sagte später gegenüber dem *Blizzard*: «Ich
erinnere mich an ein Spiel gegen Benfica. In der Woche vor
dem Spiel hat er uns auf den Fall vorbereitet, dass wir ein Tor
schießen. Er erklärte uns, welche Auswechslung José Antonio
[Benficas Coach] vornehmen und wie er seine Taktik umstel-
len wird. Genau so ist es eingetroffen. Wir waren komplett
darauf vorbereitet.» Mourinho überlässt nichts dem Zufall.
Er studierte mit seiner Mannschaft sogar ein, wie sie sich bei
einem Rückstand in den Schlussminuten zu verhalten hat.
Anstatt den Ball einfach lang in den Strafraum zu schlagen,
sollten sie Passmuster befolgen, die abgestimmt waren auf
den Gegner. Oft ließ Mourinho auch Zettel auf das Spielfeld
reichen. Dort notierte er detaillierte taktische Änderungen, die
seine Spieler dann umsetzten.

Manchmal stand auf den Zetteln nur ein einziges Wort:
«Gewinnt!» Das führt zu Mourinhos drittem großen Steckenpferd: der Psychologie. Mourinho hatte sich bereits als Student
ausführlich mit der Psychologie des Menschen beschäftigt.
Schon als kleines Kind hatte er Fußballspieler kennengelernt.

Er weiß, wie sie ticken, und es gelingt ihm, Theorie und Praxis zu verbinden. In seinen frühen Jahren hat er Mimik und Gestik perfektioniert, um seine Aussagen jederzeit kontrollieren zu können. Auch in der Mannschaftsführung hat alles, was Mourinho tut oder sagt, Methode.

Bei jedem Verein, mit dem Mourinho gearbeitet hat, gibt er seinen Spielern in der ersten Sitzung ein simples Versprechen: Er werde sich voll reinhängen und sie zu besseren Spielern machen. Egal, was die Leute da draußen sagen werden, er werde sie immer verteidigen. Wenn, ja, wenn sie das tun, was er von ihnen verlangt. Das ist sein Programm. Mourinho ist es wichtig, dass seine Mannschaft jederzeit konzentriert bleibt, egal, wie der Gegner heißt. «Ich motiviere andere mit meiner Motivation.» Er kann vor einem Spiel mit seinen Spielern Spaß haben und im nächsten Moment komplett ausrasten, wenn er merkt, dass sie ihre Konzentration nicht hochhalten. Dann fliegen schon mal Kisten oder Eimer durch die Kabine. Mourinho möchte alle Spieler ständig unter Strom halten.

Dazu nutzt er auch die Medien. «Wenn ich den Presseraum vor einer Pressekonferenz betrete, hat in meinem Kopf das nächste Spiel bereits begonnen.» Mourinho kritisiert seine Gegner, den Verband, seine Vorgesetzten, ja manchmal sogar seine Spieler – aber nie ohne Ziel. Mourinho hat als einer der ersten Trainer erkannt, welchen Stellenwert das Internet für die moderne Medienlandschaft besitzt. Er weiß, dass jede kleine Äußerung eines Trainers online ihren Widerhall findet. In diesen rastlosen Zeiten, in denen Online-Medien Klicks jagen, werden reißerische Überschriften gesucht. Und Mourinho liefert sie. Bei seiner Außendarstellung nimmt er keinerlei Rücksicht auf Verluste. Er beleidigt Offizielle, gegnerische Trainer, Schiedsrichter. Nach einer Niederlage in der Champions League kritisierte Mourinho Schiedsrichter Andreas Frisk derart heftig, dass die Fans Frisk mit Morddrohungen und Beleidigungen überschütteten. Er hat seine Karriere beendet.

Mourinhos Ausraster sind fast immer kalkuliert. Einerseits möchte Mourinho dadurch das Scheinwerferlicht nach schlechten Leistungen von seinem Team weglenken. Andererseits möchte er ein «Wir-gegen-sie»-Gefühl schaffen. Sein Team soll glauben, dass sich alle auf der Welt gegen sie verschworen haben, um dann mit einer Extraportion Wut im Bauch den Gegner zu jagen. Die Medienstrategie ist ein essenzieller Bestandteil von Mourinhos Teamführung. «Trainer müssen die Stärken und Schwächen des Gegners erkennen», so Mourinho. «Vor allem aber geht es darum, die Stärken meines Teams zu erkennen – und die Schwächen. Eines der Geheimnisse des Trainerseins lautet: ‹Kannst du deine Schwächen vor dem Gegner, vor allem aber vor den Journalisten verstecken?›»

Mourinho kann mit seiner Philosophie durchaus als erster «Laptoptrainer» bezeichnet werden. Jede Trainingseinheit wurde vorher geplant, durchgeführt und im Anschluss ausgewertet. In seiner «Bibel» dokumentiert er Fort- und Rückschritte, Erfolge und Misserfolge, taktische Stärken und Schwächen. Mourinhos Arbeitsweise war wissenschaftlicher als die seiner Kollegen, ohne dass er dabei zum Theoretiker verkam. Als er Jahre später die Ehrendoktorwürde seiner alten Universität verliehen bekam, sagte er zwar: «Die Universität hilft nicht wirklich, uns auf die spätere Arbeit vorzubereiten.» Ein Trainer müsse seine eigenen, praktischen Erfahrungen machen. Er gab jedoch auch zu: «Ich bin stolz auf diese Anerkennung, da ich immer ein Vorbild sein wollte für die Vorbereitung und die sportwissenschaftliche Ausbildung, die ich an dieser Universität genossen habe.»

In Porto gelang ihm das. Mourinhos Team vereinte Kampfstärke, Schnelligkeit und taktische Disziplin. Vor allem war es ein Team, das einen klaren strategischen Fokus hatte: das Umschaltspiel. In den europäischen Wettbewerben verschob die Mannschaft perfekt über den Platz, ließ keine Lücken zwischen den Spielern. Nach Ballgewinnen schaltete sich Zehner Deco ein, der die Stürmer mit Bällen fütterte. Mourinhos Mannschaft spielte makellosen, anspruchsvollen Fußball: verschieben, pressen, Ball gewinnen, drei Pässe, Tor. Es war Außenseiterfußball, aber auf derart hohem Niveau, dass kein anderes Team mithalten konnte. Auf dem Weg zum Champions-League-Titel besiegte Porto Manchester United, Olympique Lyon, Deportivo La Coruña und im Finale den AS Monaco. In fast allen Spielen waren sie Außenseiter. In fast allen Spielen konterten sie ihren Gegner aus.

Mourinhos Karriere führte ihn nach nur zwei Jahren beim FC Porto zu den Spitzenklubs Europas: Chelsea, Inter Mailand, Real Madrid, wieder Chelsea und zuletzt Manchester United. Mourinho hat bei vielen Topadressen gearbeitet, und überall hat er Titel gewonnen. Mit den Jahren hat sich zwar die Formation verändert: Bei Chelsea setzte er auf ein 4–3–3, in Madrid wechselte er über zum 4–2–3–1, bei Manchester United kommt häufig ein 4–1–4–1 zum Einsatz. Bei allen Stationen blieb er jedoch seiner Grundphilosophie treu: dem Fokus auf das Umschaltspiel. In den großen Spielen ließ er selbst Real Madrid, die Königlichen, einen Außenseiterfußball spielen, wie man ihn sonst eher von kleinen Klubs kennt.

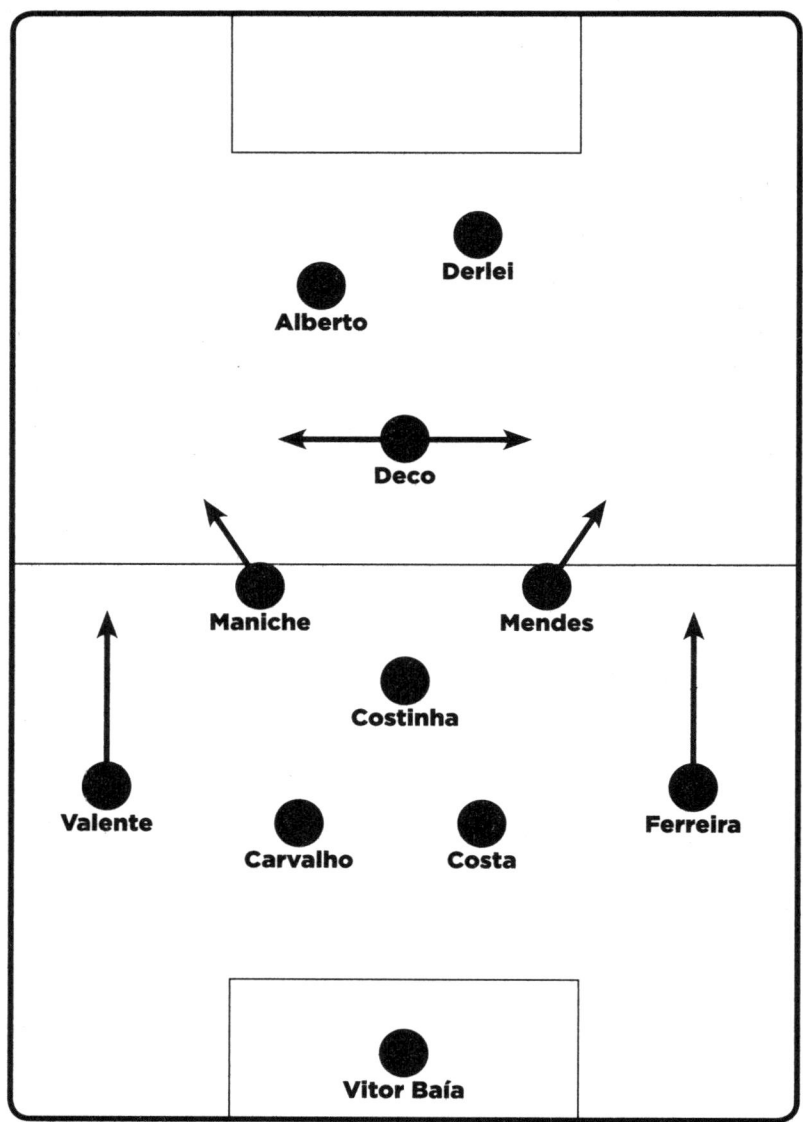

FC Porto unter José Mourinho, Saison 2003/04

Formation

Formation bezeichnet die Aufteilung eines Teams auf dem Feld. Oft wird die Formation über eine Zahlenreihe dargestellt: 4–4–2, 4–3–3, 3–4–3. Die einzelnen Zahlen stehen für die Anzahl der Spieler, die in einem Mannschaftsteil spielen. Ein 4–4–2 besteht dementsprechend aus vier Verteidigern, vier Mittelfeldspielern und zwei Angreifern. In der Praxis nutzen Teams häufig offensiv eine andere Formation als defensiv. Die Grenzen zwischen verschiedenen Formationen sind dabei fließend.

Mourinhos Fußball ist im Kern Konterfußball. Das ist seine Stärke, aber auch sein Fluch. Seine Art der Menschenführung und seine Spielphilosophie sind ganz auf Außenseiter ausgerichtet. Mittlerweile trainiert Mourinho aber die großen Klubs der Welt. Enthüllungsjournalist Diego Torres schrieb ein Buch über Mourinhos Zeit bei Real Madrid. Seine exzellenten, wenn auch einseitig Mourinho-kritischen Quellen innerhalb der Mannschaft zeichnen das Bild eines Trainers, dem Außenseiterfußball wichtiger war als der konstruktive Spielaufbau. Immer wieder musste das Team Verschieben und Kontern trainieren. Fünf Verteidiger sollten stets in der eigenen Defensive verharren und nicht an eigenen Angriffen teilnehmen, damit die Mannschaft ja keinen gegnerischen Konter zulässt. Dabei sind die meisten Gegner von Real Madrid gar nicht darauf bedacht, ein Tor zu schießen. Fünfzehn von neunzehn spanischen Erstligisten wollen sich einfach nur ein 0:0 ermauern. Sie sind die Außenseiter, Madrid der Favorit. Mourinhos Trainingsplanung, aber auch seine Außendarstellung seien darauf ausgerichtet gewesen, aus Madrid einen Außenseiter zu machen gegenüber dem FC Barcelona, dem großen Erzrivalen von Real Madrid, so Torres. Damit habe er den Respekt seiner Vorgesetzten und seiner Spieler verloren.

Torres trifft einen wunden Punkt: Mourinhos Methoden haben sich im Laufe seiner Karriere etwas abgenutzt. Er gewinnt zwar noch immer Titel, aber weniger als zu seinen erfolgreichen Anfangszeiten. Zwischen 2003 und 2010 gewann Mourinho siebzehn Titel, zwischen 2010 und 2017 nur noch acht – und das, obwohl er bei Real Madrid und Manchester United bessere Spieler trainiert hat als früher in Porto oder Mailand. Vielleicht ist aber genau das auch die Krux, warum sein Fußball nicht mehr so gut funktioniert.

Ein weiterer Faktor: Mourinhos Vorsprung gegenüber der Konkurrenz in Fragen der Taktik und Trainingsgestaltung ist geschmolzen. Sein methodischer Ansatz hat sich mittlerweile etabliert. Im taktischen Bereich passen sich immer mehr Mannschaften an den Gegner an. Immer mehr Trainer haben eine klare Spielphilosophie, die sie ihren Spielern mit modernsten Methodiken vermitteln. Mourinhos Ansatz, das Training ausschließlich mit Ball durchzuführen, gab es zunächst nur in Barcelona. Mittlerweile wurde diese Methode von der Mehrzahl der Trainer übernommen, die in diesem Buch vorkommen. Mourinho ist den meisten Gegnern nicht mehr zwei Schritte voraus. Es ist das Schicksal eines Vorreiters: Irgendwann kopieren andere ihn und holen damit auf.

Der stärkste Kritikpunkt an Mourinhos Fußball ist ein anderer: Selbst der größte Mourinho-Freund muss gestehen, dass seine Taktik nicht immer Freude am Fußballspiel versprüht. Mourinho geht es um das Gewinnen, das Wie ist für ihn zweitrangig. Für Trainer, die ihr Team ganz auf die Offensive ausrichten, hat er nur Hohn und Spott übrig. Als sein liebster Feind, Arsenal-Trainer Arsène Wenger, ein Spiel mit 5:4 gewann, lästerte Mourinho: «5:4 ist ein Eishockey-, kein Fußballergebnis. Wenn es bei einem Drei-gegen-Drei-Trainingsmatch 5:4 steht, schicke ich die Spieler zurück in die Kabine, da sie offensichtlich nicht gut verteidigen. Ein Ergebnis wie dieses im Elf-gegen-Elf ist eine Schande.» Mourinho hat wenig Respekt für Fans, für die es um mehr geht als das reine Ergebnis. Wer Kabinettstückchen oder schöne Spielzüge mehr schätzt als Ergebnisfußball, ist bei Mourinho an der falschen Adresse.

Mourinhos bislang letzter europäischer Titelgewinn, der Europa-League-Sieg 2017, belegt eindrucksvoll, wofür Mourinho steht – und wofür eben nicht. Sein Klub Manchester United traf im Finale auf Ajax Amsterdam. United hatte in dieser Saison alleine für Rekordtransfer Paul Pogba mehr Ablöse bezahlt als Ajax Amsterdam für die gesamte Mannschaft. Und doch überließ Mourinhos Team dem Gegner die Initiative. Er kannte die Stärken und Schwächen des Gegners. United versuchte, das Spiel zu Davinson Sánchez zu lenken, den aus Mourinhos Sicht schwächsten gegnerischen Verteidiger. Im Mittelfeld praktizierten sie eine enge Manndeckung. Ajax hatte zwar den Ball, kam aber kaum aus der eigenen Hälfte raus, da United klug die für Ajax' Spiel so wichtigen Übergangswege durch das zentrale Mittelfeld abschnitt. Er habe acht Spiele von Ajax Amsterdam geschaut, um diese Schwächen zu finden, sagte Mourinho stolz nach der Partie. Der gegnerische Trainer, Peter Bosz, lief in Mourinhos Falle.

Ein gelungener Konter und eine Standardsituation bescherten United einen ungefährdeten 2:0-Sieg. Erfolgreich? Ja. Aber die 90 Minuten langweilten den neutralen Zuschauer halb zu Tode. United versuchte gar nicht erst, das Spiel kreativ zu gestalten. Wenn man nicht gewusst hätte, welche Mannschaft für teures Geld zusammengekauft wurde und welche der Außenseiter war, man hätte es nicht erkannt. Mourinho ist das egal. «Alle sagen, Ajax spiele schönen Fußball und die Schönheit des Spiels zähle und bla, bla, bla», sagte Mourinho nach der Partie. «Ich habe meinen Spielern gesagt: Für mich ist Schönheit, dem Gegner nicht zu geben, was er will.» Und er fügte hinzu: «Es gibt viele Dichter im Fußball, aber die gewinnen keine Titel.» Mourinho bleibt sich treu, auch in Manchester. Es zählt nur der Sieg.

Dieser Ansatz, den Sieg über alles zu stellen, leitet Mourinhos Karriere. Er brachte ihm unzählige Erfolge. Dennoch spaltet Mourinho Anhänger, Journalisten und Offizielle des Vereins, denn bleiben die Titel aus, überlebt Mourinho in seinem Job nicht lange. Die kompromisslose «Alles-auf-Sieg»-Mentalität brachte ihm ebenfalls seine wohl größte Niederlage. Diese spielte sich nicht auf dem Fußballfeld ab, sondern in den Hinterzimmern Barcelonas.

Seit Mourinho Barcelona verließ, träumte er von einer Rückkehr. Nicht als Übersetzer oder Assistenztrainer, sondern als Chefcoach. Als 2008 Frank Rijkaard entlassen wurde, ergriff er die Chance und bewarb sich aktiv auf den Trainerposten. Er hielt vor dem Vorstand eine Präsentation, die seinen Plan für eine zukünftige Barça-Mannschaft skizzierte. Trainingsphilosophie, Spieltaktik, sogar mögliche Transferkandidaten: Mourinho war bestens vorbereitet, wie immer. Barcelonas Vorstand war beeindruckt. Doch die letzte Entscheidung, so das Management, treffe Johan Cruyff. Der Niederländer bekleidete zwar kein offizielles Amt, als Legende des Klubs und Begründer der Barça-Spielphilosophie hat sein Wort jedoch Gewicht.

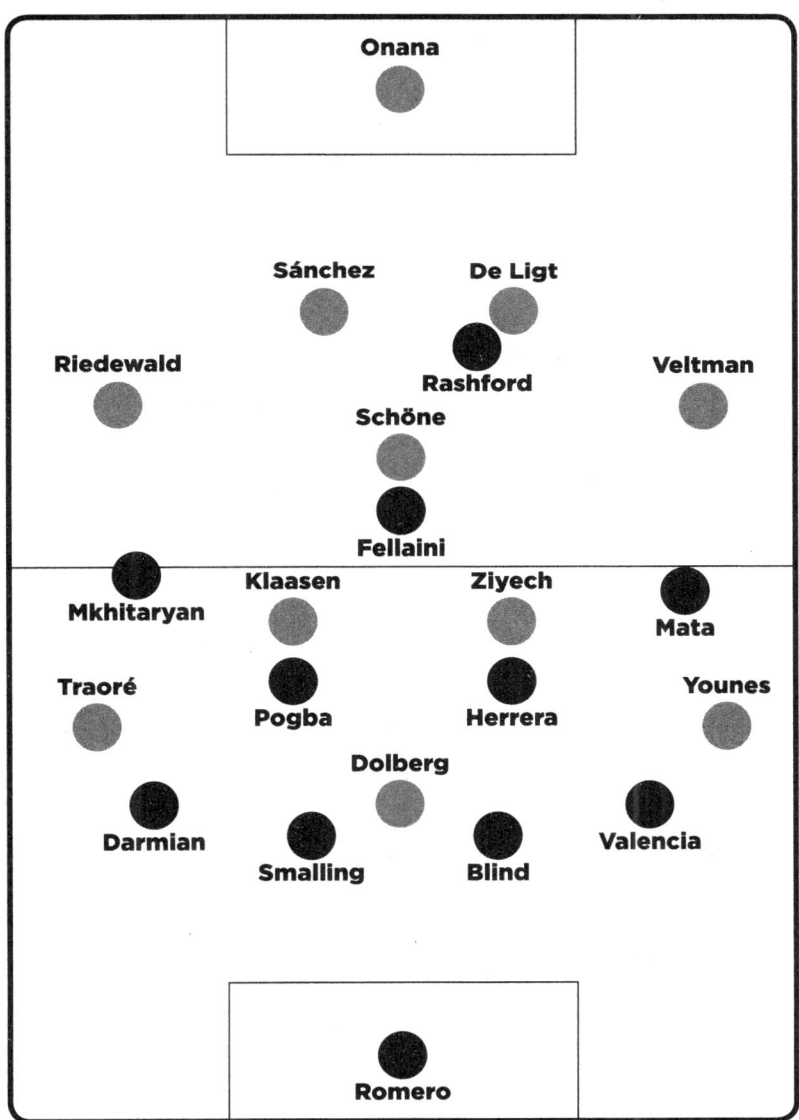

Manchester United – Ajax Amsterdam 2:0, Europa-League-Finale 2017

Cruyff respektierte Mourinho als Trainer, konnte aber mit dessen Spielphilosophie wenig anfangen. Trotz aller Siege, Triumphe, Titel war seine Antwort eindeutig: «Ich würde ihn niemals als Trainer anstellen.» Mourinho bat um ein persönliches Gespräch mit Cruyff. Zwecklos, sagte Barças Vorstand. Die Entscheidung sei gefallen. Mourinho werde nicht der neue Coach. Der Portugiese war außer sich. Er konnte nicht verstehen, dass irgendjemand ihn ablehnt, den erfolgreichsten Trainer der Neuzeit. Niemand habe so viel zu bieten wie er, der FC Barcelona werde diesen Tag bereuen, war Mourinhos Meinung.

Dieser Stachel sitzt bis heute tief bei Mourinho – doch an seiner Philosophie rüttelt er nicht. Mourinho bleibt Mourinho. Er hat den Fußball, wie wir ihn kennen, verändert. Aber nicht sich selbst. Wer solle überhaupt den Posten übernehmen, wenn nicht er, fragte Mourinho damals den Vorstand. «Pep Guardiola», lautete die Antwort. Ein Trainer, der nicht wegen seiner Erfahrung, sondern seiner Art, den Fußball neu zu denken, eingestellt wurde.

KAPITEL 2

Pep Guardiola

«Mein Traum wäre, alle elf Spieler des Gegners von der ersten Minute in dessen Strafraum zu drängen und zu verhindern, dass sie auch nur einmal die Mittellinie überschreiten.»

Mai 1989. Eine lange Saison geht zu Ende. Der FC Barcelona tritt zu einem Freundschaftsspiel bei einem Drittligisten an – teils, um die stattliche Antrittsprämie zu kassieren, teils, um jungen Spielern eine Chance zu geben, sich für höhere Aufgaben zu empfehlen. Ein schmächtiger 18-Jähriger namens Josep Guardiola, von allen nur Pep genannt, feiert an diesem Tag sein Debüt in Barcelonas erster Mannschaft. Nach dem Spiel fürchtet er, es sei nicht nur sein erstes, sondern auch sein letztes gewesen. Die Gegenspieler liefen ihm davon, kaum einer seiner Pässe kam an. In der Halbzeitpause baut sich sein Trainer vor ihm auf: «Du warst langsamer als meine Großmutter! Du bleibst jetzt draußen», zischt Johan Cruyff. Der Holländer ist nicht nur Guardiolas Trainer, sondern auch eine Fußball-legende – für Guardiola, aber vor allem für den Klub Barcelona. Als Spieler hatte er in den Siebzigern bei Barça als Spiel-macher brilliert, als Trainer ist er gerade dabei, den Verein aus der Bedeutungslosigkeit zurück an die europäische Spitze zu führen. Sein Wort hat Gewicht. Im Klub denken ohnehin viele, Guardiola sei zu langsam und körperlich nicht robust genug für den Profifußball. «Das war's», denkt Guardiola. Doch er kennt Cruyffs Pläne nicht. Das Duo Cruyff-Guardiola sollte den Fußball über Jahrzehnte hinweg prägen.

In der Wissenschaft ist es ein bekanntes Phänomen: Ein Lehrer entwirft eine Theorie oder eine ganze Disziplin, seine Schüler saugen sein Wissen auf und führen sein Werk fort. Sokrates (der griechische Philosoph, nicht der BVB-Verteidiger) und sein Schüler Platon sind wohl das älteste und vielleicht auch bekannteste Meister-Schüler-Paar. Die Trainer-Spieler-Beziehung gleicht in vielen Aspekten der Lehrer-Schüler-Bindung. Gerade für junge Spieler kann ein Trainer zur wichtigsten Bezugsperson im Leben werden. Die Spieler lauschen ihrer Vaterfigur, saugen Ideen auf und wenden diese selber an, wenn sie eines Tages Trainer werden.

Genau so war es bei Johan Cruyff und Pep Guardiola. Cruyff legte das Fundament, auf dem Guardiola später aufbaute – und er die wohl größte fußballerische Revolution des 21. Jahrhunderts einleitete.

Cruyff entdeckte Guardiola in einer Jugendmannschaft von Barcelona. Der schmächtige Junge musste dort oft auf der Bank Platz nehmen. «Wenn ich nicht Trainer in Barcelona gewesen wäre, hätte man ihn wahrscheinlich an einen Verein aus der zweiten Liga verkauft», sagte Cruyff später. Er nahm Guardiola unter seine Fittiche, forderte mehr von ihm als von den meisten anderen Spielern; er formte ihn zu einem Spieler von Weltformat.

Für Cruyff war Guardiola in fußballerischer Hinsicht ein Schlüsselspieler. Der Niederländer hatte einen ganz bestimmten Spielstil vor Augen: Er gilt als Erfinder des Positionsspiels. Cruyff baute dabei auf den Erfahrungen seiner aktiven Spielerzeit auf. Er spielte in jener legendären Ajax-Mannschaft, die Anfang der siebziger Jahre dreimal in Folge den europäischen Landesmeister-Pokal gewann. Die Ajax-Mannschaft gilt als Erfinder und Vorreiter des «totalen Fußballs»: Die Spieler bekleideten keine festen Positionen, sondern tauschten immer wieder die Positionen. Das Spiel sollte ständig im Fluss bleiben, der Gegner keine Möglichkeit bekommen, Ajax' Angreifer zu decken. Die Idee war revolutionär.

Ajax' «totaler Fußball» war durch die einzigartigen Spieler des Teams möglich, die den Fußball auf ein neues technisches Niveau hoben. Sie bewegten sich frei im Raum, schufen immer neue Anspielmöglichkeiten und entwickelten so einen ganz eigenen Spielfluss. Es gab jedoch keine theoretische Grundlage, keine konkrete Blaupause, die andere Trainer hätten nachahmen können. Mit dem Ende der goldenen niederländischen Generation verschwand auch der «totale Fußball».

Als Trainer entwickelte Cruyff zwanzig Jahre später die passende theoretische Blaupause. Er glaubte daran, dass ein Team nur dann wirklich erfolgreich sein kann, wenn die Spieler das gesamte Fußballfeld optimal nutzen. Cruyff entwarf sein eigenes Muster auf dem Spielfeld: Er malte drei imaginäre horizontale Linien und sechs vertikale. Damit teilte er das Feld in achtzehn Zonen ein (siehe Grafik auf S. 51). Diese Zonen müssen laut Cruyff möglichst sinnvoll besetzt werden, um einen Vorteil gegenüber dem Gegner zu haben. Es dürfen sich keine zwei Spieler in derselben Zone befinden – sie würden sich nur gegenseitig blockieren. Außerdem sollen nicht zu viele Spieler in einer vertikalen oder horizontalen Linie stehen.

Das Ziel: das Feld optimal besetzen und dem ballführenden Spieler somit möglichst viele Anspielmöglichkeiten bieten. Cruyffs Team sollte noch länger am Ball sein und das Spiel noch stärker dominieren, als dies Hollands goldener Generation gelungen war.

Zahlen für Positionen

Im frühen zwanzigsten Jahrhundert begann man, den einzelnen Positionen im Fußball Rückennummern zuzuordnen. Der Torwart trug immer die Nummer 1 auf dem Rücken, die Nummer 2 war ein Verteidiger – bis hin zur Nummer 11, dem Rechtsaußen. Die Nummer 6 spielte im Mittelfeld. Die Bezeichnung hat sich bis heute gehalten: Ein Sechser spielt als zentraler Mittelfeldspieler vor der Abwehr. Eine Doppelsechs bezeichnet dementsprechend eine Formation, bei der zwei zentrale Mittelfeldspieler, also zwei Sechser, vor der Abwehr agieren.

Mit dieser Philosophie führte Cruyff Barcelona an die europäische Spitze. 1992 gewann Barça zum ersten Mal in seiner langen Geschichte den Landesmeister-Pokal. Guardiola war dabei einer der Schlüsselspieler: Als zentraler Mittelfeldspieler, als sogenannter Sechser, war er der Ankerpunkt für Cruyffs Positionsspiel. Bei ihm liefen im Zentrum die Fäden zusammen. Cruyff wies Guardiola an, das Spiel möglichst oft mit einem Pass in das offensive Mittelfeld zu eröffnen, in die Zone vor dem gegnerischen Strafraum; in Fachkreisen bekannt als Zone 14. Statistiker haben um die Jahrtausendwende nachgewiesen, dass aus dieser Zone die meisten Tore eingeleitet wer-

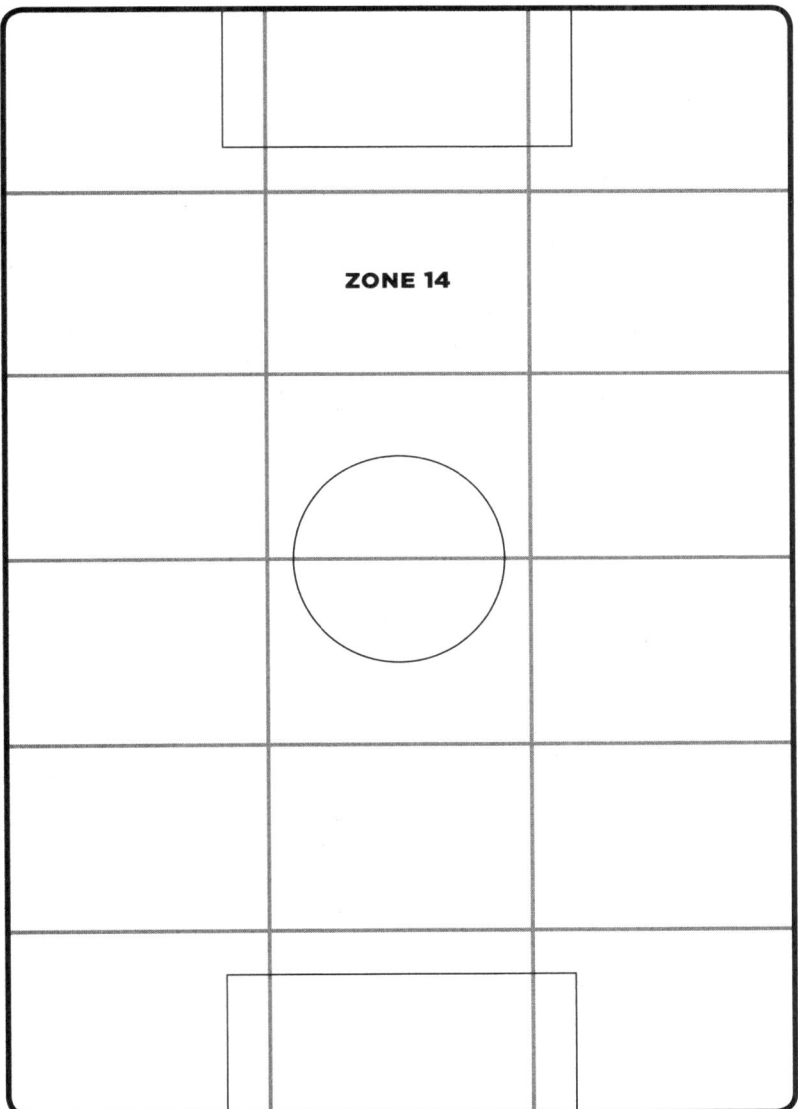

ZONE 14

Einteilung des Feldes in 18 Zonen nach Johan Cruyff

den. Cruyff war das schon Jahre zuvor klar gewesen. Guardiola sollte ebenfalls verhindern, dass der Gegner in die Zone vor Barças Abwehr passen kann.

«Ich dachte, ich weiß, wie Fußball funktioniert», sagte Guardiola später. «Doch als ich begann, mit Cruyff zu arbeiten, öffnete sich für mich eine neue Welt.» Der Lehrer brachte seinem Schüler bei, wie sein Positionsspiel funktioniert. Wie Guardiola sich zu bewegen hat. Wieso seine Philosophie nicht nur Erfolg verspricht, sondern auch schönen Fußball. Gemeinsam gewannen sie mit Barcelona alle Titel, die man im Fußball gewinnen kann. Bis zu Cruyffs Tod im Jahr 2016 blieben die beiden eng befreundet.

Cruyff verließ Barcelona 1996. Guardiola blieb. Erst 2001, im Alter von dreißig Jahren, kehrte Guardiola seinem Heimatverein den Rücken. Er war mittlerweile zu alt für das höchste Profiniveau. Es folgten nun Stationen in Italien, ein lukrativer Vertrag in Katar und abschließend ein Jahr in der international drittklassigen mexikanischen Liga. Was sich wie eine Bankrotterklärung zum Ende seiner Karriere liest, war jedoch – wie so ziemlich jeder Schritt in Guardiolas Leben – wohlüberlegt.

Zu diesem Zeitpunkt war Guardiola bereits klar, dass er nach seiner Karriere das Werk von Cruyff fortsetzen möchte. Er wollte Trainer werden und wechselte zu einem mexikanischen Abstiegskandidaten, um dort mit einem weiteren seiner Trainervorbilder zu arbeiten: Juanma Lillo. Lillo ist ein überzeugter Anhänger der Positionsspiel-Theorie. Seine wechselhafte Trainerkarriere hatte ihn nach Mexiko geführt, und Guardiola hoffte, dass Lillo ihm etwas über das Positionsspiel beibringen konnte. In seinen Wanderjahren zum Ende der aktiven Spielerkarriere saugte Guardiola alles auf, was er zu diesem Spielstil fand. Er notierte jede Trainingseinheit von Lillo, traf sich überall in der Welt mit Trainern, Spielern, Athleten aus anderen Sportarten, Bloggern und – natürlich – mit Cruyff. Seine letzten Jahre als Spieler waren eigentlich nur noch eine Vorbereitung auf den Trainerberuf.

Als Guardiola 2007 nach Barcelona zurückkehrte, machte er sich direkt ans Werk. Er wollte unbedingt in seiner Heimat als Trainer arbeiten, dort, wo Cruyff einst den Grundstein gelegt hatte. Er übernahm Barças zweite Mannschaft und begann, seine Spielphilosophie umzusetzen. 2008 beförderte Barcelona Guardiola und machte ihn zum Cheftrainer der ersten Mannschaft – ein Trainer, der gerade mal über ein Jahr Berufserfahrung verfügte. Doch Guardiola hatte schon nach einem Jahr seine Spielphilosophie vollständig entworfen.

Guardiola entwickelte als Trainer in Barcelona das Positionsspiel weiter. Er erarbeitete feste Pläne, wie sich die Spieler auf dem Platz zu bewegen haben. Der ballführende Spieler sollte möglichst zwei, besser sogar drei Anspielstationen haben. Diese Anspielstationen sollten sich so postieren, dass sich ein Dreieck ergibt. Wenn alle Spieler sich zueinander in Dreiecken postieren, war Guardiola überzeugt, könne der Ball schnell und mit wenig Kontakten durch die eigenen Reihen laufen. Guardiola wandelte Cruyffs Feldaufteilung ab. Bei Guardiola gibt es noch mehr Linien auf dem Feld: fünf vertikale Linien, sechs horizontale (siehe Grafik S. 54).

Das eigentliche Ziel des Positionsspiels sei, so betont Guardiola immer wieder, den Gegner möglichst weit vom eigenen Tor fernzuhalten. Wer den Raum kontrolliere, kontrolliere den Ball, und wer den Ball kontrolliere, kontrolliere das Spiel. Nur

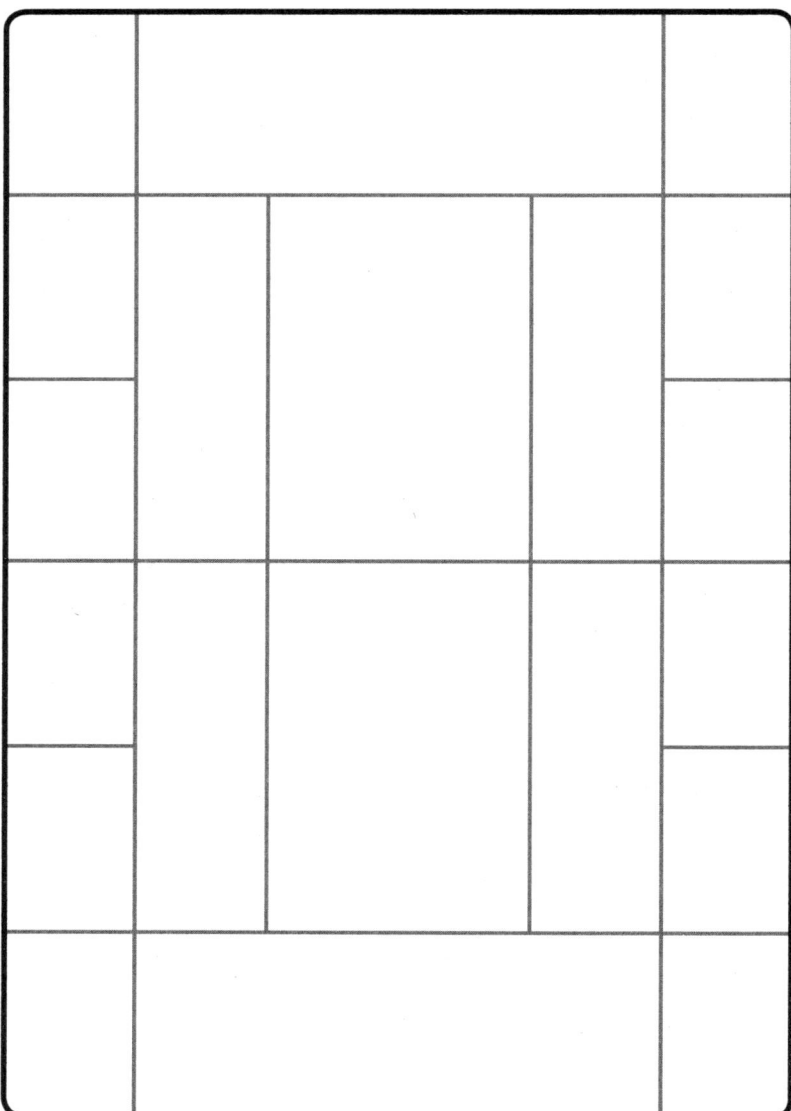

Einteilung des Feldes in 20 Zonen nach Pep Guardiola

so könne man ein Spiel dominieren, nur so könne man sich unabhängig machen von genialen Aktionen einzelner Spieler oder vom Zufall. Guardiola ist ein Kontrollfreak.

Diese Idee, über die Besetzung bestimmter Zonen ein Fußballspiel zu gewinnen, ist zunächst äußerst abstrakt. Mit Leben füllt Guardiola sie vor jedem Spiel. Anders als andere Trainer überlässt er die Gegnerbeobachtung nicht seinen Scouts, sondern übernimmt sie selbst. Er verschanzt sich teils tagelang in seinem Büro; er nennt es seine «Höhle». Dort studiert er den Gegner und sucht Räume, in denen die Abwehr Lücken offenbart. Guardiola kann sich stundenlang in das Spiel des Gegners vertiefen, bis er die eine Problemstelle des Gegners findet. Und dann stellt er seine Mannschaft darauf ein, diesen Schwachpunkt auszunutzen.

Als er in seiner ersten Saison als Barça-Cheftrainer das Derby gegen Real Madrid vorbereitete, den «Clásico», hatte er einen Aha-Moment. Wieder und wieder hatte er sich die Real-Abwehr angeschaut, bis es bereits spät am Abend war. Irgendwo muss doch eine Lücke zu finden sein! Dann machte es plötzlich «Klick!». Aufgeregt rief er Lionel Messi zu sich ins Büro – damals noch ein großes Talent, keineswegs der Jahrhundertfußballer, der er heute ist. «Aber Trainer, ich war gerade auf dem Weg ins Bett.» Guardiola ließ sich nicht abwimmeln, und so stieg Messi ins Auto und fuhr zum Vereinsgelände. Auf dem Bildschirm zeigte ihm Guardiola, was ihm aufgefallen war: Wenn die Mittelfeldspieler von Madrid vorrückten, blieben die Abwehrspieler einfach stehen. Reals Verteidiger Christoph Metzelder und Fabio Cannavaro rückten nicht nach.

«Wir müssen in die Zone vor der Abwehr gelangen, Leo!» Guardiola stellte sein Positionsspiel darauf ein: Die Mittelfeldspieler sollten sich so positionieren, dass sie die gegnerischen Mittelfeldspieler herauslocken. In der Zone zwischen Abwehr und Mittelfeld sollte Messi bereitstehen. Messi spielte zu jener Zeit eigentlich als Außenstürmer, nicht als Stürmer – und schon gar nicht als zurückfallender Stürmer. Guardiola war das egal. Er wollte ihn in der Zone vor der Abwehr aufstellen, in der er Madrids Schwachstelle sah. Beinahe en passant reaktivierte Guardiola damit eine uralte Spielerei: Er stellte Messi als falsche Neun auf. Alles im Dienste des Positionsspiels.

Der Plan ging auf: Gegen Real Madrid gewann Barcelona mit 6:2. Messi leitete Angriff um Angriff aus dem freien Raum vor Madrids Abwehrkette ein.

Falsche Neun

Eine Neun ist in der klassischen Positionslehre ein Mittelstürmer. Als falsche Neun bezeichnet man einen Mittelstürmer, der häufig seine Position verlässt und sich zurückfallen lässt. Oft sind das Spieler wie Lionel Messi oder Mario Götze, die als kleine, quirlige Spielertypen selten in den Strafraum gehen, sondern eher aus dem Hintergrund zu Dribblings und Schüssen ansetzen. Die falsche Neun ist fast so alt wie der Fußball: Schon in den dreißiger Jahren gab es erste Vorläufer der heutigen falschen Neun. (Siehe dazu mein Erstlingswerk «Vom Libero zur Doppelsechs – Eine Taktikgeschichte des deutschen Fußballs».)

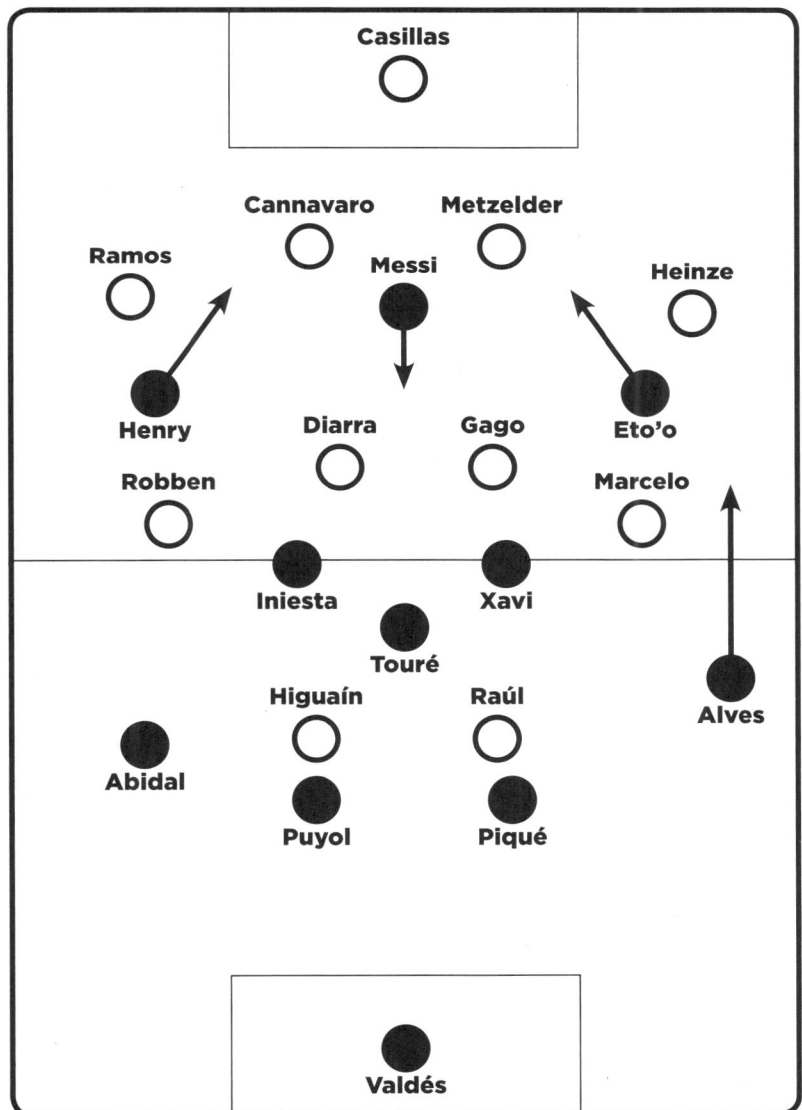

Real Madrid – FC Barcelona 2:6, Saison 2008/09. Das Spiel war die
Geburtsstunde von Lionel Messi als falscher Neun.

Die Grundprinzipien von Guardiolas Positionsspiel waren im «Clásico» gegen Real Madrid wie in jeder anderen Partie: möglichst viele Zonen besetzen. Nie dürfen mehr als zwei Spieler in einer vertikalen Linie stehen, nie mehr als drei Spieler in einer horizontalen. Ein Leitspruch von Guardiola lautet: «Zwei Angreifer können vier Verteidiger binden, im Mittelfeld und in der Abwehr muss man immer einen Mann Überzahl haben.» Diese Prinzipien möchte Guardiola stets umsetzen. Und gerade deshalb geht er jedes Spiel anders an. Guardiola glaubt, dass er seine Philosophie nur umsetzen kann, wenn er sein Positionsspiel an den Gegner anpasst. Er sucht immer die Schwachstelle, die freie Zone, um genau dort einen Vorteil zu erhalten. Wenn der Gegner seine Taktik umstellt, stellt auch Guardiola seine Taktik um. Er bereitet nicht nur Plan A vor, sondern auch Plan B, C und D.

Mit seinen Ideen verletzt Guardiola einige klassische Lehren der Fußballtaktik. So sind ihm Formationen egal. Guardiola wechselt beliebig zwischen 4–3–3, 3–4–3, 4–4–2, 5–4–1 – praktisch jede mögliche Zahlenkombination hat er schon genutzt. «Das sind nur Telefonnummern», pflegt er zu sagen; es geht ihm um die Besetzung seiner Zonen, nicht um die starre Aufteilung Abwehr–Mittelfeld–Sturm. So kann es vorkommen, dass einzelne Spieler innerhalb eines Spiels drei oder vier verschiedene Positionen spielen. Wenn Guardiola eine neue Schwachstelle beim Gegner entdeckt, passt er sein Spiel sofort an. Daher findet der klassische Merksatz «Never change a winning team» bei Guardiola keine Anwendung. Jeder Gegner ist einzigartig, so Guardiolas Logik. Was gegen einen Gegner funktioniert, würde gegen einen anderen Gegner schiefgehen.

Die vielleicht wichtigste Entwicklung unter Guardiola: Er

trennt nicht strikt zwischen eigenem und gegnerischem Ballbesitz. Sein Positionsspiel soll in allen Spielphasen einen Vorteil verschaffen, egal, ob sein eigenes oder das gegnerische
Team den Ball hat. Deshalb richtet Guardiola sein Ballbesitzspiel so aus, dass seine Mannschaft einen Vorteil hat, selbst
wenn der Pass nicht ankommt. Wichtig ist ihm, dass nach
Ballverlusten sofort nachgesetzt wird. Die Spieler sollen sich
so positionieren, dass sie nach Ballverlusten direkt Druck auf
den Gegner ausüben können. Vier Sekunden haben sie nach
Fehlpässen Zeit, den Gegner zu jagen und den Ball zurückzuerobern. Erst dann kehrt Guardiolas Mannschaft in die eigene Defensivordnung zurück. Dieses organisierte Nachsetzen nach Ballverlusten war 2008 eine vollkommene Neuheit
im Weltfußball. Guardiola entwickelte es aus seinem Positionsspiel heraus, um die Partie zu jeder Zeit dominieren zu
können. Der Gegner sollte sich nicht aus dem Klammergriff
befreien können.

Dies erklärt auch ein Missverständnis, das vor allem in
Deutschland bezüglich Guardiolas Fußball besteht: Hierzulande wird Guardiolas Spielstil oft mit dem Wort «Ballbesitzfußball» gleichgesetzt, von Kritikern gar als «Ballschieberei»
verspottet. Das ist nur zum Teil korrekt. Der Ballbesitz ist
nicht das Ziel des Positionsspiels, sondern ein Nebenprodukt.
Der Vorteil der eigenen Positionierung lässt sich nur ausspielen, wenn alle Spieler sich korrekt positionieren – und wenn
alle Spieler auch in das Spiel einbezogen werden.

Guardiola hasst es, wenn sein Spielstil «Tiki-Taka» genannt
wird. Laut seinem Hausbiographen Martí Perarnau sagte er
bei den Bayern in einer seiner ersten Ansprachen: «Ich hasse
dieses Tiki-Taka. Ich hasse es. Tiki-Taka ist, sich den Ball zuzuspielen, um sich den Ball zuzuspielen, einfach so, ohne Sinn

Tiki-Taka

Der Begriff «Tiki-Taka» stammt aus dem Spanischen. Ursprünglich bezieht er sich auf ein Spielzeug, das in Deutschland in den Siebzigern als «Klick-Klack-Kugel» bekannt war. Spanische Journalisten münzten den Begriff auf den ballbesitzorientierten Fußball von Pep Guardiola um. Durch die hohe Anzahl an flachen Pässen mache der Ball ständig «Klick-Klack» bzw. «Tiki-Taka». Im Spanischen ist die Bezeichnung negativ konnotiert. Sie meint einen Spielstil, bei dem das ständige Passen des Balls zum Selbstzweck verkommt. Außerhalb von Spanien wird der Begriff wertneutral genutzt. So ist er hierzulande schlicht ein Synonym für Ballbesitzfußball.

und Verstand. Und das führt zu nichts. Glaubt nicht, was euch erzählt wird: Barça hatte mit dem Tiki-Taka nichts zu tun! Das ist ein Märchen! Hört nicht darauf! Das Geheimnis bei jedem Mannschaftsspiel ist, das Spiel auf eine Seite zu verlagern, damit der Gegner ins Schwimmen kommt. Den Gegner auf eine Seite zu locken, damit er die andere Seite freigibt. Und wenn wir das geschafft haben, dann müssen wir es über diese andere Seite versuchen. Deswegen muss man sich den Ball zupassen, jawohl, aber mit einem Ziel, mit einer bestimmten Absicht. Also: den Ball in den eigenen Reihen halten, um das Spiel zu verlagern, den Gegner auf eine Seite zu locken, und dann über die andere angreifen. Das muss unser Spiel sein und nicht dieses sinnlose Tiki-Taka.»

Das Ziel ist es, den Ball so lange in den eigenen Reihen zu halten, bis Guardiolas Team die entscheidende Lücke im gegnerischen System findet. Tatsächlich spielen Guardiolas Mannschaften durchschnittlich nicht viel mehr Pässe als andere Teams, bevor sie auf das Tor schießen. Ihr hoher Ballbesitzwert ergibt sich eher dadurch, dass sie nach Ballverlusten sofort nachsetzen. Der Gegner hat dadurch keine langen Ballbesitzphasen. Dominanz ist das Ziel von Guardiolas Spiel, und das möglichst weit weg vom eigenen Tor. Ballbesitz, so betont er immer wieder, ist nur ein Werkzeug auf dem Weg dahin. Das ist eine völlig neue Ansicht im Fußball.

Auch abseits der Spielphilosophie scheut sich Guardiola nicht, mit Dogmen der Fußballwelt zu brechen. So würde er niemals vor einer Partie die Spielerkabine betreten. Die Kabine soll das Heiligtum der Spieler sein, hat Cruyff ihm beigebracht. Die von den meisten Fußballtrainern gepflegte Praxis, die Spieler in der Kabine zu motivieren, hat Guardiola abgeschafft. (Das verbindet ihn, nebenbei bemerkt, mit Jürgen Klopp. Der betritt die Umkleidekabinen außerhalb von Spieltagen ebenfalls nicht, um den Spielern den nötigen Freiraum zu lassen.)

Überhaupt meidet es Guardiola, seine Spieler vor Partien zu emotionalisieren. Der Grund dafür ist das Champions-League-Finale 2009: Vor dem Anpfiff hielt er eine emotionale Rede, zeigte sogar Szenen aus dem Spielfilm Gladiator. Barcelona gewann das Finale, war aber in der Anfangsphase klar unterlegen. Guardiolas Spieler waren, so seltsam es klingen mag, zu motiviert. Sie bewahrten keinen kühlen Kopf und vergaßen die Grundprinzipien des Positionsspiels. Guardiola zog daraus seine Lehren. Mittlerweile achtet er darauf, bei den Besprechungen möglichst sachlich den taktischen Plan zu vermitteln. Nur in Ausnahmefällen wird er vor einem Spiel emotional. Ein weiterer Bruch mit einer Gewohnheit des Fußballs.

Auch im täglichen Training zeigte sich Guardiola bereits in

Barcelona innovativ. Er konnte dabei auf die Arbeit aufbauen, die bei Barça schon jahrelang geleistet wurde. Als Spieler erlebte Guardiola um die Jahrtausendwende hautnah, wie Fitnesstrainer Francisco Seirullo neue Wege beschritt. Das imponierte ihm. Er tat es Mourinho gleich und übernahm den Ansatz von Seirullo, das Konditionstraining in das Training mit Ball zu integrieren. Jede Trainingsform unter Guardiola findet mit Ball statt, isoliertes Konditionstraining gibt es nicht. Damit diese Form des Trainings funktioniert, erwartet er von seinen Spielern, in jedem Training alles zu geben. Verstecken gibt es nicht.

Das erklärt auch Guardiolas Verhalten an der Seitenlinie: Hier tobt, springt, wütet er sprichwörtlich wie der spanische Stier. Er will seinen Spielern vorleben, wie man bei einem Spiel mit voller Energie dabei ist. Stellen Sie sich nun vor, wie Guardiola als Hampelmännchen am Spielfeldrand umherspringt, multiplizieren Sie dies mit fünf, und Sie erhalten ein typisches Training unter Guardiola. Er korrigiert ständig, erwartet von seinen Spielern vollste Konzentration. Wenn etwas nicht funktioniert, müssen die Spieler es so lange wiederholen, bis es klappt. «One more time!», pflegt er zu sagen: eine Wiederholung noch. Die Spieler wissen, dass es nicht bei einer Wiederholung bleibt, sondern dass sie so lange üben müssen, bis es so funktioniert, wie Guardiola sich das vorstellt. Damit verhindert er, dass die Spieler während des Trainings abschalten – Guardiola lebt ihnen vor, jede Trainingseinheit wie ein Spiel anzugehen.

Auch in anderen Bereichen achtet Guardiola auf Professionalität. In Barcelona war er der erste Trainer, der einen hauptamtlichen Ernährungsberater zu seinem Trainerteam zählte. Guardiola ist ein Anhänger der Theorie, nach der bewusste Ernährung den Muskelaufbau beschleunigt. So müssen seine Spieler nach jeder Belastung, sprich: nach jedem Training und nach jedem Spiel, sofort Nahrung zu sich nehmen. Der Körper nehme Nährstoffe nach einer körperlichen Belastung besser auf als im Ruhezustand, so die Theorie. Nach Auswärtsspielen gibt es bereits im Mannschaftsbus Spaghetti mit Tomatensoße. (Man möchte nicht wissen, wie die Sitzbezüge aussehen.) Auch vor den Spielen fordert Guardiola eine gesunde Lebensweise von den Spielern. In der entscheidenden Saisonphase erwischte er einen Spieler vor einem Training, wie er ein Eis schleckte. Der Spieler bekam einen Rüffel von Kontrollfreak Guardiola – freundlich, aber bestimmt.

Spätestens jetzt sollte klar sein, wie viel Guardiola von seinen Spielern fordert. Sie müssen sich auf dem Feld jederzeit richtig positionieren, nach Ballverlusten sofort nachsetzen, bei jedem Training Einsatz zeigen, sich allzeit professionell verhalten und sich dazu noch gesund ernähren. Es gibt sogar Gerüchte, dass Guardiola seine Spieler über Privatdetektive bewachen ließ, um einen gesunden Lebenswandel zu garantieren. Diese Gerüchte wurden wohl von seinen Gegnern innerhalb Barcelonas Vorstand gestreut. Eines ist aber klar: Wer sich nicht wie ein Profi benimmt, hat bei Guardiola keine Chance, und wer seiner Philosophie nicht folgt, ist ebenfalls raus. Eine seiner ersten Amtshandlungen als Barça-Trainer: Er teilte Ronaldinho, Deco und Samuel Eto'o mit, dass er nicht mit ihnen plane. Die drei Fußballkünstler waren in Barcelona Volkshelden, hatten zwei Jahre zuvor den Champions-League-Titel errungen. Aber Guardiola befand, dass sie nach Ballverlusten nicht energisch genug nachsetzten, und er setzt nur auf Spieler, die sich seiner Philosophie vollkommen verschreiben.

Ronaldinho und Deco verließen den Verein sofort, Eto'o ein Jahr später.

Für Spieler, die nicht bereit sind, seinen Weg mitzugehen, nimmt sich Guardiola keine Zeit. Superstar Zlatan Ibrahimović ist das wohl berühmteste Opfer. Der Schwede kam in Guardiolas zweiter Saison nach Barcelona. Er war eigentlich als Stürmer eingeplant, doch Messi spielte sich in seiner taktischen Rolle als «falsche Neun» im Sturmzentrum fest. Guardiola testete Ibrahimović auf dem Flügel, doch in dieser Rolle fühlte er sich zurückgesetzt. Es drehe sich alles um «die Zwerge» Xavi, Iniesta, Messi, so Ibrahimović. Nie habe Guardiola ihm als Stürmer eine Chance gegeben, nie das Gespräch mit ihm gesucht. So aufbrausend Guardiola in Bezug auf Fußball sein kann, so sehr scheut er laut seinem Biographen Perarnau den direkten Konflikt. Der Streit eskalierte. Nach einer Niederlage in der Champions League wütete Ibrahimović in der Kabine, warf mit Gegenständen um sich. Guardiola schwieg. Ibrahimović musste gehen. Guardiola hat Gegner, doch die Liste der Fürsprecher ist ebenso lang: Xavi, Iniesta, Sergio Busquets, Dani Alves und allen voran Lionel Messi – sie lebten Guardiolas Positionsspiel.

Der Erfolg gibt Guardiola recht. Mit Barcelona gewann der Berufsanfänger 14 Titel in vier Jahren, darunter drei Meisterschaften, zwei nationale Pokale und zwei Champions-League-Titel. Der FC Barcelona gewann unter ihm 76,32 % seiner Spiele, damit ist er der erfolgreichste Trainer in Barcelonas traditionsreicher Geschichte, erfolgreicher noch als Cruyff. Vor allem aber war es das Wie, das Guardiolas Barcelona so großartig machte: Seine Mannschaft zelebrierte den Fußball. Der Ball lief wie an einer Schnur gezogen durch die Reihen. Der Gegner wurde erdrückt, konnte sich nicht aus dem Netz

Barcelonas befreien. Sie zeigten Fußball auf allerhöchstem taktischem, technischem und konditionellem Niveau. Unter Fußballenthusiasten genoss Guardiolas Barcelona enormes Ansehen. Zahlreiche Trainer reisten zu ihm, um sich seine Trainings anzuschauen. So beeinflusste er – wie Sie im Verlaufe dieses Buches noch feststellen werden – unter anderem Jogi Löw, Thomas Tuchel, Antonio Conte und Julian Nagelsmann direkt oder indirekt. Selbst der große Sir Alex Ferguson, eine halbe Ewigkeit Trainer von Manchester United, sagte nach dem verlorenen Champions-League-Finale 2011, Guardiolas Barça-Team sei «das beste Team, gegen das Manchester United je gespielt hat».

Nach vier Jahren verließ Guardiola Barcelona. Teils hatte er die ewigen Querelen mit dem Vorstand satt; Fußball ist in Barcelona immer auch ein Stück Hinterzimmerpolitik. Teils war der Abschied wiederum seiner Fußballphilosophie geschuldet. Guardiola glaubt nicht daran, dass ein Trainer länger als drei, maximal vier Jahre bei einem Verein bleiben sollte. Er bezieht sich mit dieser Idee auf Béla Guttmann, einen großen Fußballtrainer der fünfziger und sechziger Jahre. Guttmann war sich sicher: «Das dritte Jahr ist verhängnisvoll. Wenn ein Trainer länger als drei Jahre bei einem Klub bleibt, fangen die Spieler an, sich zu langweilen oder werden selbstzufrieden.» Guardiola ist der Überzeugung, dass es schwer ist, seinen Spielern länger als drei oder vier Jahre jenen Einsatz abzuverlangen, der für seine Vorstellung von Fußball notwendig ist.

Nach einem Jahr Pause entschied sich Guardiola, nach München zu gehen. Bei den Bayern bewies er, dass er in seiner Grundphilosophie störrisch, in der konkreten Umsetzung jedoch flexibel ist. Guardiola passte sich der Mannschaft an.

In Barcelona lag der Fokus auf dem Zentrum. «Der Trainerjob bei Barça ist einfach. Eigentlich geht es nur darum, Messi, Iniesta oder Xavi freizuspielen und dann – Boom!», so Guardiola zu einem Wegbegleiter. Seine Zonenaufteilung war ganz auf die drei Ausnahmekönner im offensiven Zentrum ausgerichtet. Xavi eröffnete das Spiel um den Mittelkreis, Iniesta veredelte es im offensiven Mittelfeld, Messi verzauberte als falsche Neun Gegner wie Fans.

In München waren die Außenspieler der Fixpunkt des Positionsspiels. Guardiola richtete sein Spiel vollständig darauf aus, Franck Ribéry und Arjen Robben die nötigen Freiräume zu verschaffen. Die Verteidiger ließen den Ball laufen, spielten ihn zunächst ins Zentrum. Dazu zogen häufig auch die Außenverteidiger ins Mittelfeldzentrum. Der Gegner sollte in die Mitte gelockt werden, sich zusammenziehen – und dadurch Räume auf den Flügeln freigeben für die «Flügelflitzer» Robben und Ribéry. Oftmals eröffneten die Bayern das Spiel auch direkt aus der Abwehr mit langen Bällen auf die Flügel. Der Kontrast zu Guardiolas Barça-Team, das praktisch nur mit kurzen Pässen operierte, war groß.

Thomas Tuchel analysierte den Unterschied zwischen Guardiolas Barça und Guardiolas Bayern auf einer öffentlichen Diskussion im Februar 2017 so: «Der Fußball unter Pep bei den Bayern war ein anderer als der in Barcelona. Der war für meinen ästhetischen Geschmack nicht mehr so fließend, nicht mehr so rhythmisch, nicht mehr so neu und ganz anders als der in Barcelona ... In der ständigen Weiterentwicklung und Risikominimierung ist das Spiel rationaler geworden ... Es war so krass durchgeplant, die anderen wurden einfach erdrückt. Es wurde dem Gegner noch viel mehr die Luft abgedrückt, es hat sich gar kein Spiel-Gegenspiel mehr entwickelt. Es wurde immer übermächtiger. Es hatte etwas krass Rationales. Sie konnten die Uhr danach stellen, wann und wie das Tor fiel.»

Guardiolas Biograph Perarnau nannte das die «Deutschwerdung» Guardiolas. Während seiner Zeit in München lernte er, sich der deutschen Fußballkultur anzupassen. In Deutschland wird nach Ballverlusten schnell umgeschaltet, Pressing und Konterspiel sind die Eckpfeiler vieler Teams. Guardiola entwickelte Wege, das Umschaltspiel des Gegners zu stoppen. Während die Raumaufteilung bei Barcelona auf das Flachpassspiel eingestellt war, änderte sich das in München: Seine Mannschaft postierte sich oft in einem U um den Strafraum. So konnten sie über die Flügel angreifen, aber auch den Ball sofort zurückerobern, wenn der Gegner eine Flanke per Kopf klärte. Die Bayern lenkten das Spiel auf den Flügel, flankten und eroberten den Ball sofort zurück. Und das immer und immer wieder. Wie Tuchel sagte: Dem Gegner wurde die Luft abgeschnürt.

Das ist das vielleicht größte Missverständnis in Bezug auf Guardiola: Er ist kein «Fußballideologe», kein «Ballbesitzfetischist», wie ihn viele sehen. Er glaubt an sein Positionsspiel nicht nur, weil er es für den schöneren Fußball hält, sondern weil er sich von diesem Spielstil Erfolg verspricht. Perarnau bezeichnet Guardiola als eine «Künstlerseele mit rationalem Geist». Das trifft es. Ganz nach seinem eigenen Bauplan setzt er die Teile seiner Mannschaft zu einem Kunstwerk zusammen.

Das könnte ein Grund sein, warum Guardiola so viele Menschen polarisiert: Bei ihm geht es nur um Fußball, Fußball, Fußball. Er studiert das Spiel, sucht ständig nach dem Optimum, möchte dem Zufall ein Schnippchen schlagen.

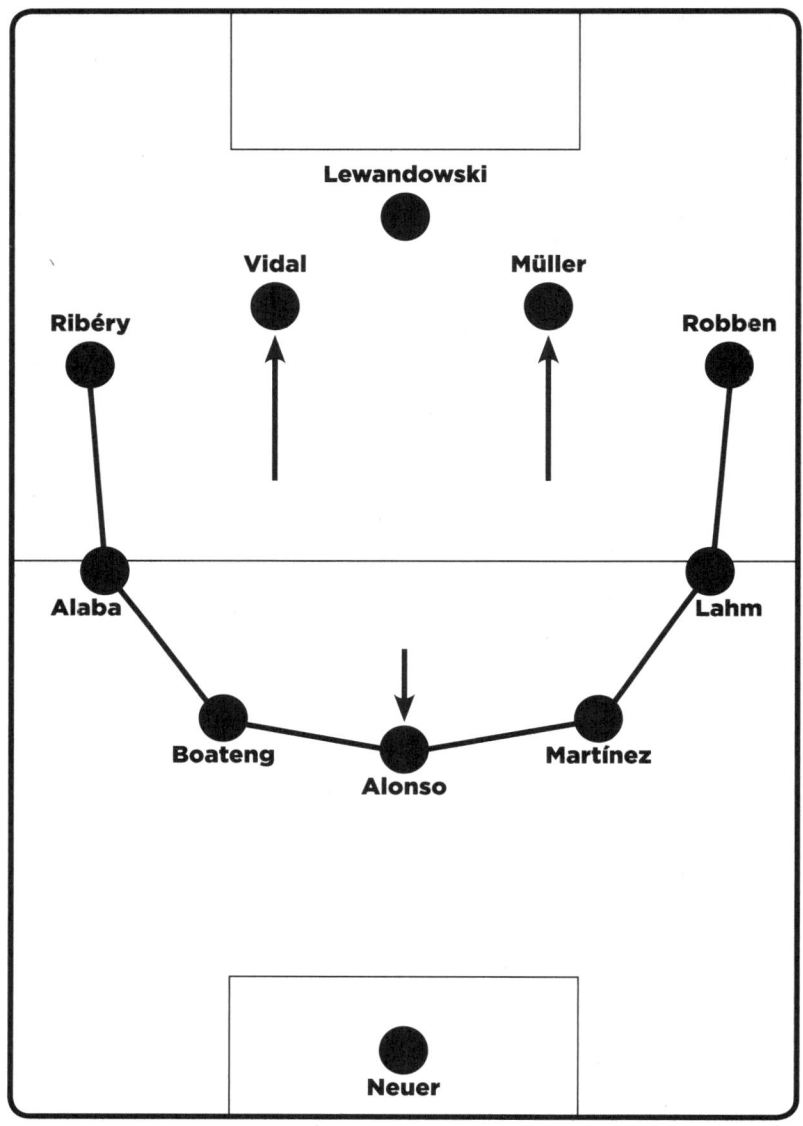

Bayern München unter Pep Guardiola, Saison 2015/16: Alonso ließ sich zwischen die Verteidiger fallen. Es entstand eine U-Formation.

Bekannte berichten, dass Guardiola sich aus Gesprächen ausklinkt, sobald es um alltägliche Dinge wie das Wetter oder Musik geht. Das einzige politische Thema, das Guardiola am Herzen liegt, ist die Loslösung Kataloniens vom spanischen Staat. Er ist jedoch mit allen Sinnen dabei, sobald sich das Gespräch um Sport dreht. Neben Fußball interessiert sich Guardiola für praktisch jede Sportart, vor allem aber für Basketball, Golf und Schach. Mit dem früheren Schach-Weltmeister Garry Kasparow ist er eng befreundet.

Guardiola ist kein Sprücheklopfer. Wer ihn auf Pressekonferenzen erlebt, sieht einen Mann, der stundenlang über die richtige Taktik referieren könnte, der alle Spieler des Gegners studiert hat. Doch nicht viele Journalisten stellen ihm entsprechende Fragen. Der Fußball ist längst ein Medienereignis. Viele Fragen auf den Pressekonferenzen in München drehten sich um Guardiolas Beziehungen zu den Spielern, um die Haftstrafe von Bayern-Präsident Uli Hoeneß – und um das sagenumwobene Triple, dem Gewinn von Meisterschaft, Pokal und Champions League in einer Saison, das seinem Vorgänger Jupp Heynckes gelang. Ihn nerven solche Fragen. Erfolge seien das Ergebnis guter Arbeit, nicht das Ziel, so seine Antwort. Als er in Manchester eine ähnliche Frage nach dem «Quatruple» gestellt bekam (in England gibt es zusätzlich zum normalen Pokalwettbewerb den League Cup zu gewinnen), antwortete er überraschend ehrlich: «What the fuck?!»

Guardiola entzieht sich dem Medienspiel, indem er keine Einzelinterviews gibt. Er beruft sich damit auf Trainerkollege Marcelo Bielsa. Der führt als Argument gegen Interviews an, er wolle keinen Journalisten bevorzugen. Guardiolas Motive sind weniger lauter. Er möchte einfach von seinem engen Tagesplan keine Zeit für Interviews abzwacken. Kein Wunder:

Guardiola leitet die meisten Trainingseinheiten selbst, übernimmt in Eigenregie die Beobachtung der kommenden Gegner, führt ständig Einzelgespräche mit seinen Spielern und sucht sogar Lehrvideos für sie heraus – sein Terminkalender ist so schon überfüllt. Für Gespräche mit Journalisten ist da kein Platz. Er nimmt sich dadurch aber auch die Chance, sein Spielsystem, seine Ideen, seine Fußballphilosophie zu erklären.

Biograph Perarnau sieht den Verzicht auf Interviews gelassener: «Wer ihn verstehen will, versteht ihn auch.» Und das ist wahr. Guardiolas Fußball ist komplex, ständig im Wandel, doch er lässt sich dechiffrieren. Wer dazu bereit war, auf seine Bayern-Elf mit taktischem Blick zu schauen, konnte ständig etwas Neues entdecken, nie wusste man, was einen erwartet. Selbst nachdem die Aufstellung bekannt gegeben wurde, blieben meist Fragezeichen. Welche Schwachstelle hat Guardiola beim Gegner entdeckt? Wie viel Ballbesitz werden sie sammeln? Wo spielt David Alaba heute? In der Innenverteidigung, als Linksverteidiger, im Mittelfeld? Jedes Spiel war etwas Einzigartiges, ein Sammelsurium von Ideen und Einfällen.

Vor allem ist Guardiola jederzeit bereit, mit Traditionen zu brechen. Stürmer müssen groß und kopfballstark sein? Guardiola stellt den kleinen Floh Messi als Stürmer auf. Außenverteidiger sollen den Flügel herauf- und herunterlaufen? Guardiola lässt Philipp Lahm als Außenverteidiger ins Zentrum einrücken, um als weiterer zentraler Mittelfeldspieler zu agieren. Innenverteidiger müssen groß und bullig sein? Guardiola schult den schmächtigen Joshua Kimmich, 1,76 Meter groß und 72 Kilogramm leicht, zum zentralen Verteidiger um. Über 100 Videos musste sich Kimmich ansehen, ehe seine Verwandlung abgeschlossen war.

Guardiola begreift den Fußball nicht als Ansammlung fester Rituale oder eingefahrener Prinzipien. Sein Fokus auf Ballbesitz und sein Positionsspiel werden ihm häufig als Dogmatismus, als Inflexibilität angekreidet. Dabei ist das Gegenteil der Fall. Guardiola sieht jeden Gegner als Problem, das eine einzigartige Lösung verlangt. Um diese Lösungen zu finden, muss man sich immer etwas Neues einfallen lassen. Und wenn das bedeutet, dass der Außenverteidiger ins Zentrum rücken muss, dann ist das nun einmal so. Solche taktischen Ideen findet man in keinem Lehrbuch.

In der Öffentlichkeit bekam Guardiola dafür nicht immer die Anerkennung, die er verdient. In Deutschland werfen Kritiker ihm gerne vor, dass er mit Bayern München nicht die Champions League gewann. Doch wer die Niederlage gegen Atlético Madrid im dritten Guardiola-Jahr gesehen hat, muss sich fragen: Wie viel besser hätten die Bayern noch spielen können? Sie schossen 35-mal aufs Tor, fünfmal so oft wie der Gegner. Selbst Atlético-Trainer Diego Simeone gestand, dass noch nie ein stärkerer Gegner gegen sie gespielt habe. Sosehr Guardiola das Spiel von der ersten bis zur letzten Minute durchgeplant hat: Am Ende entscheiden manchmal dennoch Zufälle und Kleinigkeiten.

Auch wenn Guardiola also in der Medienwelt zum Teil kritisch gesehen wird – innerhalb der Fußballbranche stellen nur wenige sein Schaffen in Frage. Sir Alex Ferguson, Thomas Tuchel, Jürgen Klopp: Sie alle bezeichnen Guardiolas Barcelona als die beste Mannschaft, die sie je haben spielen sehen. Auf Trainerkongressen der Welt wird Guardiolas Positionsspiel analysiert. Jeder möchte seine Siegesformel kopieren. Der DFB hat Guardiolas Spielstil intensiv studiert. Dort sehen sie darin das Spiel der Zukunft. Egal, wie Trainer persönlich zu

Guardiola stehen: Man wird keinen finden, der seine fachlichen Qualitäten anzweifelt. Nicht einmal sein Intimfeind José Mourinho.

Guardiola hat den Fußball verändert. Nicht aufgrund seiner Erfolge. Sondern aufgrund seiner Philosophie. Trainer auf der ganzen Welt ahmen ihn nach und entwickeln ihrerseits wiederum seinen Stil weiter. Doch Guardiola selbst ist noch lange nicht fertig: Bei seiner aktuellen Station Manchester City hat er ein Jahr gebraucht, ehe die Spieler seine Ideen vom Positionsspiel verstanden. Mittlerweile dominiert City Fußballspiele, so wie es Barcelona und Bayern taten. Gegnerische Trainer und Experten überhäufen Guardiola mit Lob.

Er nimmt diese Schmeicheleien mit einem Lächeln im Gesicht entgegen. Für ihn ist der größte Trainer ein anderer. «Cruyff baute die Kathedrale. Wir nach ihm halten sie nur instand.» Der Schüler führt das Werk seines Meisters fort.

KAPITEL 3

Marcelo Bielsa

«Wer schönen Fußball für das Ergebnis opfert, den sollte man meiner Meinung nach foltern. Die Ärmsten unter uns haben nur Fußball zur Entspannung. Ich würde es schrecklich finden, wenn wir ihnen nur Ergebnisse böten.»

Verloren in der Eiswüste, angegriffen von einem Wampa, halb am Erfrieren: Luke Skywalkers Lage zu Beginn des Films *Das Imperium schlägt zurück* ist nicht allzu rosig. Da erscheint ihm plötzlich der Geist seines alten Mentors Obi-Wan Kenobi: «Luke. Du musst dich in das Dagobah-System begeben! Dort wird Yoda dein Lehrmeister sein. Der Jedimeister, der auch mein Meister gewesen ist.»

Pep Guardiola führte einst eine ähnliche Konversation – nur fror er nicht in einer Eiswüste, sondern schwitzte am Rande einer Sandwüste. In Katar ließ er sich seinen Karriereabend als Fußballer in der unbedeutenden, aber reichen Qatar Stars League versilbern. Als sein Mitspieler Gabriel Batistuta ihn eines Tages fragte, was er nach seiner Karriere machen wolle, antwortete er: «Ich werde als Trainer arbeiten.» Batistuta nutzte ähnliche Worte wie Obi-Wan Kenobi, als er Guardiola riet: «Wenn du Trainer werden willst, musst du zuerst nach Argentinien reisen und mit Marcelo Bielsa sprechen.»

In Begleitung des Journalisten David Trueba reiste Guardiola ans andere Ende der Welt, um sich mit Bielsa zu treffen. Guardiola und Bielsa kannten sich nicht, also werde es sicher ein kurzes Kennenlernen bei Kaffee und Kuchen, dachte sich Trueba und schmiedete noch Pläne für den Abend. Daraus wurde allerdings nichts. Das Treffen zwischen Guardiola und Bielsa dauerte 13 Stunden. Im Verlauf des Treffens kritzelten sie ein Dutzend Zettel mit taktischen Ideen voll, schauten sich mehrere Videos auf Bielsas Laptop an und tauschten sich über den Fußballgott und die Welt aus. Statt Kaffee und Kuchen zu servieren, warf Bielsa ein halbes Schwein auf den Grill – Denken macht schließlich hungrig. Jahre später noch schwärmte Guardiola von diesem Treffen und sagte: «Bielsa ist für mich der beste Fußballtrainer der Welt.»

Normalerweise muss man ein übertriebenes Lob von Guardiola nicht allzu hoch hängen; es gibt wohl kaum einen Protagonisten im Fußball, der von Guardiola nicht bereits als «super, super» oder «Weltklasse» bezeichnet wurde. Bei Bielsa meint Guardiola es jedoch exakt so, wie er es sagt. Und er steht nicht alleine mit dieser Meinung. Diego Simeone (Trainer bei Atlético Madrid), Mauricio Pochettino (Trainer bei Tottenham Hotspur), Jorge Sampaoli (argentinischer Nationaltrainer) – sie alle haben unter Bielsa gespielt und reden überschwänglich über ihn. Er habe großen Einfluss gehabt auf ihre Karriere und ihren Blick auf den Fußball verändert. In Argentinien, in Mexiko und in Chile hat Bielsa eine Generation von Fußballern geprägt.

Bielsa gehört zu den einflussreichsten Fußballtrainern der letzten dreißig Jahre – und doch ist er in Deutschland kaum bekannt. Kein Wunder: Bielsa hat nie große Titel gewonnen, nie die großen Teams dieser Welt trainiert. Sein Trophäenschrank beinhaltet zwei argentinische Meistertitel aus den frühen neunziger Jahren sowie eine olympische Goldmedaille, die er 2004 mit Argentinien gewann. Das ist nicht viel für einen Mann, der seit fast 40 Jahren den Trainerberuf ausübt. Aber Bielsa blickt anders darauf, er sagt: «Wir leben in einer Zeit und in einer Gesellschaft, in der jeder Triumph gefeiert wird, und jedem, der nicht triumphiert, vergibt man nicht. Aber die Art und Weise, *wie* ich Dinge tue, ist für mich wichtiger als das Resultat. Das ist meine Priorität.» Bielsa gehört nicht zu den Trainern, die den Erfolg über alles stellen. Für ihn zählt der Prozess, das Wie. Und so sind es nicht die Ergebnisse, sondern es ist seine Art des Fußballs, die ihn zu einer herausragenden Figur in dieser Branche macht.

Bielsa wuchs in Santa Fe auf, einer der größten Städte Argentiniens. In Deutschland würde man Bielsas Familie dem «Bildungsbürgertum» zuordnen: Sein Großvater, ein Professor für Verwaltungsrecht, besaß eine gigantische Bibliothek, die angeblich über 30 000 Bücher umfasste. Bielsas Vater arbeitete als Jurist, sein Bruder führte die Tradition fort. Zwischenzeitlich wechselte er in die Politik und war für einige Jahre Außenminister Argentiniens. Marcelo widersetzte sich jedoch der Familientradition. Statt zu lesen und zu büffeln, zog es ihn nach draußen, auf die Fußballplätze seiner Heimatstadt. In jeder freien Minute kickte er. Ihm war immer klar: Er wird Fußballer. Seine Familie versuchte gar nicht erst, seine Karriere in akademische Bahnen zu lenken. Sturheit ist eine der ausgeprägtesten Charaktereigenschaften des Marcelo Bielsa.

Nur eine Sache nahm ihm sein Vater zeitlebens übel: dass sich Marcelo dafür entschied, für Newell's Old Boys zu spielen. Marcelos Vater war bedingungsloser Anhänger von Rosario Central, den Erzfeinden der Old Boys. Marcelos Talent genügte aber nicht, um auf höchstem Niveau mitzuhalten. Bielsa war ein knallharter Verteidiger mit eisernem Willen – aber viel mehr nicht. So kam es, dass er bereits mit 25 Jahren die Fußballschuhe an den Nagel hängte. Den Traum, mit Fußball sein Geld zu verdienen, gab er aber nicht auf. Von diesem Tag an tat er alles dafür, um als Trainer mehr Erfolg zu haben denn als Spieler.

Sein erstes Engagement auf der Trainerbank sicherte er sich während seines Studiums der Sportwissenschaften. Den ehrenamtlichen Job als Coach der Universitätsmannschaft nahm Bielsa so ernst, als würde er sein Heimatland auf eine Weltmeisterschaft vorbereiten. Der Legende nach bestellte er über 3000 Studenten zum Probetraining ein, ehe er 20 für die Auswahl-Mannschaft nominierte. Die Studenten mussten trainieren wie Profis, sehr zum Leidwesen ihrer akademischen Ausbildung. So kam Bielsa auch zu seinem Spitznamen: «el loco», der Verrückte. Kein Wunder, dass sein ehrenamtliches Engagement recht bald endete.

Im professionellen Fußball war Bielsa mit seiner Einstellung besser aufgehoben. Ab 1980 leitete er das Training der Jugendmannschaften der Newell's Old Boys, seines alten Klubs. Eine seiner ersten Amtshandlungen: Bielsa nahm sich eine Karte Argentiniens und teilte sie in 70 Abschnitte. Er wollte jeden einzelnen Abschnitt besuchen, um alle Talente des Landes zu sichten. Das gestaltete sich gar nicht so einfach, denn Bielsa leidet an Flugangst. Er bereiste Argentinien also mit dem Auto, und wenn er nicht gerade mit seinem Fiat Punto durch die argentinische Pampa gurkte, analysierte er europäische Fußballspiele. In den achtziger Jahren, wohlgemerkt, einer Zeit also, als TV-Sender nicht einmal alle regionalen Spiele zeigten und das Internet allenfalls NASA-Ingenieuren zur Verfügung stand. Um an das nötige Videomaterial zu gelangen, beauftragte Bielsa einen in Spanien lebenden Onkel, ihm VHS-Kassetten mit Aufnahmen der Spiele zu schicken. Was man nicht alles für seinen Neffen tut.

Bielsa analysierte die Videos aus Europa allerdings nicht, um Taktiken oder Spielweisen zu studieren oder zu kopieren. Er wollte mehr über das Fußballspiel an sich erfahren. «Learning by doing» war nicht unbedingt sein Fall, er war der Ansicht: «Um zu wissen, was man trainieren will, muss man wissen, was das Spiel enthält.» Er wollte alle Facetten des Fußballs kennenlernen und analysieren und erst dann sein Training entwerfen. So wie Alexander von Humboldt die Flüsse und Hügel dieser Welt vermaß, begegnete Bielsa dem Fußballsport. Seine Studien ergaben: Es gibt 29 verschiedene Formationen und 17 defensive Spielweisen; 26 mögliche Bewegungen, mit denen ein Verteidiger seinem Gegenspieler den Ball abnehmen kann; fünf Wege, sich von der Deckung eines Gegenspielers zu befreien; 36 verschiedene Arten, wie Spieler über Pässe miteinander kommunizieren können (was auch immer das heißen mag); elf Wege, in den gegnerischen Strafraum einzudringen – und so weiter. Bielsa ließ keine Technik, keine Taktik, keine Facette des Fußballs aus. Er unternahm eine Vermessung des Fußballspiels.

Dieses Wissen nutzte er, um Trainingsübungen zu entwickeln, die alle diese Varianten umfassen. Er behauptet: Mit rund 120 verschiedenen Übungen könnte er einem Spieler alle Grundlagen beibringen, die es im Fußball zu beherrschen gibt: alle Techniken, Bewegungen, taktischen Kniffe. Auf diese 120 Übungen greift Bielsa in seiner täglichen Arbeit zurück. Denn nur wer alle Techniken und Spielsituationen aus dem

Training kenne, könne diese auch im Spiel meistern. In kurzen, aber extrem knackigen Trainingssitzungen ließ er seine Spieler schwitzen. Immer wieder mussten sie Übungen wiederholen, bestimmte Techniken einstudieren, Laufwege üben. Keine Übungsform dauert bei Bielsa länger als drei Minuten, kein Training mehr als eine halbe Stunde. In dieser Zeit gibt es aber keine Pausen, sondern es wird fast durchgehend gesprintet.

Als Bielsa nach zehn Jahren in der Jugendabteilung 1990 die erste Mannschaft von Newell's Old Boys übernahm, waren die Spieler von seinen Methoden angetan. Es war etwas ganz Neues: Bielsa forderte die Spieler, ohne sie bei öden Konditionseinheiten zu scheuchen. Er nahm sich ihrer individuell an. Verteidiger und Stürmer bekamen eigens für sie entworfene Trainingspläne. Es gab Trainingswochen, in denen sich Verteidiger und Stürmer nicht ein einziges Mal begegneten – sie trainierten zu separaten Zeiten nach unterschiedlichen Trainingsplänen. Die meisten Spieler kannten diese Art des Trainings bereits aus den Jugendteams, die Bielsa trainiert hatte. Sie wussten: Bielsa macht aus ihnen bessere Fußballer. Sie vertrauten ihm blind.

Bielsa baut seine Mannschaft grundsätzlich auf vier Grundprinzipien auf: Konzentration, permanente Beweglichkeit, Fluidität und Improvisation. Bielsas Taktik kennzeichnet ein ausgesprochener Drang nach vorne. Immer wieder starten Verteidiger zu Angriffsläufen, schießen Mittelfeldspieler in den Strafraum, bewegen sich die Flügelspieler ins Zentrum. Es kann vorkommen, dass in einem normalen Angriffsverlauf sieben Spieler seiner Mannschaft im gegnerischen Strafraum auftauchen. Bielsas Mannschaften können unglaublich hohen Druck auf das gegnerische Tor ausüben, allein schon aufgrund ihrer zahlenmäßigen Überlegenheit in der letzten Linie. Diese offensiven Läufe sind kein Zufallsprodukt. Bielsa orchestriert im Training genau, wie sich seine Spieler zu bewegen haben, wo sie hinlaufen sollen, wie sie sich zueinander zu postieren haben. Trainingssitzungen von Bielsa sind von außen daher kaum zu entschlüsseln: Überall auf dem Feld stehen Hütchen und Stangen, die Spieler laufen diese in fest choreographierten Routen ab. Wer wann zu welchem Zeitpunkt wie weit nach vorne läuft, wird minuziös geplant. Seine Defensivtaktik ist weit weniger komplex: «Wir rennen die ganze Zeit.» Bielsa setzt auf Manndeckung und Libero, seine Verteidiger sollen ihren Gegenspielern folgen und ihnen auf dem gesamten Feld hinterhersprinten. Verteidigung besteht bei Bielsa aus dem ständigen Zweikampf Mann gegen Mann.

Fluidität

Fluidität bezeichnet ein taktisches Mittel, bei dem sich die Spieler einer Mannschaft «im Fluss» befinden. Die Spieler kleben nicht auf ihren Positionen, sondern verlassen diese immer wieder. Positionswechsel und Läufe in den freien Raum kennzeichnen eine Mannschaft mit hoher Fluidität. Ein Beispiel ist der holländische «totale Fußball», bei dem die Spieler ständig ihre Positionen tauschten und somit ununterbrochen in Bewegung waren.

Bielsa möchte zwar, dass sich alle Spieler in den Dienst der Mannschaft stellen. Er sagt: «Wenn ein Organ das ganze Blut für sich reklamieren würde, würde es übermäßig gesund sein, allerdings auf Kosten der Ineffektivität des gesamten Körpers.» Er unterdrückt Individualität aber nicht, im Gegenteil. Ihm ist es wichtig, dass die Spieler bei Ballbesitz viel Verantwortung übernehmen und den Ball fordern. Seine Teams gruppiert er dabei meist um einen zentralen Mittelfeldspieler. Dieser sei das Herzstück eines jeden Fußballteams.

1991 führte Bielsa die Newell's Old Boys überraschend zur Meisterschaft. In der nächsten Saison startete die Mannschaft jedoch schwach. Nach einem 0:6 in der Copa Libertadores, dem südamerikanischen Pendant zur Champions League, schloss sich Bielsa in sein Zimmer ein. Für ihn war es nicht nur eine Niederlage. Er hinterfragte alles: seine Taktik, seine Fußballphilosophie, ja sein ganzes Leben. «[In dieser Nacht] habe ich die wahre Bedeutung eines Satzes verstanden, den man manchmal leichtfertig benutzt: Ich würde am liebsten sterben.» Nach einigen Tagen der Isolation hatte er für sich eine Antwort gefunden: Nicht seine Philosophie sei das Problem gewesen, sondern dass er zu viele Kompromisse eingegangen sei. Schon seit einiger Zeit hätte er Zeit darauf verschwendet, um individuelle Wünsche von Spielern und deren Einsatz für das gesamte Team zu harmonisieren. Er werde keine Rücksicht mehr auf Befindlichkeiten nehmen. Wenn er glaubt, dass ein Stürmer als Verteidiger besser spielen kann, werde er als Verteidiger spielen; und wenn er glaubt, dass seine Mannschaft offensiv spielen muss, dann habe seine Mannschaft offensiv zu spielen.

Was Bielsa von diesem Tag an in der Fußballwelt auszeichnete, war seine Verbindung von enormer Detailliebe mit seiner Passion für offensiven Fußball. Die klassische Denkweise der Fußballwelt kennt zwei Trainertypen: Auf der einen Seite stehen die Taktiker, die Kontrollfreaks, die ein Team zu einem defensiven Kollektiv formen. Auf der anderen Seite stehen die Menschenfänger, die taktisch Uninteressierten, die ihren Spielern und deren individuellen Stärken die lange Leine lassen. Das Thema Taktik wird bis heute oft mit Defensive assoziiert, während die Offensive mit individuellem Können und Talent verbunden wird. In seinen früheren Jahren dachte Bielsa noch ähnlich. Doch seit diesem Schlüsselerlebnis hat sich Bielsa ganz der Offensive verschrieben: «Wenn ich mir Videos von Spielen anschaue, achte ich nur auf die Offensive, nicht auf die Defensive.»

Argentinische Fußballschulen

In Argentinien konkurrieren zwei Ideen, wie Fußball gespielt werden sollte: Auf der einen Seite steht der Menottismo, benannt nach César Luis Menotti, Argentiniens Weltmeister-Trainer des Jahres 1978. Er predigt Improvisation und offensives Spiel und stellt Technik über Taktik. Die Gegenbewegung, der Bilardismo, ist benannt nach Argentiniens Weltmeister-Trainer des Jahres 1986, Carlos Salvador Bilardo. Disziplin, eine solide Defensive und genaue taktische Planung stehen hier im Vordergrund, der Sieg ist wichtiger als das schöne Spiel. Bielsa hat mit beiden Trainern zusammengearbeitet.

Mit seiner neugewonnenen Radikalität führte Bielsa sein Team zurück an die Spitze. Bielsa hielt sich taktisch nicht mehr zurück, setzte tatsächlich Verteidiger als Stürmer ein und Mittelfeldspieler als Verteidiger – so, wie es seiner Meinung nach passte. Auch seine Ansprachen wurden radikaler. «In Straßenkämpfen gibt es zwei Arten von Kämpfern», sagte er seinem Team vor einem Spiel. «Solche, die zuschlagen, Blut sehen und sich ängstlich zurückziehen. Und solche, die zuschlagen, Blut sehen und ihren Gegner weiter schlagen, bis er tot ist.» Er legte eine dramatische Pause ein. «Gentlemen, ich könnte schwören, ich rieche Blut.» Newell's Old Boys gewannen erneut die Meisterschaft und rückten ins Finale der Copa Libertadores vor, das sie erst im Elfmeterschießen verloren. Bielsa hatte damit den Grundstein seiner Karriere gelegt.

Seine nächste Station führte Bielsa nach Mexiko, wo er beim Club Atlas die Jugendarbeit revolutionierte und zahlreiche mexikanische Talente entdeckte, unter anderem den späteren Barça-Verteidiger Rafael Márquez. Das Scouting-Netzwerk zur Entdeckung junger Talente, das er in Mexiko etablierte, operiert noch heute in 92 Städten. Ende der Neunziger wurde er Nationaltrainer Argentiniens, wo er seinen größten Misserfolg erlebte: Bei der WM 2002 schied sein Land in der Vorrunde aus. 2004 machte er das Ausscheiden teilweise wieder gut, indem er bei den Olympischen Spielen den Titel holte. Bei allen Stationen blieb sich Bielsa treu. Die Marschroute hieß: Offensive zuerst. Doch hatte diese Zeit auch einen anderen Effekt auf ihn, wie er später zugab: Er machte sich weniger abhängig von Siegen und Niederlagen. Zuvor verkroch er sich nach Niederlagen teils Tage in seinem Bett. Er stellte mit der Zeit fest: «Die Momente meines Lebens, in denen ich gewachsen bin, folgten auf Niederlagen. Die Momente, in denen ich mich verschlechtert habe, folgten auf Siege. Erfolg deformiert, beruhigt, täuscht uns. Scheitern ist das Gegenteil, es bildet uns, es bringt uns näher zu unseren Grundsätzen.»

Den nachhaltigsten Effekt hatte Bielsa auf den chilenischen Fußball. Als er 2007 das Amt des chilenischen Nationaltrainers übernahm, war der chilenische Fußball am Boden. Seit 1998 hatte sich das fußballverrückte Land nicht mehr für die Weltmeisterschaft qualifiziert. Bielsa revolutionierte auch hier die Jugendausbildung. Im ganzen Land wurden Talente gesucht, bereits den jungen Spielern brachte der Verband Bielsas Philosophie bei. Er veranstaltete Fortbildungen für chilenische Trainer, denen er seine Trainingsmethoden vermittelte. Seine Trademark-Strategie – schnelles vertikales Spiel nach vorne, viele aufrückende Spieler, Manndeckungen auf dem ganzen Feld – etablierte sich in ganz Chile. Es geschah etwas, was in der globalisierten Fußballwelt gar nicht mehr möglich schien: Der chilenische Fußball entwickelte unter Bielsa einen eigenen, klar erkennbaren Stil, der sich in den Klubs, in den Juniorenteams und bei der Nationalmannschaft etablierte. 2010 qualifizierte sich Chile erstmals seit zwölf Jahren wieder für eine WM. Dort scheiterten sie zwar im Achtelfinale mit 0:3 an Brasilien. Bielsa war jedoch längst zum Volkshelden mutiert. Wer heute ein Spiel einer chilenischen Mannschaft sieht, erkennt noch immer Bielsas Formel. Bielsas Nachfolger führten Chile zu zwei Triumphen bei der Copa America, der südamerikanischen Meisterschaft der Nationalteams.

2011 verließ Bielsa Chile. Er hatte sich mit dem Verbandspräsidenten zerstritten und kündigte öffentlich an: Entweder der Verbandspräsident legt sein Amt nieder, oder er werde gehen. Bei Bielsa gibt es nur ganz oder gar nicht. Keine Kompromisse.

Horizontal, vertikal, diagonal

Die Richtungsangaben horizontal, vertikal und diagonal beziehen sich auf die Richtung, in die ein Pass gespielt wird. Man stelle sich dazu eine imaginäre Taktiktafel vor, bei der die Tore oben und unten sind. Ein horizontaler Pass ist ein Querpass, parallel zur Torauslinie. Ein vertikaler Pass ist ein Pass in Richtung des gegnerischen Tores, parallel zur Seitenauslinie. Ein diagonaler Pass wird schräg gespielt. Ein Team mit einer hohen Vertikalität bezeichnet demnach ein Team, das den Ball häufig vertikal passt und schnell den Weg zum gegnerischen Tor sucht.

Seine sture Haltung ist unter Fußballfunktionären berüchtigt. Ein Engagement bei Lazio Rom kündigte Bielsa nach nur einer Woche; die Vereinsführung wollte einen Spieler nicht verpflichten, den Bielsa unbedingt haben wollte. Er warf den Verantwortlichen Wortbruch vor.

An anderen Orten in Europa hinterließ Bielsa einen bleibenderen Eindruck, vor allem bei Athletic Bilbao und Olympique Marseille. Der Verlauf war bei beiden Stationen gleich: Im ersten Drittel der Saison taten sich Bielsas Spieler schwer damit, die komplexen Vorgaben ihres Trainers zu verstehen. Im zweiten Drittel der Saison hatten sie den Fußball verinnerlicht – und konnten damit jeden Gegner schlagen. Und im finalen Drittel der Saison brachen Bielsas Teams dann ein. Bielsas Fußball verlangt viel von den Spielern, geistig wie körperlich. Es ist ein kompromissloses Spiel mit dem Feuer. Bielsa kennt nur einen Weg, und der führt nach vorne. Nach vorne sprinten, zurücksprinten und den Gegner decken und

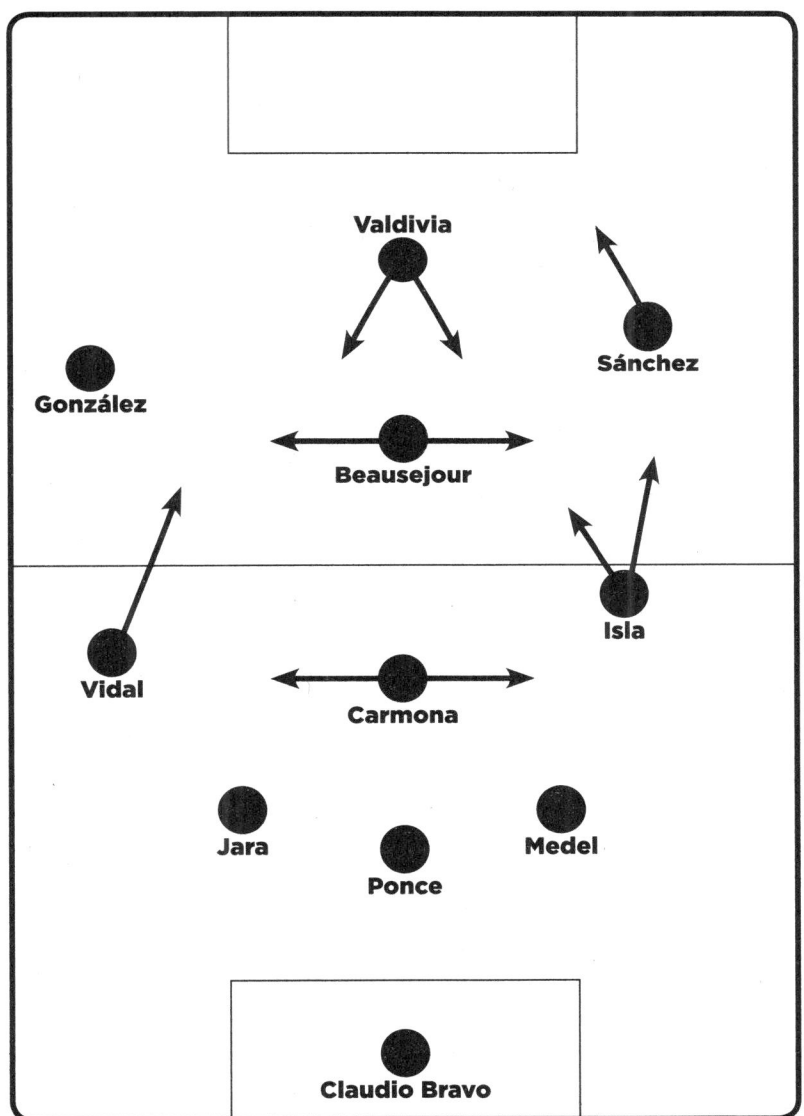

Chilenische Nationalmannschaft unter Marcelo Bielsa, WM 2010

wieder nach vorne sprinten – dieser Fußball kostet Kraft. Kraft, die seinen Teams am Ende der Saison fehlt. Am eindrucksvollsten war dieses Schema in der Saison 2011/12 zu erkennen: Athletic Bilbao zelebrierte unter Bielsa das schnelle Spiel, schlug in der Europa League Manchester United, den FC Schalke 04 und Sporting Lissabon. Im Finale war von diesem Fußball nichts mehr zu erkennen. Sie verloren gegen Atlético Madrid 0:3. Ausgerechnet gegen Diego Simeone, einen ehemaligen Spieler von Bielsa. Er nennt Bielsa sein größtes Vorbild, weiß aber: Ohne Defensive gewinnt man keine Titel. Seine Atlético-Mannschaft verteidigt wesentlich rationaler. In ganz Europa ist Simeone heute bekannt als leidenschaftlicher Defensivtrainer.

Bielsa ist das Wie jedoch wichtiger als das Resultat, und so verändert er nur taktische Details, nie aber seine Grundphilosophie. Mit seiner Ganz-oder-gar-nicht-Haltung will Bielsa nicht so recht in die heutige Fußballwelt passen. Er ist ein Fußballjunkie, dem Kommerz, Hype und Heldenverehrung zuwider sind. Bielsa, ein strenger Katholik, kritisiert regelmäßig die finanziellen Exzesse des Sports. Mit Funktionären, die sich für Erfolg, nicht aber für die Methoden interessieren, liegt er im Dauerclinch.

Auch zur Presse hat er ein schlechtes Verhältnis. Früher hatte er noch lange Pressekonferenzen gehalten, auf denen er ausführlich seine taktischen Ideen erklärte. Das macht er mittlerweile nicht mehr. «Ich brauche zwanzig Sätze, um eine Idee auszudrücken und ordentlich zu erklären. Dann kürzen [die Medien diese 20 Sätze] in einen, und ich bin schockiert ... Mir ist es lieber, niemand versteht mich, als dass man mich falsch versteht.» Interviews mit Journalisten verweigert er gänzlich.

Nicht nur die Exzesse abseits des Rasens, auch die Entwicklung auf dem Platz sieht Bielsa kritisch. Nach einem Spiel zwischen Lazio Rom und Juventus Turin vor einigen Jahren sagte er: «Das Spielfeld war praktisch zwanzig mal sechzig Meter groß. Räume zwischen den Linien existierten nicht mehr. Der einzige Raum, der immer größer wird, ist der zwischen Verteidiger und Torhüter. Wir tragen die Schuld, dass der Raum immer enger wird.» Schuld, ein Wort, das man im Zusammenhang mit Fußballtaktik eher selten hört. «Die wichtigste Sache im Fußball sollte es sein, Lösungen zu finden, nicht Probleme zu bereiten.» Ein typischer Bielsa-Satz. Ein Satz, für den José Mourinho sicherlich nur Hohn übrig hätte. Bielsa selbst erkennt an: «Eine der größten Stärken eines Trainers sollte seine Flexibilität sein, in anderen Worten: Er sollte sich nicht in seine eigene Idee verlieben. Ich kann keine Kompromisse eingehen bezüglich meiner Ideen, und das ist keine Stärke, sondern eine Schwäche.»

Das erklärt, wieso Bielsa als Trainer selbst nicht zu den höchsten Weihen gelangen konnte. Sein bislang letztes Engagement beim OSC Lille endete nach nicht mal einem halben Jahr. Den Spielern gelang es nicht, Bielsas Philosophie umzusetzen. Bielsa wiederum war in seinen Methoden zu starr, um einen Wandel herbeizuführen. Was einst so revolutionär war an Bielsa, seine Art, den Fußball zu vermessen, wirkt zunehmend aus der Zeit gefallen. Flexibilität in Taktik und Methoden sind wichtiger denn je, selbst Pep Guardiola stellt seine Mannschaft so ein, dass sie defensiv stabil steht. Bielsas Fokus auf das Offensivspiel nimmt indes fast schon ideologische Züge an. Bei ihm steht Fußball immer in einem größeren Kontext, er sieht ihn als verbindendes Glied der Gesellschaft. «Wer schönen Fußball für das Ergebnis opfert, den sollte man meiner Meinung nach foltern. Die Ärmsten unter uns haben nur Fußball zur Entspannung», so Bielsa.

Sein radikaler Ansatz erklärt aber auch, warum er als Vorbild für viele andere Trainer so wichtig war. Bielsa zeigte ihnen, dass Taktik und offensiver Fußball, Individualität und Kollektivität sich nicht ausschließen müssen. Viele Trainer kopierten seine konkreten Ideen, wie sich ein ballbesitzorientiertes Positionsspiel mit einem schnellen Spiel in die Spitze kombinieren lässt. Bielsa predigte Dreiecksspiel und die Wichtigkeit der Raumaufteilung bei Ballbesitz schon, als Guardiola noch ein Jugendspieler war. So kam es auch, dass Guardiola nach seinem Treffen mit Bielsa dessen Teams ausführlich analysierte und dessen taktische Ideen in sein Portfolio aufnahm.

Auch wenn Bielsa also nie den Fußballolymp erklimmen wird: Er hat seinen Teil dazu beigetragen, dass Teams heutzutage Lösungen finden, defensive Gegner zu knacken. Das ist mehr, als die meisten seiner Kollegen vorzuweisen haben.

KAPITEL 4

Jürgen Klopp

«Fußball ist kein Hexenwerk. Es geht nicht darum, was man macht, sondern wie oft und konsequent man es durchzieht.»

Im Winter 2011 besuchte ich zusammen mit einem Kollegen von *Spielverlagerung.de* das *Aktuelle Sportstudio*. Das ZDF hatte uns eingeladen, einen Blick hinter die Kulissen zu werfen. Das Studio liegt auf dem Mainzer Lerchenberg und gehört zum großen ZDF-Gebäudekomplex: eine riesige Betonwüste, die den Geist der sechziger Jahre atmet – im wahrsten Sinne des Wortes, denn die Gänge stinken nach alten Betonplatten und modrigem Vinylboden. Wir wurden in einen Schneideraum geleitet, der sich am Ende eines dunklen Gangs befindet. Zwei ZDF-Redakteure quetschten sich zu uns in das winzige, fensterlose Kabuff. Man kann sich kaum einen Ort vorstellen, an dem man weniger gerne arbeiten würde.

Aber wir wären am liebsten ewig in diesem Raum geblieben. Der Grund: Auf den PCs war die teuerste Fußball-Software zu finden, die es damals für Geld zu kaufen gab. Mit dieser Software ließen sich Fußballspiele visuell bearbeiten und damit einfacher analysieren. Das *Aktuelle Sportstudio* nutzt diese Software für ihre sogenannten «3D-Analysen»; ausgewählte Szenen werden hierbei taktisch auseinandergenommen. Zwei Redakteure bereiteten diese Analysen in ebenjenem kleinen, stickigen Raum an zwei Hochleistungsrechnern vor. Sie malen per Mausklick Linien auf das Feld, markieren Spieler oder ändern den Kamerawinkel. Die Software ist einfach zu bedienen, aber dennoch komplex – ein Traum für jeden Taktikanalysten. Wenn wir solch eine Software für unsere Website hätten, bräuchten wir gar keine Analysen mehr schreiben, dachten wir uns. Wir waren hoch beeindruckt. Der verantwortliche Redakteur lächelte und sagte: «Das haben wir alles dem Kloppo zu verdanken.»

Gemeint war natürlich niemand anderes als Jürgen Klopp. Als der vor dem Confed Cup 2005 als Experte zum ZDF kam, hatte der Sender keine Analysesoftware. Klopp half, so ein Programm zu entwickeln. Er gab vor, welche Funktionen die Software benötigt, eine Informatikfirma setzte seine Ideen um. Klopp opferte dabei seine freie Zeit neben seinem damaligen Job als Trainer des FSV Mainz 05, um bei der Entwicklung zu helfen. Seine einzige Bedingung: Er dürfe das Programm auch bei seinem Verein nutzen. Kostenlos, versteht sich. Am Ende kam ein Produkt dabei heraus, das sowohl für die Schnittprofis des ZDF zu gebrauchen war als auch die Wünsche eines Fußballkenners befriedigte, wie die begeisterte Reaktion von uns Jung-Analysten eindeutig bewies.

Wir schauten den Kollegen dabei zu, wie sie die Software bedienten. An diesem Abend war eine Analyse der Bayern angedacht, doch das Gespräch drehte sich weiter um Klopp. Die Redakteure hatten mit ihm bei der WM 2006 zusammengearbeitet, als der Trainer zum «TV-Bundestrainer» avancierte. Sie schwärmten von Klopps Art, seiner Arbeit, dem Spiel seiner Mannschaft. Ich zögerte etwas. Ja, die Meisterschaft mit Borussia Dortmund im Jahr 2011 war eine reife Leistung. Doch Klopp sei sicher nur ein One-Hit-Wonder, behauptete ich. In der Champions League war sein Meisterteam schließlich vor wenigen Wochen sang- und klanglos ausgeschieden. Die Kollegen des ZDF drehten sich um und blickten mich streng an: «Klopp ist der beste Trainer, den dieses Land hat. Wenn er damals zum Hamburger SV und nicht zu Borussia Dortmund gegangen wäre, wäre jetzt der Hamburger SV Meister. Es ist nur eine Frage der Zeit, bis Klopp auch international Erfolg hat.»

Wenige Monate später verteidigte der BVB seinen Meistertitel und gewann auch noch den DFB-Pokal. Ein Jahr später stand Klopp mit seinem Team im Champions-League-Finale.

Wenn ich mich mit Klopp beschäftige, muss ich immer an diese Anekdote zurückdenken. Nicht nur wegen meiner krassen Fehleinschätzung, nach der Klopp nur eine Eintagsfliege sei. Es war die Reaktion der ZDF-Mitarbeiter, die mich beeindruckte: die Entschlossenheit in ihrer Stimme, das Feuer in ihren Augen, wenn sie über Klopp redeten. Klopp gelang es in seiner kurzen Zeit beim ZDF, die Mitarbeiter derart zu begeistern, dass sie auch noch Jahre später loyal zu ihm standen. Das ist ein zentrales Fundament, auf dem Klopps Erfolg fußt. Die weiteren Bausteine spiegeln sich in seinem Anteil an der Entwicklung der Analysesoftware wider: Klopps Aufgeschlossenheit gegenüber Neuem, seine Fähigkeit, sein theoretisches Wissen konkret umzusetzen, und nicht zuletzt sein Gespür dafür, wo Chancen schlummern – schließlich kam sein FSV Mainz, einer der finanzschwächsten Klubs der Liga, auf diese

Weise zur teuersten und neuesten Analysesoftware auf dem Markt.

Fachwissen und Teambuilding: Das sind die Grundpfeiler von Klopps Arbeit. Diese Fundamente hat er sich von seinem früheren Trainer und Mentor Wolfgang Frank abgeschaut. Frank trainierte Jürgen Klopp in den Neunzigern, als der mit Mainz noch in der zweiten Liga kickte. Klopp war als Fußballer nicht mit übermäßig viel Talent gesegnet, wie er selbst gern zu sagen pflegt: «Ich hatte das Talent für die Landesliga und den Kopf für die Bundesliga. Heraus kam letzten Endes zweite Bundesliga.» Als Klopp zum ersten Mal Frank begegnete, steckte der FSV Mainz mitten im Abstiegskampf. Bevor Frank kam, habe er wie viele Fußballer seiner Generation geglaubt: «Sind wir die schlechteren Spieler, verlieren wir.» Frank zeigte ihnen einen anderen Weg. «Wir konnten mit unserem System Spiele gewinnen gegen Mannschaften, die besser waren als wir.»

In den Neunzigern war der deutsche Fußball nicht allzu sehr an Taktik interessiert. Taktik, das brauche man nur in der Defensive, und Defensive sei etwas für die Italiener mit ihrem Mauerfußball, so der vorherrschende Glaube. In Deutschland sollten die Angreifer Tore schießen und die Verteidiger ihren Gegenspieler decken. Weiterführende Gedanken waren unerwünscht. Der deutsche Fußball gefiel sich in seiner Mischung aus kampferprobtem Defensivspiel und leidenschaftlichem Spiel nach vorne. So hielten die meisten Teams am Libero und der Manndeckung fest, auch wenn international eine andere Art von Fußball auf dem Vormarsch war.

Wolfgang Frank hatte diese andere Art des Fußballs in der Schweiz kennengelernt. Nach seiner Spielerkarriere büffelte er dort für seinen Trainerschein. Zwischendurch reiste er immer wieder über die Alpen nach Süden, um sich in Italien Anreize für seine Arbeit zu suchen. Größtes Vorbild für Frank wurde der AC Milan. Dort war unter der schützenden Hand von Silvio Berlusconi ein Schuhverkäufer zum Cheftrainer aufgestiegen: Arrigo Sacchi, ein Quereinsteiger im Fußball. Wie es Quereinsteiger oft an sich haben, machte Sacchi vieles anders als seine Kollegen. Sacchi führte den AC Milan an die Spitze des internationalen Fußballs. Frank imponierte das.

Raumdeckung vs. Manndeckung

In der Defensive unterscheidet man zwischen Mann- und Raumdeckung. In einer Manndeckung erhalten die Verteidiger einen Gegenspieler zugeteilt, dem sie folgen sollen. Sepp Herberger pflegte seinen Spielern zu sagen: «Du folgst deinem Gegenspieler notfalls aufs Klo!» Raumdeckung bezeichnet eine Art der Verteidigung, bei der die Abwehrspieler nicht den gegnerischen Spieler abdecken, sondern den Raum sichern. Sie halten feste Abstände zueinander ein. So versuchen sie, das Feld gleichmäßig abzudecken, Passwege zu versperren und den bespielbaren Raum für den Gegner zu verkleinern. Arrigo Sacchi machte mit seinem AC Milan die Raumdeckung populär. In der Praxis nutzen die meisten Teams heutzutage eine Mischform aus Mann- und Raumdeckung.

Als Frank nach Mainz kam, begann er schnell, Sacchis System zu kopieren. Statt Manndeckung und Libero sollten die Mainzer jetzt mit Viererkette und Raumdeckung spielen. «Wir haben uns dieses sehr langweilige Video angeschaut, bestimmt 500-mal, wie Sacchi das Verteidigen trainieren ließ, mit Stangen und ohne Ball», sagte Klopp später. Frank packte auch in Mainz die Stangen aus. Die Verteidiger sollten nicht mehr ihren Gegenspielern folgen, sondern ihre Position halten. Gemeinsam verschoben sie im Training über den Platz, von Stange zu Stange, ohne Ball, immer und immer wieder. Alle Spieler mussten mitmachen, vom Stürmer bis zum Verteidiger. Manchmal drückte Frank den Spielern Seile in die Hand. Die Spieler mussten die Abstände perfekt zueinander halten, damit die Seile gespannt blieben. Stand ein Verteidiger nur einen Meter zu weit links und das Seil sank zu Boden, meckerte Frank. Er wollte, dass sich den Spielern die exakten Abstände ins Gehirn einbrannten.

Mit diesen Methoden war Frank damals nahezu allein in Deutschland. Nur wenige Trainer wagten sich an das Spiel mit Raumdeckung und Viererkette, erst recht nicht in der zweiten Bundesliga. Mainz hatte durch die kollektive Verteidigung einen Vorteil. Die meisten Gegner spielten enge Manndeckung, sodass überall auf dem Feld Eins-gegen-Eins-Situationen entstanden. Wer die besseren Spieler hatte, gewann diese Eins-gegen-Eins-Situationen. Mainz verteidigte jedoch kollektiv. Wenn ein Verteidiger überwunden war, sicherte hinter ihm ein weiterer ab, so entfernte sich Mainz vom Eins-gegen-Eins. Auf diese Weise konnten sie Gegner, die ihnen häufig individuell überlegen waren, auf ihr Niveau herunterziehen. Und das waren die meisten Gegner, Mainz gehörte zu jener Zeit zu den finanziell schwächeren Klubs der zweiten Liga. Vor allem defensiv stabilisierte Franks System das Team. Waren die Mainzer vor Franks Ankunft noch in Abstiegsnot, belegten sie mit dem neuen System in der Rückrunden-Tabelle den ersten Rang. Gerade einmal zehn Gegentore fing

Mainz in siebzehn Rückrunden-Partien. In der folgenden Saison führte Frank den Verein an die Tabellenspitze. Nicht nur die Ergebnisse stimmten unter Frank: Ihm gelang es, die Spieler mit seiner Liebe zur Taktik anzufixen. Viele seiner ehemaligen Spieler ergriffen später selbst den Trainerberuf, neben Klopp unter anderem Torsten Lieberknecht (Eintracht Braunschweig) und Sandro Schwarz (heutiger Mainz-Trainer).

Schon in seiner zweiten Saison verließ Frank Mainz – im Affekt, wie er später bedauerte. Er ärgerte sich so sehr über eine Niederlage, dass er kündigte. Die Spieler wollten auch nach Franks Abgang unbedingt weiter mit Raumdeckung und Viererkette spielen. Nur: Es gab keinen Trainer, der Franks Spielstil lehren und umsetzen konnte. «Deutschland hatte damals kein Nachwuchsproblem, kein Problem mit jungen Spielern, wie alle behauptet haben, sondern ein Trainerproblem», sagte Mainz' Manager Christian Heidel Jahre später. Neun Trainer verschliss Mainz in vier Jahren, immer auf der Suche nach einem Mann, der Mainz' Spielern das System beibringen konnte, das sie spielen wollten. Zeitweise setzte die Mannschaft um Kopf Jürgen Klopp sogar auf eigene Faust das Viererketten-System um, gegen den Widerstand des gerade amtierenden Trainers. Es funktionierte nur mäßig. Klopp lernte zu dieser Zeit eine wichtige Lektion: Wenn man das Verschieben und Verteidigen im Verbund nicht ständig trainiert, vergessen die Spieler mit der Zeit die Prinzipien. Mainz fiel von der Tabellenspitze zurück in den Tabellenkeller.

Ende Februar 2001 stand der Verein wieder einmal auf einem Abstiegsplatz. Die Mannschaft nahm den Trainer nicht an. Manager Heidel musste reagieren. Er hatte nicht das Gefühl, ein neuer Trainer könne helfen. Ihm schwebte vor, dass die Mannschaft sich für den Rest der Saison selbst verwaltet.

Er rief Klopp an, ob dieser nicht der Führer des Rudels werden möchte – halb Spielführer, halb Trainer. «Wenn, dann nur Trainer», antwortete Klopp. Heidel willigte ein. Er wusste, dass keiner so eifrig Franks Lehren aufgesogen hatte wie Klopp. Der frischgebackene Trainer machte sich an die Arbeit. Er kramte die alten Trainingspläne von Frank aus dem Schrank. Es wurden wie unter Frank Stangen in den Mainzer Rasen gerammt, die Spieler verschoben ohne Ball von einer Seite zur anderen, wieder und wieder. Klopp fokussierte sich ganz auf die Defensive, Stabilität war das oberste Gebot der Stunde. Mainz kassierte in den ersten zehn Spielen unter Klopp nur neun Gegentore. Der Klassenerhalt war geschafft. Heidel wollte Klopp unbedingt als Trainer halten.

In den folgenden Jahren führte Klopp den Verein an die Spitze der zweiten Liga. Nachdem Mainz zweimal hintereinander denkbar knapp den Aufstieg verpasste, gelang 2004 der Sprung in die erste Liga. Mittlerweile hatten einige deutsche Trainer das System mit Viererkette und Raumdeckung übernommen. Doch kaum eine Mannschaft setzte es so gewissenhaft und zugleich leidenschaftlich um wie Klopps Jungs. Seine Spieler konnten mehr laufen als der Gegner, und sie wollten auch mehr laufen als der Gegner.

Ersteres hatte mit dem rigorosen Konditionstraining unter Klopp zu tun. Während Mourinho und Guardiola ganz auf das Training mit Ball setzen, meint Klopp: «Ein reines Training mit Ball ist ein Mythos. Nichts trainiert Laufstärke besser als Laufen, Laufen, Laufen.» In der Vorbereitung setzt Klopp daher auf intensives Lauftraining. Drei Einheiten müssen seine Spieler am Tag absolvieren, mehr als bei den meisten Trainern. Seine Mannschaft soll fit in die Saison gehen. Zugleich werden in der Vorbereitung die taktischen Weichen für die Saison gestellt. Das Verschieben im Raum steht seit Anbeginn seiner Trainingszeit im Fokus. «Training ist Wiederholung. Das gilt für Musiker wie für Sportler. Ich habe gerade einen Film über einen Schlagzeuger gesehen, der erzählte, dass er einzelne Sequenzen bis zu 1600 Mal wiederholt, bis er sie wirklich verinnerlicht hat. Dann denkt er nicht mehr nach, sondern spielt einfach: badadam, badadam, badadam. Wiederholung. So funktioniert das auch im Fußball», so Klopp gegenüber der *Zeit.*

Die zweite Säule einer jeden Vorbereitung: das Teambuilding. Klopp war es wichtig, ein Zusammengehörigkeitsgefühl zu schaffen, damit die Spieler füreinander den letzten Weg gehen. Seine Methoden waren außergewöhnlich: Er schickte seine Mannschaft zum Zelten in die schwedische Wildnis oder zum Survival-Trip in die österreichischen Alpen. Das Essen mussten sie selber angeln und auf einer Feuerstelle kochen. Nachher seien die Spieler füreinander durch dick und dünn gegangen. «Wie eine Sekte» hätten sich die Spieler in Mainz verhalten, schimpfte einige Jahre später der Klopp-kritische Spieler Hanno Balitsch.

Taktische Abläufe wiederholen und somit automatisieren, über Laufstärke und Teamarbeit Gegner müde laufen: Das sind die tragenden Säulen von Klopps Fußball, die sich bis heute nicht geändert haben. Im Laufe der Zeit hat Klopp die Ausgestaltung seiner Spielphilosophie aber ständig erweitert. In Mainz begann er als reiner Defensivtrainer – der Nichtabstieg war das große Ziel. Als der geschafft war, begann sein Team, die Abwehrkette weiter nach vorne zu schieben und den Gegner früher zu stören. Klopp setzte die Laufstärke seines Teams ein, um auf dem ganzen Feld Pressing spielen zu können. Somit machte er aus Mainz einen schwer zu schlagenden

Underdog, der sich an jedem Gegner festbiss. Auch das Spiel mit Ball wurde mit den Jahren immer schneller. Erst sollte die Mannschaft einfach nur den Ball irgendwie nach vorne bolzen, später setzte Klopp auf schnelle Konter mit fest abgestimmten Abläufen.

Nachdem Klopp von Mainz nach Dortmund gewechselt war, fügte er diesem «Vollgasfußball», wie er ihn selber gerne nennt, eine weitere Facette hinzu: das Gegenpressing. Klopp hatte aus der Ferne den Aufstieg von Pep Guardiola beim FC Barcelona verfolgt. Er war beeindruckt – jedoch nicht primär vom vielgelobten Ballbesitzspiel, sondern vom Verhalten nach Ballverlusten. «Wie hoch diese Mannschaft bei der Balleroberung steht, ist außergewöhnlich. Und das hängt damit zusammen, dass jeder Spieler Druck ausübt ... Die Spieler arbeiten gegen den Ball, als gäbe es kein Morgen, als wäre es das Geilste überhaupt, wenn die anderen die Kugel haben. Was sie hierbei veranstalten, das ist für mich das Allergrößte. Das größte Vorbild, das ich jemals hatte im Fußball.»

Gegenpressing und Pressing

Gegenpressing und Pressing sind nicht so leicht auseinanderzuhalten, unterscheiden sich aber in der Ausführung. Das normale Pressing findet statt, wenn der Gegner den Ball hat. Die eigene Mannschaft steht in der Verteidigungsformation und stört das gegnerische Team, das sich in der Angriffsformation befindet. Das Gegenpressing findet wiederum ausschließlich in einem Umschaltmoment statt. Nachdem eine Mannschaft den Ball verloren hat, kann sie versuchen, den Ball direkt zurückzuerobern – das sogenannte Gegenpressing. Pressing bezieht sich also auf den Versuch einer Balleroberung aus der eigenen Verteidigung und damit der Defensivformation heraus, Gegenpressing auf den Versuch der Balleroberung während eines Umschaltmoments direkt nach einem Ballverlust, also aus der Offensivformation heraus.

Klopp verpasste seiner Mannschaft eine neue Note. Er ließ intensiv trainieren, wie sich der BVB nach Ballverlusten zu verhalten hat. Das Spiel wurde so umgestellt, dass die Mannschaft den Moment nach Fehlpässen optimal abpassen konnte. Die Außenstürmer sollten weit ins Zentrum rücken. Die Offensivspieler sollten möglichst nah aneinander agieren – einerseits, um flüssiger passen zu können, andererseits aber auch, um sofort mit drei oder vier Mann nachsetzen zu können.

Jürgen Klopp war nicht der erste deutsche Trainer, der das Gegenpressing von Guardiolas Barça adaptierte. Ralf Rangnick hatte mit Gegenpressing-Ansätzen bereits ein Jahr zuvor die TSG Hoffenheim sensationell zum Herbstmeister-Titel geführt. Rangnicks Elf brach jedoch in der Rückrunde ein – einerseits aus konditionellen Gründen, andererseits war ihr Gegenpressing nicht gut abgesichert, was sie defensiv anfällig machte. Zu Klopps Spielphilosophie passte das Gegenpressing besser. Klopps Teams gehörten schon immer zu den konditionsstärksten der Liga, konnten das Gegenpressing also über die gesamte Saison hinweg praktizieren. Klopp vernachlässigte auch die defensive Absicherung nicht. Ihm war wichtig, dass die Spieler sofort nach dem Gegenpressing in die eigene Defensivordnung zurückkehrten. Vor allem aber konnte

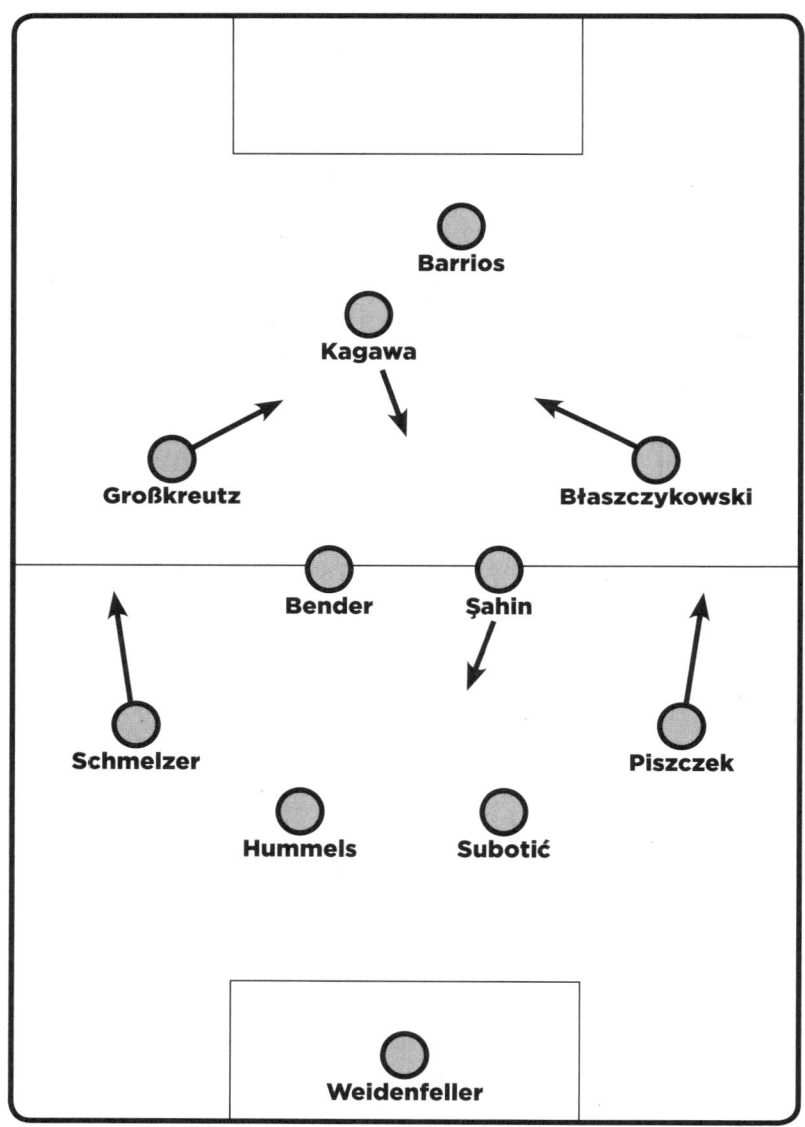

Borussia Dortmund unter Jürgen Klopp, Saison 2010/11

Klopp sein Auge für taktische Details ausspielen: Seine Spieler bewegten sich schlicht sinniger und kollektiver als die seiner Kollegen. Kenner konnten immer wieder neue taktische Variationen entdecken. So rückten bei Dortmund nach einiger Zeit die ballfernen Außenverteidiger bei Ballbesitz ins zentrale Mittelfeld. Ein kleiner Kniff mit großer Wirkung: Dortmund war praktisch nicht mehr durch das zentrale Mittelfeld auskonterbar.

Ballnah/ballfern

Als ballnahe Seite bezeichnet man die Seite, auf der sich gerade der Ball befindet. Als ballferne Seite bezeichnet man die Seite, auf der sich der Ball gerade nicht befindet. Befindet sich der Ball auf dem linken Flügel, ist die linke Seite die ballnahe Seite und die rechte Seite die ballferne.

Klopps taktisches Genie wird daher gerne fälschlicherweise anhand der großen, überragenden Idee Gegenpressing erklärt; immerhin war er derjenige, der diesen Begriff der Fußballsprache hinzugefügt hat. In Wahrheit sind es die vielen Details, die Klopps Spiel aus taktischer Sicht besonders machen. Er überlegte sich als erster deutscher Trainer sehr genau, wie sich die beiden Stürmer im Pressing zueinander postieren sollen. Statt beide den Gegner anzulaufen, blieb stets einer zurück, um den diagonalen Passweg zu schließen. So konnten zwei Angreifer vier Verteidiger abdecken (siehe Grafik S. 107). Ein kleines Detail, das Klopp aber einen Vorsprung gab und erst nach und nach von anderen Trainern kopiert wurde.

Klopps Alleinstellungsmerkmal war und ist es, seine Versessenheit in defensivtaktische Details mit seiner Gabe für Teambuilding zu kombinieren. Alle Ideen, die Klopp hat, wären hinfällig, wenn die Spieler nicht bereit wären, sich die Lunge aus dem Leib zu rennen. Vor der ersten Dortmunder Meistersaison ließ Klopp alle Spieler einen Vertrag unterzeichnen, der sieben Punkte umfasste. Die Spieler garantierten bedingungslosen Einsatz, leidenschaftliche Besessenheit, vom Spielstand unabhängige Zielstrebigkeit, und sie schworen, sich gegenseitig zu unterstützen, sich helfen zu lassen, individuelle Verantwortung zu übernehmen und ihre Qualitäten zu jeder Zeit in den Dienst der Mannschaft zu stellen. In der Vorbereitung verlangte Klopp bei einer knüppelharten Übung zehn Wiederholungen. Die Spieler waren platt. «Wenn ihr die Übung ein elftes Mal wiederholt, garantiere ich euch, dass ihr Meister werdet.» Alle Spieler quälten sich eine elfte Wiederholung ab und danach sogar noch eine zwölfte. Am Ende waren die Dortmunder nicht nur die laufstärkste Mannschaft der Liga, sondern auch noch Meister.

Klopp bezieht dabei nicht nur die Spieler, sondern den gesamten Verein mit ein. Wenn ein Angestellter eine Bitte hat, hilft Klopp, so gut er kann. In Dortmund machte er einem Mitarbeiter der Pressestelle eine Freude, indem er den 90. Geburtstag von dessen Großmutter besuchte. Auch für die Anliegen der Fans hat er ein offenes Ohr. Als die BVB-Fans ein größeres Projekt finanzieren wollten, baten sie Klopp, er möge ein Kleidungsstück zwecks Versteigerung spenden: «Vergesst das. Ihr kriegt einen kompletten Tag mit mir, den könnt ihr versteigern.» Klopps einnehmendes Wesen und seine extrovertierte Art ließen ihm die Herzen der Mitarbeiter und Anhänger zufliegen.

Klopp formt aus einem Verein ein Team. Dazu nutzt er

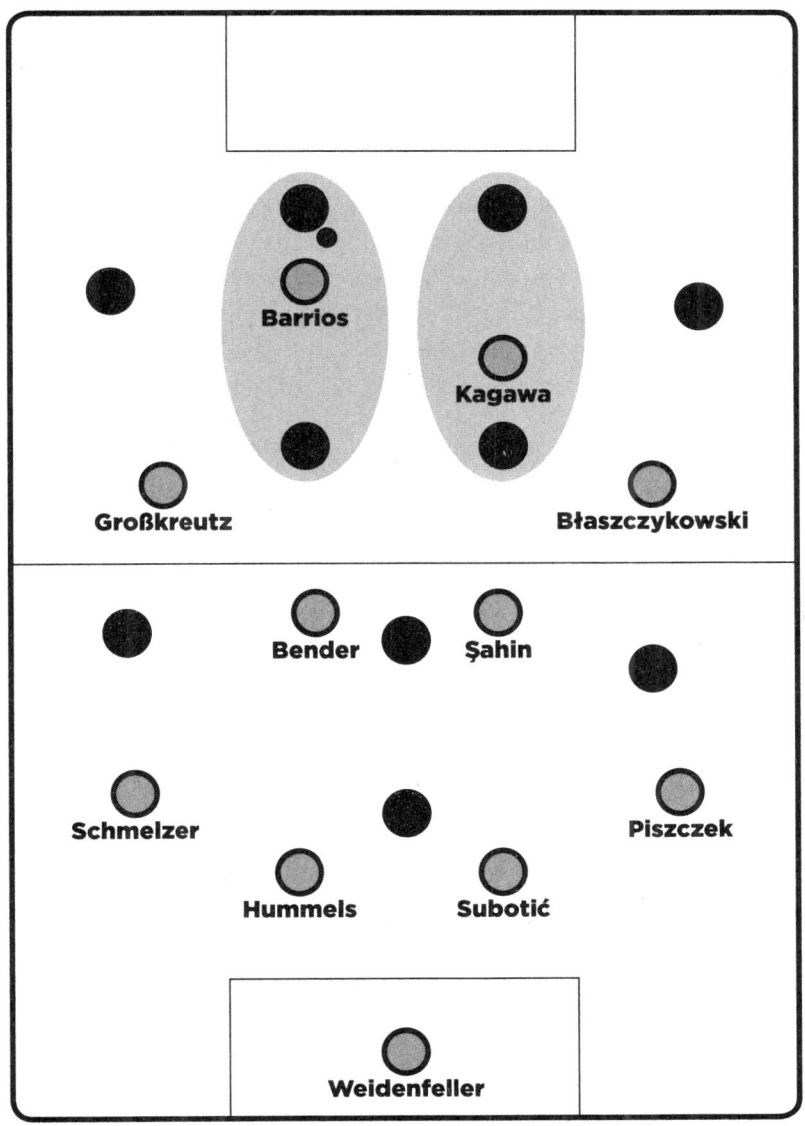

Borussia Dortmunds Pressing unter Jürgen Klopp. Die Stürmer stehen versetzt zueinander, können somit zu zweit vier Gegenspieler abdecken.

auch wie kein zweiter deutscher Trainer die Medien. Immer wieder gibt er Interviews, redet unter der Hand mit Journalisten, leitet vergleichsweise lange Pressekonferenzen. Klopp lenkt genau, was und wie über seine Mannschaft gesprochen wird. Seine Spieler können sich darauf verlassen, dass er ihnen in der Öffentlichkeit den Rücken freihält. Es steckt kein kaltes Kalkül hinter seiner Medienarbeit, wie es bei Mourinho der Fall ist. Aber allein durch seine ständige Präsenz in den Medien hält er das Scheinwerferlicht von der Mannschaft fern. So gelang es ihm sogar noch in der zweiten Meistersaison, Dortmund immer und immer wieder als Außenseiter darzustellen, der an den Titel gar nicht denke. In seiner Zeit als TV-Experte hat er seine Ausstrahlung vor der Kamera perfektioniert. Klopp ist eloquent, redet deutliche und einfache Sätze und wirkt gerade deshalb immer authentisch.

Klopp hatte Dortmund mit seiner ehrlichen und einfachen Ansprache schnell in der Hand. Mit der Zeit verliebte sich ganz Deutschland in seinen ungeschliffenen Charme. Er avancierte zur Kultfigur, Werbepartner standen Schlange, um sein Gesicht auf ihre Produkte zu drucken. Dass der Hamburger SV Klopp während seiner Mainzer Zeit als neuen Trainer ablehnte, bekommt dadurch einen ironischen Touch: Die Hamburger befürchteten nämlich, dass sich Sponsoren von Klopp abschrecken lassen, schließlich rauche er, rasiere sich nur alle paar Jubeljahre und neige am Spielfeldrand zu Ausrastern ...

Wie viel von Klopps Außendarstellung authentisch ist und wie viel bewusste Steuerung der öffentlichen Meinung, lässt sich schwer sagen. Menschen, die Klopp kennen, betonen: «Der ist wirklich so, der spielt keine Rolle.» Wahr ist aber auch: Durch seine Auftritte und Interviews arbeitet Klopp fleißig an seiner Legendenbildung mit. Vor einem Spiel gegen Arsenal sagte er, Arsène Wengers Fußball sei wie Orchestermusik, still und bedächtig. «Ich bevorzuge Heavy Metal.» Klopp schuf damit selber den Begriff für seinen Fußball: Heavy-Metal-Fußball. Ein schöner Satz mit einem kleinen Makel: Klopp hat so viel Ahnung von Heavy Metal wie Franz Beckenbauer vom Curling. Am liebsten hört er Helene Fischer. Aber Klopp weiß eben ganz genau, was er sagen muss, um bei den Leuten anzukommen – und damit sein Team immer hinter ihm steht.

Dass Klopp sich derart viel Zeit für das Teambuilding und die Medienarbeit nehmen kann, liegt auch an seinem Trainerteam. Während José Mourinho jedes Detail steuert und Pep Guardiola einen großen Fokus auf die Beobachtung des kommenden Gegners legt, überträgt Klopp viel Verantwortung auf seine Assistenten. Schon nach einem halben Jahr in Mainz stieß Željko Buvač zu Klopps Trainerteam – gezwungenermaßen, denn Klopp hatte noch keine Trainerlizenz, die mindestens ein Mitglied des Trainerteams besitzen muss. Diese erzwungene Zusammenarbeit erwies sich in der Folge als Glücksgriff: Buvač gilt als herausragender Fachmann im Bereich der Trainingsplanung und -gestaltung. Die Öffentlichkeit scheut Buvač jedoch, weshalb ihm die Rolle als Klopps Schattenmann sehr zusagt: «Ich rede nur, wenn ich etwas zu sagen habe. In unserem Job brauchen wir nicht zwei, drei Leute, die nach außen sprechen. Das soll einer machen, alles andere ist zu viel.» Zwischen Klopp und Buvač entwickelte sich schnell eine klare Aufgabenteilung: Klopp führt das Team – nach innen wie nach außen – und entwickelt taktische Ideen, Buvač katalysiert diese Ideen in konkrete Trainingsformen. «Željko ist ein Meister aller Trainingsformen. Ich lerne jeden Tag von ihm», sagt Klopp. So darf Buvač oft auch das Training selbst leiten. Klopp hält sich im Hintergrund, beobachtet und spricht ausführlich mit einzelnen Spielern.

Trainerlizenz

Die UEFA und der DFB haben genaue Regelungen, wie die Ausbildung von Fußballtrainern abzulaufen hat. Im Verlaufe ihrer Karriere müssen Trainer Lizenzen erwerben, dazu müssen sie an Lehrgängen teilnehmen. Hier werden sie in den Grundlagen der Sportwissenschaften, der Mannschaftsführung und der Fußballtaktik unterrichtet. Am Ende eines jeden Lehrgangs gibt es eine theoretische und eine praktische Prüfung. Für Letztere müssen die Trainer eine Trainingssitzung vorbereiten und durchführen. Die höchste Stufe dieser Lizenzen ist die Pro-Lizenz, im Deutschen als Fußballlehrer-Lizenz bekannt. In Deutschland erfordert diese Lizenz ein einjähriges Studium an der Hennes-Weisweiler-Akademie. Nur wer über eine Fußballlehrer-Lizenz verfügt, darf eine Bundesliga-Mannschaft trainieren.

Wenige Jahre später komplettierte ein drittes Gesicht Klopps Trainerteam: Peter Krawietz. Nachdem Klopp die Videoanalyse-Software für das ZDF mitentwickelt hatte, entdeckte er den Wert des Videostudiums für seine Mannschaft. Er wollte fortan seinen Spielern vor den Spielen möglichst häufig Videos vorspielen, um sie auf den kommenden Gegner einzustellen. «Ich hatte mir vorgenommen, immer die drei letzten Spiele des nächsten Gegners zu analysieren und dazu noch den letzten eigenen Auftritt», sagte Klopp gegenüber *Spox.com*. «Das war sehr intensiv und manches Mal schwierig, dem eigenen Anspruch gerecht zu werden. Daher habe ich jemanden gesucht, der das seriös erledigen kann.» Die Wahl fiel auf Krawietz. Er hatte bereits unter Frank für Mainz als Scout gearbeitet, was zu jener Zeit ein revolutionärer Schritt war; nur wenige Teams beschäftigten damals Scouts. Danach arbeitete er für eine Firma, die sich auf das Scouting junger Talente fokussierte. Klopp erinnerte sich an Krawietz und bot ihm den Job an. Schnell durfte Krawietz eigenständig Videoanalysen vor der Mannschaft vorführen. Er bekam sogar die Verantwortung, in der Halbzeitpause den Spielern selbst ausgewählte Szenen vorzuspielen. So können diese ihre Fehler aus der ersten Halbzeit besser visualisieren. Klopp hat also die Aufgaben, die andere Trainer selbst durchführen, in Hände abgegeben, denen er vollkommen vertraut. Das ist sinnvoller als die Marotte vieler Trainer, alles selbst bestimmen zu wollen; dazu ist der Fußball mittlerweile zu komplex. «Zusammen ergeben wir drei einen recht guten Bundesliga-Trainer», so Klopp über sein Trainerteam.

Zwei Meistertitel und ein Pokalsieg später muss man Klopp widersprechen: Sein Trainerteam ergibt mehr als nur einen «recht guten» Bundesliga-Trainer. Klopp hat in Deutschland neue Maßstäbe gesetzt: in der taktischen Planung, im Pressing, im Umschaltspiel. Damit heizte Klopp dem Branchenprimus aus München richtig ein. Bayern-Trainer Jupp Heynckes adaptierte das Gegenpressing schnell, mahnte seine Spieler, dass sie alle gegen den Ball mitarbeiten müssten. Dortmunds Vorsprung schmolz dahin. «Die kopieren uns wie die Chinesen, nur mit mehr Geld», brummte Klopp nach einer Pokal-Niederlage gegen die Bayern. Es klingt seltsam, doch: Es war auch irgendwie Klopps Verdienst, dass die Bayern 2013 das Triple gewinnen konnten.

Nicht nur das Wiedererstarken der Bayern sorgte dafür, dass Klopp sich neu erfinden musste. In Mainz und in seinen ersten Jahren in Dortmund kultivierte Klopp eine Außenseitermentalität. Sein Team müsse mehr laufen, mehr kämpfen, sich disziplinierter verhalten als der Gegner. Doch nun begannen die Gegner, Dortmund nicht mehr als normalen Gegner, sondern als Favoriten zu sehen. Klopp sah sich immer öfter Gegnern gegenüber, die gar nicht erst am Spiel teilnehmen wollten. Wie soll man den Ball direkt wiedererobern, wenn der Gegenspieler gar nicht erst versucht, ihn zu einem Mitspieler zu passen, sondern die Kugel einfach hoch und weit nach vorne bolzt? Das Team brauchte neue Ideen im Ballbesitz.

Klopp missfällt der Ruf als reiner Defensivtrainer zwar. Schon in seiner Zeit bei Mainz habe er viel Ballbesitz trainieren lassen, betont er in Interviews. Doch es lässt sich nicht leugnen, dass die Detailfülle, die Klopps Spiel gegen den Ball auszeichnet, bei eigenem Ballbesitz abnimmt. Klopp setzt hier auf feste Rituale und Spielzüge. So bestimmt Klopp gerade in und um den Strafraum herum die Laufwege seiner Spieler. Ein Spieler in den Rückraum, ein Spieler in den Fünfer, einer steht bereit, sollte der Torwart den Ball fallen lassen – dem Zufall wird getrotzt. Beim Spiel aus der Abwehr mangelt es Klopps Teams jedoch manches Mal an Kreativität. Somit vergrößerte sich in Klopps letzten Jahren in Dortmund der Abstand zu den Bayern immer weiter. Diese fanden unter Pep Guardiola immer neue kreative Wege, einen tiefstehenden Gegner zu knacken.

Das soll nicht bedeuten, dass Klopp keine Ahnung hat, wie man ein Ballbesitzspiel aufzieht. Bei seinem aktuellen Arbeitgeber Liverpool weist er zu Recht darauf hin, dass sein Team den zweithöchsten Ballbesitzwert der Liga habe, nur Guardiolas Manchester City lässt den Ball länger in den eigenen Reihen laufen. Doch so richtig wohl fühlt sich Klopp tatsächlich eher, wenn er mit einem klaren Defensivplan und furiosem Umschaltspiel seinen heißgeliebten «Vollgasfußball» spielen kann. In seinen ersten beiden Jahren in Liverpool verlor Klopp gegen die englischen Big Four (Chelsea, Arsenal, Manchester United und City) nur zwei Spiele bei neun Siegen und zehn Unentschieden. Eine beeindruckende Bilanz, gerade da Liverpool diesen Gegnern finanziell und individuell unterlegen ist. Das bedeutet aber auch, dass die große Mehrzahl von Liverpools Niederlagen gegen Gegner zustande kamen, denen Klopps Liverpooler eigentlich individuell überlegen oder zumindest gleichwertig sein sollten.

Mit seiner Idee vom Heavy-Metal-Fußball und seiner direkten Art kommt Klopp in Liverpool natürlich an. Doch die Schwächen gegen defensive Teams haben den Sprung nach ganz oben bislang verhindert. Kann Klopp auch in Liverpool zu den höchsten Weihen aufsteigen, die er mit Dortmund erreichte? Er befindet sich in einer ähnlichen Ausgangslage wie Mourinho: Waren seine Methoden Ende der nuller Jahre noch revolutionär und der Konkurrenz weit voraus, haben mittlerweile viele Trainer sein Spiel adaptiert. Vor allem unter deutschen Trainern gab es lange Zeit eine regelrechte Klopp-Manie: Jeder wollte Gegenpressing und Vollgasfußball spielen, jeder so kompakt verteidigen und rasend schnell umschalten, jeder so beliebt sein wie Klopp. Doch wenn alle gut verteidigen, gibt es eben auch weniger offene Räume – und dann ist wiederum derjenige König, der diese wenigen Räume zu nutzen weiß. Das waren zuletzt eher Trainer wie Guardiola. Bislang fehlt zumindest mir die Phantasie, wie Klopp sich derart neu erfinden kann, um diesen gewachsenen Ansprüchen gerecht zu werden.

Vielleicht bin ich aber auch nur dabei, Klopp wieder einmal zu unterschätzen. Wegbegleiter und Ex-Spieler von Klopp warnen mich bereits: Der Klopp wird immer Erfolg haben, egal, ob in Deutschland oder England. Wer weiß, vielleicht bin ich mit meiner Klopp-kritischen Einschätzung völlig auf dem Holzweg. Egal, wie sich Klopps weitere Karriere entwickelt: Sein Stempel auf dem deutschen Fußball wird ohnehin nicht mehr wegzuwischen sein. Ich muss Abbitte leisten an die Kollegen des ZDF. Sie hatten recht: Jürgen Klopp hat den deutschen Fußball verändert. Er ist einer der herausragenden Strategen unserer Zeit.

KAPITEL 5

Antonio Conte

«Für mich ist der Unterschied zwischen Gewinnen und Verlieren derselbe wie zwischen Leben und Sterben.»

Die Saison 2016/17 sollte in die Geschichte der Premier League eingehen. Die weltbesten Trainer übernahmen in der englischen Liga einen Klub nach dem anderen: Pep Guardiola wechselte aus München zu Manchester City, José Mourinho trainierte den Stadtrivalen United, Jürgen Klopp sollte den FC Liverpool zu alter Größe führen. Hinzu kamen der ewige Arsène Wenger (Arsenal), Bielsas Schüler Mauricio Pochettino (Tottenham), Cruyff-Protegé Ronald Koeman (Everton) sowie ein Dutzend weitere Erfolgstrainer. Zusammengerechnet hatten die Männer auf den Trainerbänken der Premier League vor Saisonbeginn insgesamt acht Premier-League-Titel, 24 Meistertitel im englischen Ausland, 34 nationale Pokale sowie sechs internationale Trophäen gewonnen.

Die Ehre, die Liga der außergewöhnlichen Gentlemen zu gewinnen, gebührte einem Außenseiter: Antonio Conte führte den FC Chelsea zum Titel – und das nicht einmal knapp: 7 Punkte Vorsprung hatte Chelsea am Ende auf Vizemeister Tottenham, 15 Punkte auf Guardiolas City, 17 Punkte auf Klopps Liverpooler, 24 Punkte auf Mourinhos United. Eine beeindruckende Leistung, schließlich erreichte Chelsea in der Vorsaison mit einem großteils identischen Kader nur den achten Rang. Für den Außenstehenden mag dies eine Überraschung gewesen sein. Antonio Conte besser als Mourinho, Klopp, Guardiola und Wenger? International ist Conte nie über ein Viertelfinale hinausgekommen, weder mit Juventus Turin in der Champions League noch mit Italien bei der Europameisterschaft 2016. Eindrucksvoll ist etwas anderes. Wer Contes Karriere genau verfolgt hat, dürfte kaum überrascht gewesen sein, dass ausgerechnet der Italiener Chelsea neues Leben einhauchte. Denn Wiederauferstehung ist Contes Spezialität.

Schon 2011 war es ihm gelungen, einen taumelnden Riesen wiederaufzurichten. Als er das Traineramt bei Juventus Turin übernahm, war der italienische Rekordmeister nur noch ein Schatten seiner selbst. Der Klub war schwer gebeutelt nach einem Manipulationsskandal, der 2006 ans Tageslicht kam. Juventus hatte systematisch Schiedsrichter bestochen und sich so im Meisterrennen einen Vorteil verschafft. Der Verband erkannte Juventus zwei Meistertitel ab und verbannte ihn in die zweite Liga. Der Klub kehrte zwar nach einem Jahr zurück in die Serie A, Italiens höchste Spielklasse, doch den Meistertitel erlangten sie fünf Jahre lang nicht. Contes erste Ansprache bei Juventus begann mit den Worten: «Diese Mannschaft, Jungs, ist in der Meisterschaft zweimal auf dem siebten Rang gelandet. Irrsinn. Grauenhaft. Dafür bin ich nicht hier. Jetzt ist Schluss mit diesen jämmerlichen Vorstellungen.» Und er fügte hinzu: «Wir brauchen eine hundertprozentige Kehrtwende. Und das ist keine freundliche Bitte, sondern ein Befehl, eine moralische Verpflichtung. Ihr habt dabei nur eine Aufgabe, aber die ist im Grunde genommen einfach zu erfüllen: Ihr tut, was ich sage.»

Selbst im erfolgsverrückten Fußball ist Conte eine Ausnahmeerscheinung. Das Wort «Siegertyp» wird im Fußball oft leichtfertig verwendet; nicht jeder, der gewinnt, ist auch ein Siegertyp. Selbst Guardiola oder Klopp sind eher Typen, die sich über ihre Arbeit definieren; der Sieg ist das Produkt guter Arbeit. Wenn ihre Mannschaft verliert, aber ein sehr gutes Spiel abliefert, honorieren sie das. Selbst Mourinho tut das bisweilen. Insofern sind sie viel eher «Leistungstypen» als «Siegertypen». Conte hingegen ist tatsächlich ein Typ, der sich ausschließlich über den Sieg definiert. «Geschichte wird vom Sieger geschrieben», sagt Conte. «Menschen, die keine Titel gewinnen, bringen häufig viel guten Willen hervor, aber daran habe ich keinerlei Interesse. Dabei sein ist wichtig, aber der Grund, warum ich dabei sein will, ist, damit ich versuchen kann zu gewinnen.» Niederlagen bereiten Conte physische Schmerzen. Er ist bekannt dafür, nach Niederlagen nicht zu schlafen. «Für mich ist der Unterschied zwischen Gewinnen und Verlieren derselbe wie zwischen Leben und Sterben», sagt er. Das spürt man in seinem gesamten Schaffen: Kein Trainer fordert derart viel Einsatz, Schweiß, Herzblut von seinen Spielern. Kaum ein Trainer fährt so ein hartes Trainingsregime, und kaum ein Trainer hält die Spannung derart hoch wie Conte.

Contes Obsession für den Sieg begann zu seiner Zeit als Spieler. Er wuchs in Süditalien auf, im Absatz des italienischen Stiefels. Seine Jugendjahre verbrachte er beim US Lecce. Für diesen Klub debütierte er auch im Profifußball. Conte war ein polyvalenter Mittelfeldspieler: technisch solide, ohne zaubern zu können; körperlich kräftig, ohne Muskelberge anzuhäufen; dynamisch, ohne Sprintrekorde zu brechen. Mit 22 Jahren verließ Conte seine Heimat und wechselte zum erfolgreichsten Klub Italiens, Juventus Turin. Juves Trainer Giovanni Trapattoni wollte ihn unbedingt verpflichten. Er sah in Conte große Qualitäten, verriet er später der *Daily Mail*: «Sein Arbeitspensum war unglaublich. Taktisch war er ein sehr vielseitiger Fußballer und konnte praktisch überall im Mittelfeld spielen. Für mich machen solche Spieler auf lange Sicht den Unterschied, mehr als andere mit spezifischen Qualitäten. Die italienische Meisterschaft ist hart, und da brauchst du Spieler, die auf verschiedenen Positionen spielen können.» Conte hatte das taktische Verständnis, um die vielseitigen Anforderungen von Trapattoni zu erfüllen.

Polyvalent

Das Wort polyvalent setzt sich aus dem griechischen Wort «polýs» (viel) und dem lateinischen Wort «valere» (wert sein) zusammen. Ein polyvalenter Fußballer ist ein Spieler, der auf mehreren Positionen spielen kann, ohne dabei an Qualität zu verlieren. Kann ein Spieler als rechter Verteidiger wie auch als zentraler Mittelfeldspieler agieren, gilt er als polyvalent und taktisch klug.

Doch Conte fühlte sich in seiner neuen Heimat nicht wohl. «Als ich ankam, war es kalt und neblig in Turin. Meine Freunde zu Hause saßen währenddessen am Strand.» Fans und Mannschaftskollegen amüsierten sich über seinen starken süditalienischen Akzent. Er fühlte sich erdrückt von den Erwartungen. Nach einem besonders schlechten Spiel kam Trapattoni auf ihn zu. «Du denkst doch nicht etwa noch über den gestrigen Fehler nach, oder? Oh, komm schon! Denk lieber an deine Zukunft, du wirst noch viele Jahre hier sein. Alles wird gut.»

Trapattoni sollte recht behalten. Conte verbrachte den Rest seiner Spielerkarriere bei Juventus. Er spürte: Mit jeder guten Leistung, mit jedem Sieg, mit jedem Titel wuchs der Respekt, den ihm Mitspieler und Anhänger entgegenbrachten. In den folgenden Jahren avancierte Juve zu einem der erfolgreichsten Klubs Europas. Stars wie Zinédine Zidane, Alessandro del Piero und Didier Deschamps prägten den Verein. Juventus erreichte in den Neunzigern dreimal das Finale der Champions League, einmal gewannen sie den Henkelpott. Conte war mitten in dieser Ansammlung von Stars, als vielseitiger Mittelfeldspieler übernahm er jede Aufgabe, die anstand. Mit seiner aufopferungsvollen Laufarbeit und seinem taktischen Verständnis sicherte er die Vorstöße der offensiven Stars ab. Egal, ob unter Trapattoni, Marcello Lippi oder Carlo Ancelotti: Conte spielte immer einen wesentlichen Teil in den Planungen des jeweiligen Juve-Trainers.

Nur einmal wagte Conte es, einem Trainer zu widersprechen. Unter Lippi fühlte er sich nicht wohl. Lippi setzte den zentralen Mittelfeldspieler auf der rechten Seite ein. In einem Interview beantwortete Conte Fragen zu seiner neuen Rolle halbherzig. Der Journalist interpretierte das so, als habe Conte keine Freude an seiner neuen taktischen Rolle. In seinem Artikel übertrieb er und schrieb, Conte habe keinen Spaß mehr bei Juventus. Gänzlich aus der Luft gegriffen war der Vorwurf nicht. Am nächsten Tag fand Conte einen Zettel an seinem

Spind: «Wenn du Spaß haben willst, geh auf den Rummel.» Conte hatte seine Lektion gelernt.

Die Saison 1999/2000 prägte Conte nachhaltig. Ancelotti hatte den Trainerposten bei Juventus übernommen. In Conte sah er seinen wichtigsten Spieler im zentralen Mittelfeld. Conte zahlte seinem Trainer dieses Vertrauen mit guten Leistungen zurück. Juventus war auf dem besten Wege zum Titel. Doch in den letzten Wochen verspielte das Team einen Sieben-Punkte-Vorsprung. In den finalen Spieltag ging Juventus mit zwei Punkten Vorsprung auf Lazio Rom. Ein Unentschieden genügte Juventus für den Meistertitel. Gegner war das Mittelklasse-Team AC Perugia. Juventus verlor die Partie mit 0:1 – und damit den Meistertitel. Nun könnte man meinen, dass ein Spieler, der bereits drei Meistertitel, die Champions League sowie den UEFA-Pokal gewinnen konnte, solch eine Niederlage verkraftet. Nicht Conte. Sechs Nächte am Stück schlief er nicht. Der verpasste Titel beschäftigt ihn bis zum heutigen Tag. Für ihn ist er ein Makel in seiner Spielerkarriere, mehr noch als das verlorene Weltmeisterschaftsfinale 1994 oder das verlorene Europameisterschaftsfinale 2000. Juventus hatte etwas verschuldet, was aus Contes Sicht unentschuldbar ist: Sie verspielten den Titel aus eigenem Unvermögen, weil sie nachlässig geworden sind.

2002 und 2003 eroberte der rastlose Conte als alter Recke noch einmal zwei Meistertitel mit Juventus. Dann machte er Schluss. An seine Spielerkarriere schloss er nahtlos eine Karriere als Trainer an. Seine ersten Stationen als Assistenztrainer beim AC Siena und als Chef des Serie-B-Klubs AC Arezzo verliefen noch wenig erfolgreich. Erste Erfolge feierte er, als er in seine süditalienische Heimat zurückkehrte. 2009 führte er den FC Bari in die erste Liga. Zwei Jahre später gelang ihm dasselbe Kunststück mit dem AC Siena. Im Endeffekt waren Contes erste Trainerjahre allerdings nur Lehrjahre, ehe er zu seiner großen Liebe zurückkehren konnte: Juventus Turin.

2011 war es so weit. Conte war nicht begeistert von dem Zustand, in dem er den Klub vorfand. Er strebte eine 180-Grad-Wende an. Seine Spieler bekamen das vom ersten Tag an zu spüren. Zu Contes Trainingsregime gehört ein knallhartes Fitnesstraining, das sehr klassische Züge trägt: kein ständiges Training mit dem Ball, sondern Laufen, Laufen, Laufen. In der Vorbereitung belastet er die Mannschaft stark, lässt sie viele Steigerungsläufe absolvieren. Ein ehemaliger Spieler gewährte einen Einblick in sein Konditionstraining: «Zunächst 100 Meter laufen in 20 Sekunden, dann 20 Sekunden durchatmen. Das Ganze wiederholen für sieben Minuten. Kurze Trinkpause. Dann 75 Meter laufen in 15 Sekunden, Pause für 15 Sekunden. Das Ganze wiederholen für sieben Minuten. Kurze Trinkpause. Dann 50 Meter laufen in zehn Sekunden, Pause für zehn Sekunden. Wiederholen für sieben Minuten.» – Sie können es gerne zu Hause ausprobieren. Selbst wenn Sie durchtrainiert sind, dürften Sie am Ende platt am Boden liegen.

Conte sagt: «Du willst den Meistertitel holen? Dann musst du Blut spucken am Ende des letzten Spiels! Aber um das tun zu können, musst du die richtige Einstellung besitzen.» Conte möchte nicht nur die Kondition seiner Spieler steigern, sondern auch testen, wie weit sie für den Erfolg gehen. «In jedem Training sollen die Spieler auftreten, als wäre es ein Finale. Wer aufgibt, fliegt raus.»

Den Einsatz, den Conte von seinen Spielern fordert, lebt er auch selbst vor. Conte gehört zu den Trainern, die ständig während der Trainingseinheiten brüllen und gestikulieren.

Ein Spieler läuft nicht? Conte brüllt! Ein Spieler steht einen Meter zu weit links? Conte brüllt! Ein Spieler passt zum falschen Mitspieler? Conte brüllt! Bei seinen ersten Stationen als Trainer stand er gar mit einem Megaphon auf dem Trainingsplatz. Mittlerweile verlässt er sich auf seine durchdringende Stimme. Dem Männer-Magazin *GQ* sagte er: «Während meiner Trainingssitzungen versuche ich in jedem Moment, Tipps zu geben. Ich erkläre taktische Situationen, die richtigen Laufwege zur rechten Zeit, damit die Spieler verstehen, wann der richtige Moment zum Pressing kommt, wann sie sich umsehen müssen, wann sie in den freien Raum starten sollen. Ich spreche so viel, weil ich die Intensität hochhalten will.»

Contes Interventionen im Training stehen sinnbildlich für seinen Siegeswahn und seinen Arbeitswillen. Sie können aber auch mit einer Eigenschaft erklärt werden, die im Fußball oft mit Italienern verbunden wird: Conte ist ein taktischer Perfektionist. Wer sich auch nur minimal falsch bewegt, wird von Conte korrigiert. Das Defensivverhalten wird so eindrücklich einstudiert, dass man fast schon von einer Choreographie reden kann. Die Spieler müssen sich synchron über den Rasen bewegen, ihre Position korrekt halten, im exakt richtigen Moment den Gegner anlaufen. In Contes System gibt es keinen Raum für Abweichungen.

Um diese taktische Disziplin zu erreichen, trainiert Conte häufig mit einer Methode, die man im Englischen als «shadowplay» (Schattenspiel) kennt. Diese Methode geht auf Arrigo Sacchi zurück, er wandte sie Ende der Achtziger beim AC Milan an. Das Schattenspiel sieht vor, dass sich die elf Spieler einer Mannschaft kollektiv über den Platz bewegen, wie sie das im Spiel tun, wenn der Gegner den Ball hat. Der Clou: Es befindet sich kein Gegner auf dem Platz. Der Trainer sagt an, an welchem Punkt sich der imaginäre Ball gerade befindet, und die gesamte Mannschaft muss kollektiv dorthin verschieben. So sollen die Spieler die Abstände zueinander perfektionieren und lernen, sich wie eine Einheit zu bewegen. Conte schwört auf diese Methode. Jede Woche versammelt er sein Team auf dem Platz und übt das perfekte Verschieben. In diesem Punkt ist er noch manischer als Klopp.

Auf jedes Training auf dem Platz folgt eine Videoanalyse. Was lief gut? Was schlecht? Wo hat die Mannschaft noch Defizite? Conte möchte, dass die eigene Mannschaft die Stärken und Schwächen visualisiert. «Manchmal sind 20 oder 30 Minuten Videoanalyse wichtiger als drei Trainingseinheiten», sagt Conte. Und: «Per Video kann ein Trainer einen Spieler auf seine Fehler aufmerksam machen, auch wenn dieser für Kritik nicht empfänglich ist. Mit dem Bild ihrer Fehler vor Augen können sie keine Ausreden finden.» Während andere Trainer kurze, knackige Videositzungen bevorzugen, kann eine Analyseeinheit bei Conte schon einmal eine bis eininhalb Stunden dauern.

Immer wieder hinterfragt sich Conte, analysiert sein Team. Er will stets die beste Variante finden. Bevor Conte zu Juventus kam, war er ein Anhänger des 4–4–2-Systems. Nachdem diese Aufstellung bei Juventus in den ersten Partien nicht gut funktionierte, stellte er seine Mannschaft um. Er ließ nicht mehr mit Viererkette, sondern mit einer Dreierkette verteidigen. Defensiv wurde aus der Dreierkette eine Fünferkette. Das System pendelte also zwischen 3–5–2 und 5–3–2.

Contes Umstellung war insofern ungewöhnlich, als zu dieser Zeit die Viererkette den europäischen Fußball dominierte. Nur ganz wenige Vereine setzten auf eine andere Variante, die Mehrzahl dieser Abweichler wählte eine totaldefensive Fünfer-

Abwehrkette

Als Abwehrkette bezeichnet man eine Verteidigungsreihe, die eine Raumdeckung praktiziert. Bei drei Verteidigern spricht man von einer Dreierkette, bei vier Verteidigern von einer Viererkette und bei fünf Verteidigern von einer Fünferkette. Diese Verteidiger versuchen, gleichmäßige Abstände zueinander zu halten und so den Raum bestmöglich abzudecken. Rückt ein Verteidiger raus, um den Gegner zu stören, rückt die übrige Kette näher zusammen. So soll sich kein Raum öffnen, in den der Gegner hineinpassen kann.

kette im 5–4–1. Mit seiner unorthodoxen 5–3–2-Variante hatte Conte einen taktischen Vorsprung gegenüber seinen Konkurrenten. Das 5–3–2 eignet sich naturgemäß dafür, den Gegner im Zentrum zu dominieren: Mit drei zentralen Mittelfeldspielern sowie zwei Stürmern hat man hier ein Übergewicht gegen das klassische 4–2–3–1. Im Mittelfeld können die beiden höheren Spieler die gegnerische Doppelsechs attackieren, der Sechser nimmt den gegnerischen Zehner in Bewachung. Das 4–2–3–1 war zu jener Zeit die mit Abstand am weitesten verbreitete Formation im Weltfußball.

Contes Team führte die neue Variante perfekt aus – kein Wunder, schließlich hatte Conte sein Team in zig Trainingseinheiten und Videositzungen eindrücklich geschult. Die Abwehrkette pendelte stets zwischen Dreier-, Vierer- und Fünferkette. Wenn der Ball auf dem Flügel war, schob einer der Außenverteidiger aus der Kette und setzte den Gegner unter Druck. Die restliche Kette rückte nach. Juventus übte dieses Nachrücken mit einem derart präzisen Timing, dass die Geg-

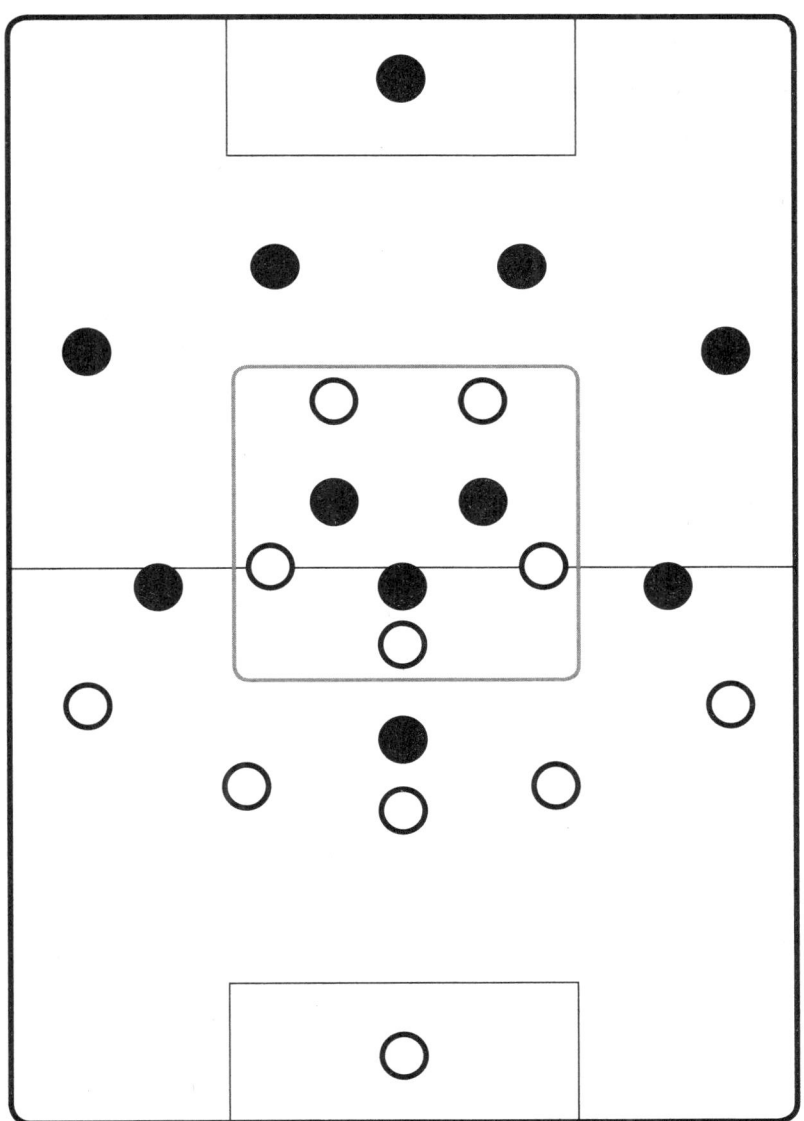

Taktik-Theorie: Die 5-3-2-Formation (weiß) hat im Zentrum einen Vorteil gegen der 4-2-3-1-Formation (schwarz).

ner kaum vorbeikamen. In der ersten Meistersaison kassierte Turin gerade einmal zwanzig Gegentore in 38 Spielen, in der zweiten Meistersaison 24, in der dritten 23. Contes System funktionierte. Er war der Vorreiter eines Trends. Mittlerweile gehört die Fünferkette zum festen Repertoire praktisch aller europäischen Großklubs, in Italien avancierte das 5–3–2 zur Standardvariante. Selbst in der deutschen Bundesliga hat die Mehrzahl der Klubs mittlerweile vom 4–2–3–1 auf ein 5–3–2 gewechselt.

Contes Fokus auf die perfekten Abstände und auf eine kollektive Defensive machen aus ihm jedoch nicht automatisch einen Defensivpapst. Ja, Conte steht in der italienischen Tradition, dass eine stabile Defensive das Fundament des Erfolgs ist. Doch auch offensiv möchte er einstudierte Spielzüge auf dem Platz sehen. Die Spieler sollen in allen Spielphasen wissen, wie sie zu agieren haben. Conte wehrt sich gegen den Stereotyp, als italienischer Trainer ausschließlich auf Defensive und Konter zu setzen. Dem *Guardian* sagte er: «Ich lasse niemals, niemals Konter trainieren. Niemals. Ich halte den Konter für eine Option, wenn man schnelle Spieler hat, Spieler, die sehr, sehr schnell sind ... Wenn sie in Situationen kommen, in denen sie Raum haben, wissen sie, was zu tun ist. Für mich sind andere Aspekte im Training wichtig: Was machen wir, wenn wir den Ball haben, wenn wir in der gegnerischen Hälfte sind, wie bereiten wir diese Angriffe vor?»

Contes System funktionierte in Turin auch deshalb so gut, weil es offensiv auf die Stärken der einzelnen Spieler zugeschnitten war. Der geniale Spielmacher Andrea Pirlo war mit über dreißig Jahren nicht mehr der Schnellste, doch seine zentimetergenauen Pässe halfen der Mannschaft noch immer. Als Sechser konnte er das Spiel gestalten. Gleichzeitig

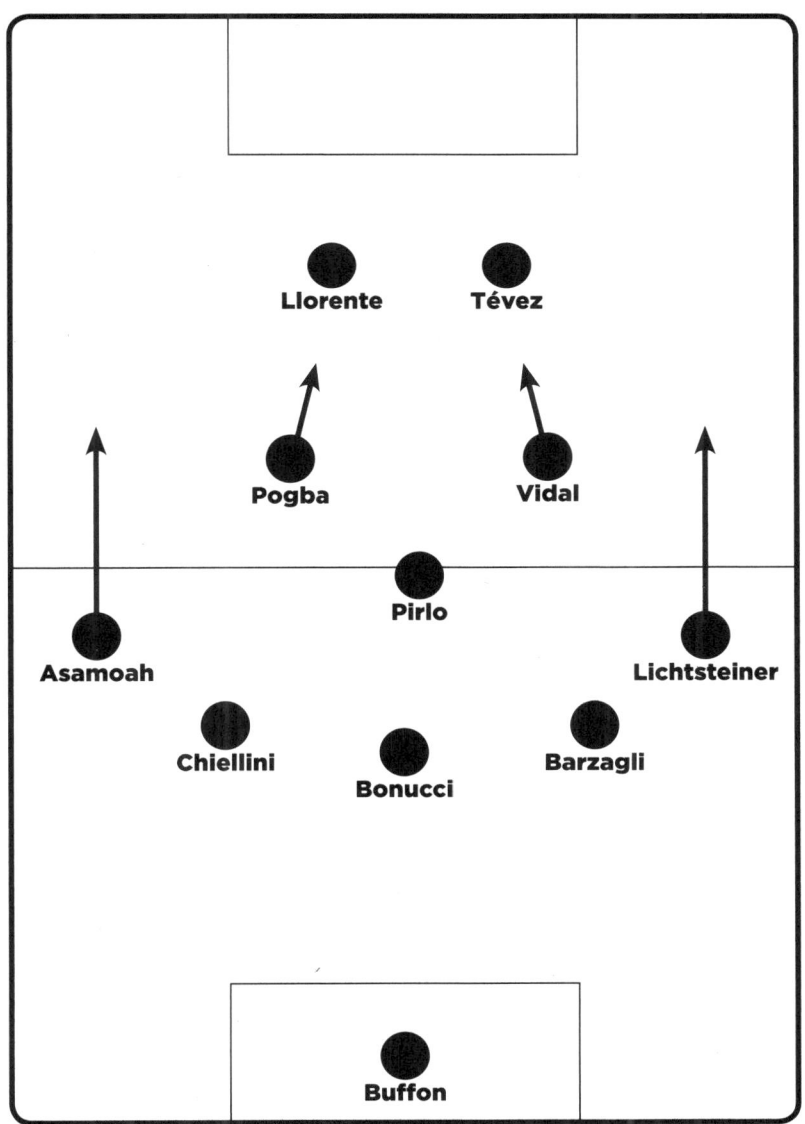

Juventus Turin unter Antonio Conte, Saison 2013/14

wurde seine fehlende Dynamik gegen den Ball abgesichert von der Dreierkette. Arturo Vidal und Paul Pogba brachten an Pirlos Seite Dynamik ins Spiel. Die Außenverteidiger konnten dank Dreierkette weiter vorrücken, Stephan Lichtsteiner und Kwadwo Asamoah lebten ihren Offensivdrang aus. Conte gehört nicht zu den Trainern, die ihr System von Spiel zu Spiel wechseln und an den Gegner anpassen. Aber er hat kein Lieblingssystem und ist in seinem Ansatz so flexibel, dass er sein System an den Stärken der eigenen Mannschaft ausrichtet.

Contes Mischung aus taktischer Perfektion und eisenhartem Konditionstraining führte Juventus zurück an die italienische Spitze. Er verlangte dabei viel von seinen Spielern, sehr viel. Sein Hang zur Perfektion und seine manische Arbeitsweise forderten die Spieler. Conte gönnte ihnen keine Pausen. Selbst wenn das Team einen großen Punktevorsprung auf den Zweitplatzierten hatte, verlangte er von seinen Spielern Aufopferung und Disziplin – er hatte im Jahr 2000 am eigenen Leib gespürt, was passiert, wenn man nur minimal den Fokus verliert.

Sobald sich das kleinste bisschen Selbstgefälligkeit in die Mannschaft einschlich, griff er eisenhart durch. Contes Manie endete selbst dann nicht, als Juventus bereits Meister war. In seiner zweiten Meistersaison wollte Conte unbedingt eine historische Bestmarke erreichen: Seine Mannschaft sollte mehr als 100 Punkte holen. Das war zuvor noch keinem italienischen Team gelungen. Einen Spieltag vor Schluss standen sie bei 99 Zählern. Conte beraumte eine Videositzung an, um den kommenden Gegner zu studieren. Torhüter und Kapitän Gianluigi Buffon kam zu spät zur Sitzung – manche Quellen berichten von wenigen Minuten, andere nur von wenigen Sekunden. Conte rastete völlig aus: «Ich will kein Wort mehr hören! Ausgerechnet von dir, von allen Leuten ... Ich hätte so etwas nicht erwartet! Mit dem Präsidenten über die Boni reden anstatt pünktlich zur Videoanalyse zu kommen ... Du bist eine Enttäuschung! Eine Schande! Genau wie der Rest von euch Schwachköpfen! Raus, alle Mann!»

Conte ist bekannt für solche Wutausbrüche; in Siena strich er nach einer Niederlage seinen Spielern den Weihnachtsurlaub und ließ sie die Silvesternacht in einem spontan anberaumten Trainingslager verweilen. Laut Pirlos Autobiographie «Ich denke, also spiele ich» kann es bei Conte schon mal vorkommen, dass er bei einem Rückstand zur Pause Gegenstände wild um sich wirft. (Es flogen während Contes Regentschaft in Turin derart viele Gegenstände durch die Kabine, dass Juves Spieler die Umkleideräume unter der Hand «Cape Canaveral» tauften.) Dieser Wutausbruch war aber etwas anderes. Buffon ist eine lebende Legende in Turin, ein Muster an Professionalität und Anstand, jemand, an den sich bis zu diesem Zeitpunkt nicht einmal Conte herangewagt hatte. Indem er ausgerechnet Buffon angriff, sendete Conte ein Signal: Ihm ist egal, dass sein Team bereits Meister war. Sie mussten am Wochenende gewinnen, alles andere war nicht akzeptabel. Die Mannschaft spurte und gewann 3:0. Juventus knackte den Rekord.

Interessanterweise lobte ausgerechnet der betroffene Spieler diese Maßnahme. Contes Wutausbruch habe geholfen, die Sinne der Mannschaft zu schärfen, so Buffon. Das ist das Faszinierende an Contes Arbeitsweise: Ein Dutzend Turiner Spieler hat sich im Nachhinein über Contes Methoden bei Juventus geäußert, und alle waren sie voll des Lobes. Ja, Conte habe viel von ihnen gefordert, aber sie hätten jeden Tag gespürt, wie Conte aus ihnen bessere Fußballer gemacht habe. Seine Wutausbrüche dienten keinem Selbstzweck, sondern er offenbarte damit ein feines Gefühl für die Stimmungen innerhalb der Mannschaft. Conte habe immer nach dem Prinzip Zuckerbrot und Peitsche operiert: Wenn seine Spieler zu lasch agierten, peitschte er sie aus, so wie Lippi damals bei ihm, als er sich über seine taktische Rolle beschwerte. Wenn sie sich jedoch in die Gemeinschaft eingliederten und Conte folgten, half er ihnen. Wer ein offenes Ohr brauchte oder ein Problem hatte, konnte sich immer an Conte wenden, so wie Conte sich zu Beginn seiner Karriere an Trapattoni wenden konnte.

Zu den festen Ritualen unter Conte gehörte, dass er in der Kabine Zeitungsartikel anbrachte mit Zitaten gegnerischer Spieler, Trainer oder Fans. Äußerte sich irgendwer negativ über Juventus, pflegte Conte zu sagen: «Wenn wir Männer sind, müssen wir rausgehen und beweisen, dass das Bullshit ist.» Genug Stoff gab es für Conte auf jeden Fall: Juventus ist in Italien noch polarisierender als Bayern München in Deutschland, nicht zuletzt aufgrund der diversen Skandale in der langen Geschichte des Klubs. Wie Mourinho gelingt es Conte, ein «Wir-gegen-die»-Gefühl in der Mannschaft zu kreieren. Conte selbst meint über seine Zeit in Turin: «Hätte ich gesagt: ‹Lasst uns alle vom Dach springen› – wir hätten das getan. So stark war der Glaube und die Einheit zwischen uns.»

Nach drei Jahren verließ Conte diese Einheit völlig überraschend. Er hatte sich mit den Offiziellen über die Frage zerstritten, welche Neuzugänge der Klub holen sollte. Conte meinte, die Mannschaft könne nur angreifen, wenn sie substanziell verstärkt wird. Er wollte nicht mit einem aus seiner Sicht zweitklassigen Team arbeiten. Umso verblüffter waren die meisten Beobachter, dass Conte kurz darauf den Posten des italienischen Nationaltrainers übernahm. Einerseits, da sich wenige vorstellen konnten, dass der rastlose Conte in einem Job glücklich wurde, bei dem er nur wenige Tage im Jahr mit den Spielern verbringt. Andererseits waren sämtliche Sportexperten überzeugt, dass der aktuelle Jahrgang «die am wenigsten talentierte italienische Nationalmannschaft der vergangenen fünfzig Jahre» sei. Selbst die sonst zerstrittenen italienischen Sportgazetten waren sich in dieser Frage ausnahmsweise einig. Wieso nahm Conte einen Job bei der italienischen Nationalmannschaft an, wenn schon Juventus ihm individuell nicht stark genug war?

Conte sah das nicht so. Er wusste: Aus dieser Mannschaft könne man mehr herausholen. Seine erste Amtshandlung war eher kurios. Er lud die Medienvertreter zu einer Lehrstunde in Taktik ein. Neunzig Minuten lang referierte er, wie er die italienische Mannschaft spielen lassen will. Er überzeugte an diesem Tag viele Kritiker. Wichtiger aber noch: Er überzeugte die Spieler. Conte arbeitete auch beim italienischen Verband auf bekannt leidenschaftliche Weise. Er intensivierte die Nutzung von Videoanalysen sogar noch, schließlich haben Nationaltrainer nur wenige Trainingstage zur Verfügung. Vor seinem Debüt-Spiel dauerte Contes Videoanalyse knapp 120 Minuten. Ein Spieler, der noch nie unter Conte gearbeitet hatte, hakte verdutzt bei seinen Kollegen aus Turin nach: «Redet der immer so lang?» Sie zuckten nur mit den Schultern. «So läuft das eben unter Conte.»

Bei der Europameisterschaft 2016 führte Conte die «schwächste italienische Nationalmannschaft seit fünfzig Jahren» bis ins Viertelfinale. Auf dem Weg dorthin schalteten sie sogar Spanien aus. Abermals formierte er seine Mannschaft in einem 3–5–2, das Team überzeugte mit tadelloser Defensivarbeit. Im Viertelfinale scheiterten sie erst im Elfmeterschießen am Weltmeister aus Deutschland. Der Erfolg der Italiener war mehr als beachtlich, vor allem wenn man bedenkt, dass eine weitestgehend identische italienische Mannschaft eineinhalb Jahre später sang- und klanglos an der Qualifikation zur WM scheiterte.

Schon vor der Europameisterschaft war klar, dass Conte nach dem Turnier zum FC Chelsea wechseln wird. Klub-Besitzer Roman Abramowitsch verlangte von seinem neuen Trainer nicht weniger, als den Klub wieder an die Spitze zu führen. Viel Geld wollte Abramowitsch dafür nicht ausgeben. Er hatte im vergangenen Jahrzehnt eine Milliarde Euro in sein Herzensprojekt gesteckt und war nicht bereit, diese Summe zu erhöhen, auch weil sein Vermögen in den Jahren zuvor erheblich geschrumpft war. Conte musste mit dem zurechtkommen, was er an Spielern hatte.

Conte machte sich an die Aufgabe. Er ging vor wie einst in Turin: Im Sommer gab es ein knallhartes Trainingslager, die Spieler wurden mit lauten Ansprachen und Videositzungen auf Kurs gebracht. Es sollte ein neues Wir-Gefühl entstehen, das sich aus harter Arbeit und Erfolg speisen würde. Wie in Turin ließ er seine Mannschaft jede Woche im Elf-gegen-Null über den Platz verschieben. Das Ziel war, auf jeden Fall weniger Tore zu fangen als in der Vorsaison. Nachdem Chelsea eher durchschnittlich in die Saison gestartet war, entschied sich Conte, ein weiteres Element der Turiner Erfolgsformel zu übernehmen: Er stellte auf eine Dreierkette um. Statt auf ein 3–5–2 setzte er in London auf ein 3–4–3. Eden Hazard und Pedro sollten als inverse Flügelspieler ihre Stärken zum Vorschein bringen. Anders als in Turin hatte er keinen Spielgestalter wie Pirlo, sondern zwei quirlige, technisch beschlagene und dynamische Sechser mit N'Golo Kanté und Nemanja Matić. Das neue System passte perfekt zu den Stärken dieser Spieler. Nach der Umstellung auf Dreierkette kassierte Chelsea nur noch 24 Gegentreffer in 32 Spielen.

Invers

Ein inverser Außenstürmer oder ein inverser Außenverteidiger sind Außenspieler, die auf der «falschen Seite» agieren. Ein inverser Linksaußen beispielsweise spielt auf der linken Seite, obwohl sein starker Fuß eigentlich der rechte ist. Solche Spieler gehen nicht wie klassische Außenstürmer an die Grundlinie, um zu flanken. Stattdessen suchen sie den Weg ins Zentrum, um mit ihrem starken Fuß zum Schuss zu kommen. Das bekannteste Beispiel ist Arjen Robben. Der Bayern-Star spielt auf der rechten Seite, dribbelt aber ständig in die Mitte, um mit seinem starken linken Fuß aufs Tor zu schießen. Die Außenstürmer können so mehr Torgefahr entfachen. Auf der Strecke bleibt dabei das klassische Flügelspiel inklusive Flanken.

Zwischenzeitlich zeigte Conte sogar seine menschliche Seite. Zum Weihnachtsfest lag Chelsea bereits mit einem Vorsprung von sechs Punkten auf dem ersten Platz. Auf der Weihnachtsfeier erhielt jeder einzelne Mitarbeiter des Klubs, vom Kapitän bis zur Putzfrau, eine Flasche Wein vom Trainer persönlich. Die dazugehörigen Karten beschriftete er per Hand mit einem Ausspruch des Karthagers Hannibal: «Aut viam inveniam aut faciam.» (Entweder ich finde einen Weg, oder ich erschaffe einen.)

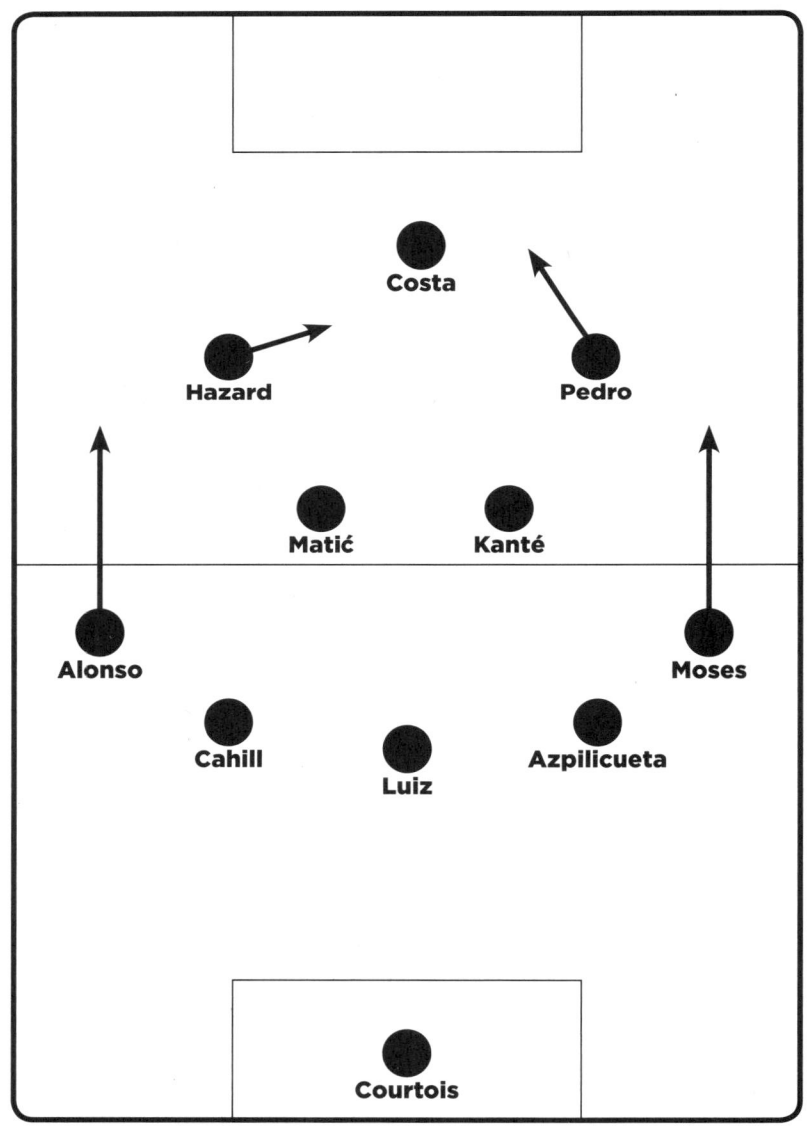

Chelsea unter Antonio Conte, Saison 2016/17

Die besinnliche Stimmung hielt nicht lange. Nach Weihnachten war wieder harte Arbeit angesagt. Conte hielt an seinem Trainingsregime fest. Auch als Chelsea wenige Spieltage vor Saisonschluss die Tabelle anführte, betonte er in jedem Interview, dass seine Mannschaft bloß nicht nachlassen dürfte; die verspielte Meisterschaft von 2000 wirkte selbst in London noch nach. Am Ende war Chelsea bereits drei Spieltage vor Schluss Meister. Vor Guardiola. Vor Klopp. Vor Mourinho.

Dem Fußball liegt eine faszinierende Tragik zugrunde: Er ist Tagesgeschäft, und somit ist jeder Titel zum Zeitpunkt des Triumphs beinahe schon wieder vergangen. Bereits wenige Wochen nach dem Titelgewinn verdüsterte sich der Himmel über Chelseas Vereinsquartier an der Londoner Stamford Bridge. Conte kokettierte mit einem frühzeitigen Abschied. Er sprach auffallend häufig von seinem Wunsch, nach Italien zurückzukehren. Heimweh mag für den heimatverbundenen Conte tatsächlich ein Motiv sein. Ein anderes Abramowitsch' Sparkurs. Abermals erfüllte der Russe seinem Coach keine Transferwünsche. Conte meckerte, mit diesem Kader könne der Klub nicht national und international gleichzeitig Erfolg haben, wie Abramowitsch es forderte.

In der neuen Saison wurden zusätzlich die Schattenseiten von Contes Arbeitsweise sichtbar. Conte fährt ein hochintensives Trainingsregime, nicht nur in der Vorbereitung, sondern über die gesamte Saison hinweg. In Chelseas Meistersaison ließ er die ganze Woche über mit hohem Einsatz trainieren. Chelsea musste zunächst nicht international antreten, weshalb Contes Trainingsplanung funktionierte. In der neuen Saison trat Chelsea jedoch unter der Woche zusätzlich in der Champions League an. Gleich mehrere Spieler beschwerten sich anonym in englischen Gazetten, Conte habe die Intensität des Trainings nicht angepasst, im Gegenteil: Wer nicht spurt, kann schnell Opfer einer der berühmten Wutattacken werden. Die hohe Verletztenquote bei Chelsea ist ein Indiz dafür, dass Conte seine Spieler über die Maßen belastet. Er gönnt ihnen wenig Pausen, rotiert auch seltener als andere Kollegen. Conte führt das auf den dünnen Kader zurück: Er würde gerne mehr rotieren, doch Abramowitsch habe kein Geld für Spieler bereitgestellt. Zur Wahrheit gehört aber auch: Conte höchstselbst verlieh vor der Saison dreißig (!) Spieler an andere Klubs. Hatte wirklich kein einziger dieser Spieler die Qualitäten, um den Kader aufzufüllen?

Tatsächlich hatte Conte schon bei Juventus Probleme, mit seinem Team auf zwei Hochzeiten zu tanzen. In der Champions League kam sein Team 2012/13 ins Viertelfinale, 2013/14 scheiterten sie bereits in der Gruppenphase. Die Träume Turiner Fans, auch in der Champions League anzugreifen, hatte Conte mit den Worten zurückgewiesen, man könne mit zehn Euro in der Tasche nicht in einem Restaurant essen gehen, in dem ein Menü hundert Euro kostet. Allerdings erreichte Juventus bereits im ersten Jahr unter Nachfolger Massimiliano Allegri das Finale der Champions League. Juventus verlor zwar mit 1:3 gegen den FC Barcelona, doch die Frage stand im Raum: Hatte Conte mit seiner Einschätzung übertrieben?

Manche Ungereimtheiten in Contes Karriere werfen Zweifel an seinen Methoden auf. Die Erfolgsmannschaft von Juventus, in der Conte in den Neunzigern spielte, steht unter Dopingverdacht. Ein Sachverständiger sagte vor Gericht aus, dass es «praktisch sicher» sei, dass diverse Spieler größere Dosen EPO genommen haben, darunter auch Conte. Er streitet diese Vorwürfe ab. Der des Dopings angeklagte Teamarzt wurde in letzter Instanz freigesprochen – allerdings hauptsächlich, weil seine Taten verjährt waren. Auch als Trainer war Conte in einen Skandal verwickelt. Er soll als Coach des AC Siena von der Manipulation einer Partie 2011 gewusst, diese aber nicht gemeldet haben. Selbst involviert in die Manipulation war Conte nicht, doch bereits das Nichtmelden einer versuchten Manipulation wird in Italien sanktioniert. Als Strafe durfte er vier Monate nicht an der Seitenlinie stehen. Auch hier wies Conte alle Vorwürfe von sich. Beide Fälle sind komplex, daher formuliere ich es bewusst vorsichtig: Angesichts seines Siegesstrebens erscheint die Möglichkeit, dass Conte sich nicht immer allein auf sein Trainingskonzept verlässt, nicht völlig aus der Luft gegriffen.

Sein Siegesdrang, da sind sich alle Beobachter einig, macht aus Conte einen anstrengenden Trainer. Er scheucht seine Spieler, verlangt absolute taktische Disziplin, ist kein Freund von Widerworten. Regelmäßig streitet er sich mit Klubbesitzern über die Transferstrategie, lässt sich nicht in seine Arbeit hineinreden. Alles, wirklich alles ordnet Conte dem Sieg unter. Und genau das macht ihn zu solch einem herausragenden Trainer. Er verliert sich in seinen Übungen, in seinen taktischen Maßnahmen, in seiner Arbeit. *GQ* sagte er: «Schon immer hat sich mein Coaching darum gedreht, so viele Tipps zu geben wie möglich, damit die Spieler wissen, was sie in jedem Moment zu tun haben ... Ich bin zu jeder Zeit im Spiel. Ich bin fokussiert, ich lebe meinen Fußball intensiv, und ich will, dass meine Spieler das auch tun.»

Conte verkörpert auf fast schon nostalgische Weise das Ideal des italienischen Trainers: ein Gentleman außerhalb des Platzes, immer gepflegt, stets unterwegs im schicken Anzug. Ein Taktiker, ein Perfektionist, jemand, der nicht die kleinste taktische Schwäche duldet. Ein Mann, der von seinen Spielern das Unmögliche verlangt und damit das Erreichbare möglich macht. Ein Mann, der nicht zufällig Mourinho, Klopp und Guardiola schlug. Ein Siegertyp im wahrsten Sinne des Wortes.

KAPITEL 6

Maurizio Sarri

«Ich komme von unten. Vielleicht wurde ich weniger konditioniert. Ich war geistig freier, meine eigenen Methoden, Schemata und Strategien zu entwickeln.»

Trainingszeit in Neapel. Die Spieler betreten den Rasen und wärmen sich erst einmal auf. Das Trainerteam beobachtet das Treiben aus gebührendem Abstand, während sie genüsslich Espresso schlürfen. Chefcoach Maurizio Sarri balanciert Espressotasse und Untersetzer in einer Hand, um in der anderen eine Zigarette zu halten. Qualm umnebelt das Trainerteam. Als die Spieler das Aufwärmprogramm beendet haben, übergeben sie die Espressotassen einem Assistenztrainer, den Zigarettenstummel wirft Sarri achtlos weg. Das Training beginnt, und die Trainer schalten von Entspannung auf Anspannung. Neben Gebrüll und dem Klatschen des Balles hört man ein lautes Surren. Über dem Trainingsgelände schweben zwei Drohnen. Mit einer Kamera ausgestattet, nehmen sie die gesamte Szenerie auf.

Willkommen beim SSC Neapel, willkommen in der Welt von Maurizio Sarri. Hier ticken die Uhren noch etwas anders als sonst im oft so klinisch reinen Profifußball. Hier darf die

Zigarette, sonst unter Trainern und Spielern praktisch ausgestorben, noch neben der Hightech-Drohne existieren. Sarri ist anders als seine Trainerkollegen, in vielerlei Hinsicht. Er trinkt Espressi wie andere Menschen Wasser, raucht bis zu vier Schachteln Zigaretten pro Tag und schert sich nicht um seine Außenwirkung. Seinen Trainingsanzug legt er nur ab, wenn ihn die Vereinsbosse dazu zwingen. Interviews mit ihm sind eine zähe Angelegenheit, die Welt der Medien ist nicht die seine. Vieles an Sarri wirkt im modernen Fußball antiquiert; sein Aussehen, seine Verhaltensweisen, seine politisch unkorrekten Äußerungen. In einer Pressekonferenz gab er mal zu Protokoll: «Fußball ist zu einem Sport für Schwuchteln verkommen. In Italien pfeifen wir viel mehr als in England, es ist eine homosexuelle Interpretation.» Nichts an ihm funkelt, nichts an ihm deutet darauf hin, dass in Neapel einer der interessantesten Trainer unserer Zeit arbeitet. Doch es ist so.

Sarri tickt anders, weil er anders sozialisiert wurde als viele seiner Trainerkollegen. Er stammt nicht aus der Glitzerwelt des Fußballs, sondern von außerhalb. Als knorriger Verteidiger mit wenig Talent kam Sarri einer Karriere als Profifußballer nie nahe – anders als Mourinho oder Bielsa, die es ja zumindest versucht haben. Er kickte in seiner Freizeit in Amateurteams. Nach dem Schulabschluss studierte er Wirtschaftswissenschaften, seinen Lebensunterhalt verdiente er als Bankangestellter. Anfang der Neunziger begann der damals dreißig Jahre alte Sarri, sich in seiner Freizeit als Trainer zu verdingen. Sarri trainierte in der Seconda Categoria, der zweitniedrigsten italienischen Fußballliga, also praktisch der italienischen Version der deutschen Kreisliga. Es war ein reines Hobby: Wenn er Feierabend hatte, tauschte er sein Bankangestellten-Outfit gegen eine Trainingsjacke. Wenn er Überstunden machen musste, gelang ihm nicht einmal das. An solchen Tagen leitete er das Training in Anzug und Krawatte. In seiner Heimatregion, der Toskana, wechselte Sarri von Klub zu Klub – je nachdem, wo gerade seine Dienste gebraucht wurden.

In seinen frühen Jahren folgte Sarri den Methoden von Arrigo Sacchi. Wie viele andere Trainer, so etwa Klopps Mentor Wolfgang Frank oder Antonio Conte, studierte auch Sarri die Milan-Mannschaft des früheren Schuhverkäufers Sacchi. Er schärfte seinen Feierabend-Kickern taktische Disziplin ein und ließ sie bis zum Erbrechen das Verschieben über den Platz üben. Defensive Stabilität war ihm wichtig, aber auch das schnelle Spiel in die Spitze. Egal, wo er hinkam: Sarris Klubs feierten mit seinen Methoden Erfolge. Binnen zehn Jahren arbeitete sich Sarri hoch von der zweittiefsten in die fünfthöchste italienische Liga.

2001 stand er am Scheideweg. Gerade hatte er L'Associazione Calcio Sansovino, ein Verein aus der wunderschönen Kleinstadt Monte San Savino, in die vierte Liga geführt. Er wusste: Wenn er das Niveau halten wollte, brauchte er mehr Zeit, um sich seiner Mannschaft zu widmen. Zeit, die er neben dem Vollzeitjob bei einer internationalen Bank nicht hatte. Sarri wagte den Absprung, denn: «Das Training war unendlich viel schöner als der Job in der Bank.»

In den folgenden Jahren kletterte Sarri die Liga-Leiter weiter empor. 2004 trainierte er erstmals in der dritten Liga. Dort gab man ihm seinen Spitznamen, den er noch heute hat: «Mister 33 Schemi». Der Name bezieht sich auf die Anzahl der Eckballvarianten, die er mit seinem Team einstudierte. Ein Jahr später übernahm er Pescara Calcio in der zweiten italienischen Liga. Dann dauerte es knapp zehn weitere Jahre, bis

Sarri als Trainer ganz oben ankam: 2014 führte er den FC Empoli in die oberste italienische Spielklasse, die Serie A. Damit hat Sarri ein seltenes Kunststück geschafft: Er hat in fast allen italienischen Ligen gearbeitet, von der zweituntersten Spielklasse bis hin zur höchsten.

Empoli hielt unter Sarri souverän die Klasse. Diese Leistung ließ die Verantwortlichen der großen italienischen Vereine aufhorchen. Er hatte bereits Verhandlungen mit dem AC Milan geführt, als der SSC Neapel anrief. Sarri nahm das Angebot der Süditaliener an. Damit schloss sich ein Kreis. Denn als Kind hatte Sarri in Neapel gelebt, bevor seine Familie in die Toskana zog. Sarri war jedoch bereits auf den SSC Neapel geprägt und blieb zeitlebens Anhänger des Klubs. In der Toskana war er ungefähr Neapels einziger Anhänger, was ihm manchen Spott seiner Klassenkameraden eintrug. Heute trainiert er also den Klub, den er schon als Kind verehrte.

Sarris Lebenslauf klingt nach dem Stoff für ein Hollywood-Drehbuch. Er hat sich von ganz unten nach ganz oben gearbeitet, hat seinen Traum Wirklichkeit werden lassen. Statt in der Bank zu malochen, trainiert er seinen Lieblingsklub. Der Haken an der Geschichte: Sarri hasst es, so dargestellt zu werden. Es sei eine Simplifizierung seines Werdegangs. Sarris Leben als Bankangestellter? «Ich arbeitete in einer Bank, war für Devisen zuständig. Ich war gut. Ich habe Dutzende Millionen von Millionen Lira manövriert und habe mich nur selten getäuscht. Ich glaube, ich hätte eine gute Karriere gemacht.» Der Job habe ihm Spaß bereitet, nur eben nicht so viel Spaß wie das Fußballtraining. Sein Spitzname «L'impiegato», der Angestellte? «Sie nennen mich noch heute so! Als ob das eine Schande wäre.» Und der Spitzname «Mister 33 Schemi»?

«Was mir im Laufe der Jahre Langeweile bereitet hat, sind die 33 Schemata, wirklich banal.» So etwas mache jeder Trainer, außerdem sei die Zahl 33 viel zu hoch gegriffen. Und nach Neapel sei er vor allem deshalb gegangen, weil Milan sich zu lange Zeit gelassen habe mit einem Angebot.

Sie merken schon: Sarri hat kein Interesse, an seiner eigenen Legendenbildung mitzuwirken. Auf die Frage, was ihn am Leben eines Fußballtrainers am meisten stört, antwortet Sarri: «Schubladen.» Auch wenn es immer wieder versucht wird, er lässt sich nicht in eine Schublade pressen. Das ist das wichtigste Merkmal des Menschen, aber auch des Trainers Sarri. Er tickt nicht nur anders, er arbeitet auch anders als viele seiner Kollegen. «Wer nicht in den großen Mannschaften gespielt hat, hat nicht die Gewohnheiten der großen Trainer der Vergangenheit kennengelernt», glaubt Sarri. «Ich komme von unten, und vielleicht hatte ich weniger Konditionierung. Ich war geistig freier, meine eigenen Methoden, Schemata und Strategien zu entwickeln.» Das ist in der Tat wahr. Sarri legt seine eigenen Schwerpunkte, lässt seinen ganz eigenen Fußball spielen.

In den Jahren in den unteren italienischen Ligen hat Sarri ein taktisches Konzept erarbeitet – und dabei einiges anders gemacht als seine Kollegen. Bereits in Empoli ließ er einen Stil spielen, den man von einem Abstiegskandidaten nicht erwartet hätte, zumal einem italienischen. Empoli verfügte über den geringsten Etat der Liga. Dennoch spielten sie keinen Mauerfußball. Statt sich gegen die Großstadtklubs aus Turin oder Mailand am eigenen Strafraum zu verbarrikadieren, störten sie die gegnerischen Superstars früh und gingen zu einem Angriffspressing über. Statt den Ball lang nach vorne zu bolzen, reihten sie flache Pässe aneinander. Statt über die

Flügel anzugreifen und zu flanken, schufen sie Überzahlen im Zentrum. Statt mit Fünferkette zu agieren, wie es seit Contes Erfolgen die meisten italienischen Teams taten, ließ Sarri mit Viererkette spielen. «Ich mochte früher die Dreierkette. Bis mir klar wurde, dass man mit vier Verteidigern offensiver spielen kann, da die Flügelspieler nicht gezwungen sind, sofort auf Defensive umzuschalten», sagt Sarri. In der Tat verbleiben die vier Verteidiger bei Sarri meist tief, rücken nicht weit nach vorne. Sie sichern die Vorstöße der Mittelfeldspieler ab. Diese können sich dafür wesentlich häufiger bei den eigenen Angriffen einschalten. Sarri ließ sogar mit einer Raute spielen, einer eher offensiven Formation. Empoli spielte offensiven Fußball, der dank überlegtem Pressing auch defensiv funktionierte. Dieser Spielstil mag für einen Abstiegskandidaten unorthodox sein – doch Empoli gelang der Klassenerhalt.

Raute

Als Raute bezeichnet man eine Formation, bei der vier Spieler im Mittelfeld spielen. Diese Mittelfeldspieler reihen sich nicht auf einer Linie auf. Stattdessen formieren sie sich wie die namengebende geometrische Figur, die Raute: Ein Sechser sichert vor der Abwehr ab. Links und rechts vor ihm spielt jeweils ein weiterer Mittelfeldspieler, die sogenannten Achter. Die Spitze der Raute bildet der Zehner, der hinter den Stürmern agiert. Diese Formation ist auf das Spielfeldzentrum ausgerichtet, hat aber mangels Außenstürmern Schwachstellen auf den Flügeln.

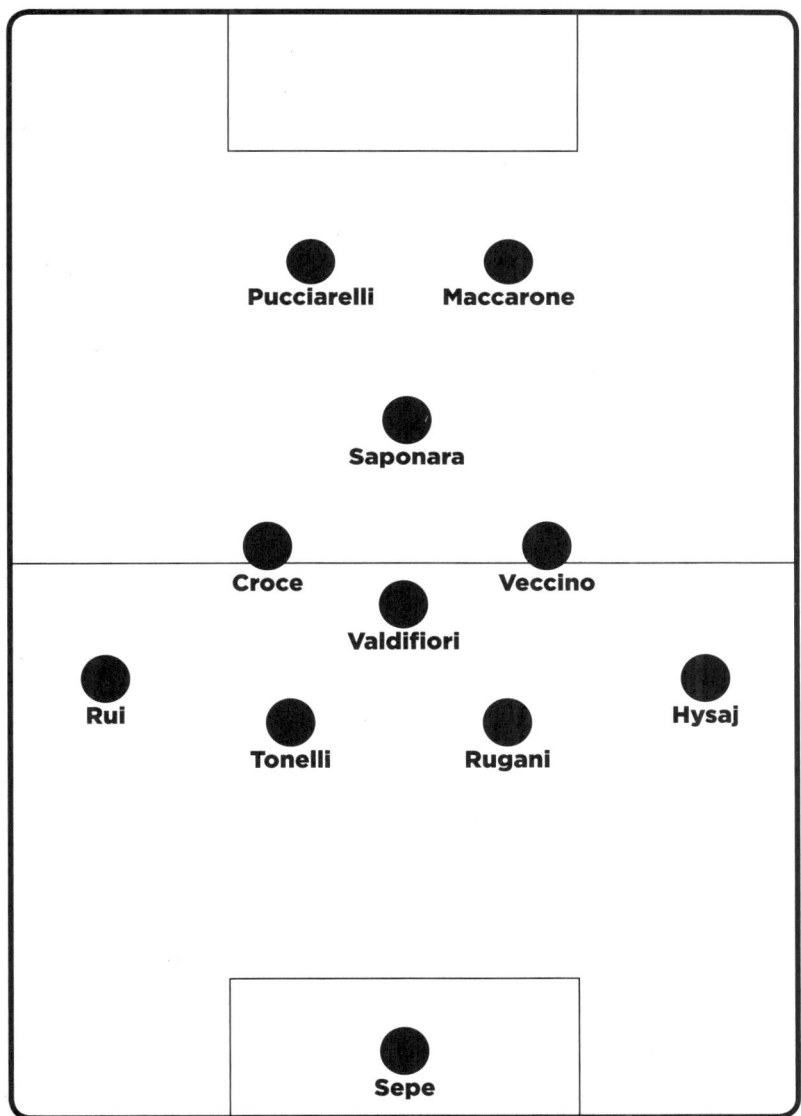

FC Empoli unter Maurizio Sarri, Saison 2014/15

Sarris Zeit in Empoli sollte nur ein Vorgeschmack sein. In Neapel ging er noch einen Schritt weiter: Er wollte einen dominanten, technisch anspruchsvollen, offensiven Fußball etablieren. Sarris Neapel formiert sich in einem 4–3–3-System. Anders, als seine frühe Beeinflussung durch Sacchi vermuten lässt, ist nicht das Pressing sein Steckenpferd. Sarri ist vor allem der Spielaufbau wichtig. Sein Team geht nach den Prinzipien des Positionsspiels vor: Gleichmäßig werden die Zonen besetzt, ständig Dreiecke um den ballführenden Spieler gebildet. Die Mannschaft schafft dabei Überzahlen vor allem in der ersten Linie des Spielaufbaus, also in der Abwehr. Hier möchten sie den Ball laufen lassen. Das Mittelfeld ist – anders als beispielsweise bei Guardiola – eher eine Durchlaufstation und nicht das Herz des Spiels. Mit kurzen Pässen soll die Abwehr das Spiel aufbauen, tief in der eigenen Hälfte.

Wer Sarris Teams das erste Mal spielen sieht, reibt sich verwundert die Augen: Der Ball bleibt durchgehend in Bewegung. Die Verteidiger passen sich ständig den Ball zu, spielen teils drei oder vier Doppelpässe am Stück, selbst wenn kein Gegenspieler in der Nähe ist. Praktisch nie führt ein Verteidiger den Ball am Fuß. Selbst wenn der Gegner früh stört, verfällt Neapel nicht in Hektik. Sie spielen weiter kurze Pässe und versuchen, das Pressing des Gegners ins Leere laufen zu lassen. Das ist im Fußball auf höchstem Niveau eher unüblich, weil es eine sehr riskante Spielweise ist: Ein Ballverlust in der eigenen Hälfte, und der Gegner steht praktisch schon vor dem Tor. Doch Sarri fordert von seinen Spielern dieses riskante, technisch hochwertige Spiel. Seine Teams folgen dem Motto von Sepp Herberger: «Der Ball hat die beste Kondition.»

Tatsächlich stellt Sarri dem Gegner damit eine Falle. Die Idee ist, den Gegner in einen Bereich des Feldes zu locken, am besten weit in Neapels Hälfte. Rückt der Gegner vor, öffnen sich Lücken in dessen Defensive. Diese sollen sofort mit einem vertikalen Pass anvisiert werden. «Der Ball soll so kurz wie möglich in einem Bereich des Spielfeldes sein. Daher müssen meine Spieler das Spiel schnell vertikal gestalten oder nach hinten abspielen.» Immer wieder passen sie den Ball zu den zurückfallenden Mittelfeldspielern, diese spielen ihn mit dem ersten Kontakt zurück. Mit schnellem Ein-Kontakt-Spiel sucht Sarris Mannschaft den Weg nach vorne – vom eigenen Strafraum aus.

Deutsche Fußballfans kennen diese Art Fußball von Mannschaften, die Lucien Favre trainiert hat. Hierzulande bezeichnet man das als «Pass und Klatsch». Die Abwehrspieler passen den Ball nach vorne, die Mittelfeldspieler und Stürmer lassen ihn «klatschen», legen den Ball also mit dem ersten Kontakt zurück. So wird der Ball nach und nach aus der eigenen Hälfte bis hinter die gegnerische Abwehr gespielt. Sarris Napoli treibt diese Art von Fußball ins Extreme, indem die Spieler den Ball ständig laufen lassen. Sie gönnen dem Ball keine Pause – und damit auch dem Gegner nicht. Napolis Spiel ist eine Mischung aus Favres «Pass und Klatsch» und Guardiolas Kurzpass-Spiel; ein Kommentator nannte Sarris Fußball «vertikales Tiki-Taka». Eine recht treffende Beschreibung. Sarris Team spielt viele Pässe, schafft ständig Überzahlen um den Ball – und hat trotzdem wenig gemein mit dem Klischee vom Ballbesitzfußball, der von Querpässen geprägt ist. Neapel orientiert sich immer in Richtung des gegnerischen Tores.

Sarri verlangt von seinen Spielern, dass sie sich immer anspielbar machen, immer am Spiel teilnehmen. Das Konzept mit den vielen Pässen funktioniert nur, wenn der ballführende Spieler konstant mindestens zwei, besser noch mehr

Anspielstationen hat. Damit der Ball nicht nur quer, sondern auch vertikal läuft, müssen sich auch die Mittelfeldspieler und vor allem die Angreifer viel bewegen. Sie müssen die Räume erkennen, die der Gegner öffnet, und das Spiel nach einem vertikalen Pass schnell machen.

Das erklärt auch das wahrscheinlich interessanteste taktische Experiment, das Sarri einging – gezwungenermaßen, muss man sagen. In seiner ersten Saison bei Neapel landete der Klub auf dem zweiten Rang. Einen großen Anteil daran hatte Gonzalo Higuaín, der in 35 Einsätzen unglaubliche 36 Treffer erzielte. Neapels Ballbesitzspiel brachte ihn immer wieder in gute Abschlusspositionen. Doch diese Torquote weckte Begehrlichkeiten, und Higuaín wechselte für schlappe 90 Millionen Euro Ablöse zu Meister Juventus.

Sarri versuchte gar nicht erst, die Lücke zu schließen. Er wusste: Ein Stürmer von vergleichbarer Qualität ließ sich nicht nach Neapel locken. Stattdessen schulte er Dries Mertens um, einen technisch beschlagenen Außenstürmer. Er verfolgte mit Mertens den gleichen taktischen Plan, den Guardiola einst mit Messi durchführte: Mertens lief fortan als falsche Neun auf. Das verstärkte Neapels Fokus auf das Ballbesitzspiel noch einmal, vor allem aber sorgte diese taktische Variante für noch mehr Bewegung in der Offensive. Mertens sowie die Außenstürmer Lorenzo Insigne und José Callejón sind ständig in Bewegung, suchen Lücken hinter der gegnerischen Abwehr. Sie sorgen dafür, dass aus Neapels «Tiki-Taka» ein «vertikales Tiki-Taka» wird.

Dennoch wäre es falsch, Sarri zu einem rein offensiven Ballbesitztrainer zu stilisieren. In Neapel sah er es als seine erste Aufgabe, die Defensive zu stabilisieren. In der Saison vor seiner Ankunft hatte das Team noch 54 Tore kassiert, in Sarris

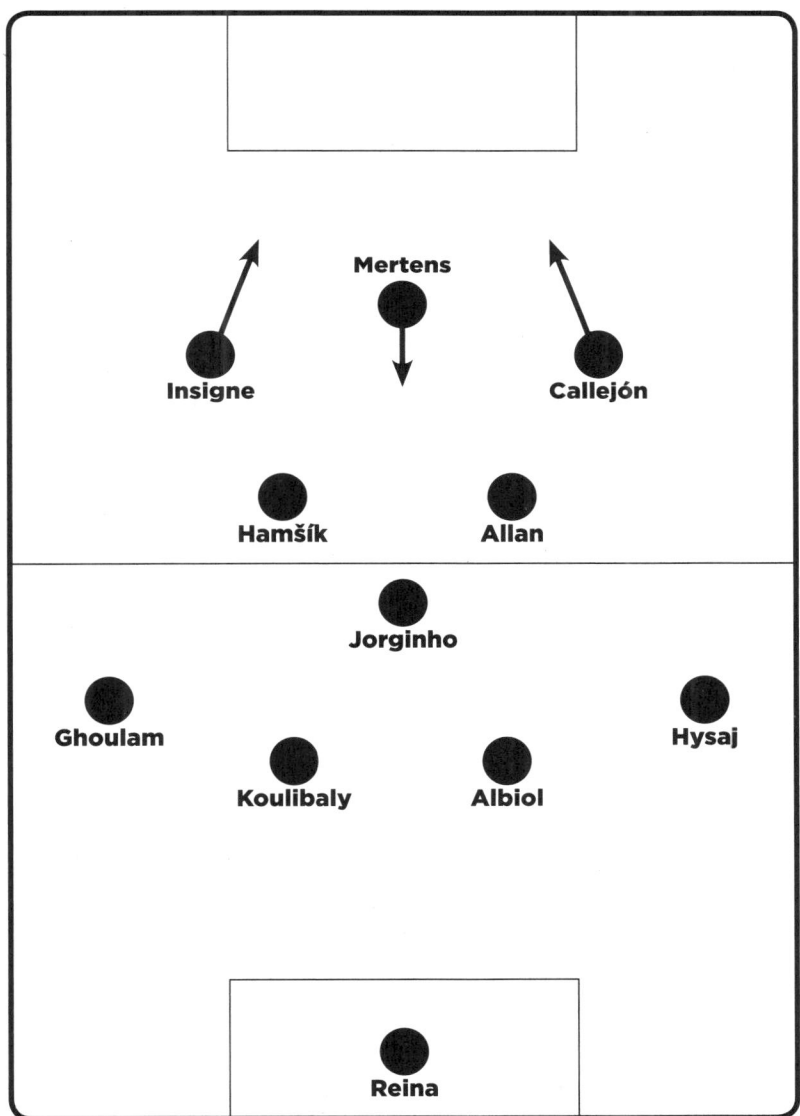

SSC Neapel unter Maurizio Sarri, Saison 2017/18

erstem Jahr waren es nur 32. Seine Anleihen an Arrigo Sacchi sind auch heute noch deutlich zu erkennen: Wie an einer Schnur gezogen verschiebt die Mannschaft über den Platz. Sie wissen ganz genau, wann sie vorne den Gegner stören sollen, wann sie sich zurückziehen müssen, wer in welchem Moment wo zu stehen hat. Sarri mag an seiner Grundsystematik, dem 4–3–3, nicht rütteln. Doch er stellt sich intensiv auf jeden Gegner ein, analysiert, welche Spieler die Schwachstellen sind und wie seine Mannschaft ins Pressing gehen soll.

Um sein Team defensiv zu verbessern, bedient sich Sarri auch technischer Hilfsmittel. Sein Trainerteam war das (meiner Kenntnis nach) erste, das Drohnen während des Trainings einsetzte. Sarris Assistenztrainer Francesco Calzona schrieb seine Abschlussarbeit im Fußballlehrer-Lehrgang zum Thema «Training zur Verteidigung in einer Viererkette». Er schlug darin vor, dass man mit Hilfe von Drohnen das Training aus der Luftperspektive filmen sollte. Mit diesen Bildern lasse sich das taktische Verhalten der Abwehr besser schulen. Calzona setzte diese Idee zusammen mit Sarri in die Praxis um. Im Internet findet man Videos dieser Trainingseinheiten. Die Spieler trainieren nach der Methode des «Schattenspiels» ohne Gegner. Der Ball wird lang nach vorne gespielt, ein Spieler muss im richtigen Moment rausrücken, die anderen sollen absichern. Das funktioniert nur, wenn die Spieler sich exakt nach Plan bewegen, damit zwischen ihnen kein zu großer Raum entsteht. Im Detail zeigt das Video, welche Fehler die Spieler gemacht haben und wie sie sich verbessern lassen; die Perspektive der schwebenden Drohnen macht es möglich. Mittlerweile lassen sich die Videos dank Tablets bereits während des Trainings auswerten, Sarri kann die Spieler somit auf dem Platz mit den Videos konfrontieren. Tatsächlich gibt es wohl kaum ein Team im europäischen Fußball, das eine derart saubere Raumdeckung beherrscht wie Sarris Neapel.

Sarris Spielphilosophie enthält viele Elemente von Cruyffs Positionsspiel, allerdings auch von Sacchis Pressing; zwei Schulen, die sich nicht gegenseitig ausschließen, die allerdings kaum ein Trainer zu mischen vermag. Sarri macht es. Er erwartet sowohl offensiv als auch defensiv taktische Perfektion von seinen Spielern. Die meisten Trainer konzentrieren sich auf einen Bereich. Sarri hat sich selbst diese Restriktion nie auferlegt. Das ist das wahre Kunstwerk, das Sarris Fußball so interessant macht.

Aus dieser breiten Fülle an Ideen ergibt sich der nächste Widerspruch: Sarri hat gar nicht so viel Zeit zur Verfügung, um alle Facetten des Spiels zu perfektionieren. Sein Fußball funktioniert letztlich auch deshalb so gut, weil er eben kein Perfektionist ist. Sarri erwartet von seinen Spielern nicht ausschließlich das starre Einhalten eines taktischen Plans. Das ist der Spagat, den er schafft: Seine Spieler halten sich an die Vorgaben, haben aber auch die nötigen Freiheiten, die für ein technisch anspruchsvolles Spiel notwendig sind. Immer wieder tauschen die Angreifer ihre Positionen, setzen zu überraschenden Dribblings an oder spielen, um es in Fußballdeutsch zu formulieren, Hacke-Spitze-Eins-Zwei-Drei. Damit hat Sarri sich auch selbst verändert: «Ich war früher steifer. Ich war eher geneigt zu glauben, dass Taktik ein absoluter Wert sei. Jetzt weiß ich, dass das Kind in den Spielern niemals ausgeschaltet werden darf. Der spielerische Aspekt, der Aspekt, für den Fußball Fußball genannt wird, darf niemals verdrängt werden. Wenn ein Spieler Spaß hat, macht er das Doppelte, und es ist ein wunderbares Spektakel.»

Unter den Quereinsteigern in den Trainerberuf ist Sarri

also eher ein Exot; andere Trainer ohne Profivergangenheit sind taktisch wesentlich rigoroser und stärker verhaftet in ihren Vorstellungen – siehe Bielsa, Mourinho oder Tuchel. Vielleicht hat die Gelassenheit auch mit Sarris Alter zu tun. Nicht wenige Coaches haben in ihren frühen Trainerjahren klare taktische Vorstellungen, von denen sie nicht abweichen wollen. Mit den Jahren werden sie weniger dogmatisch und sind eher bereit, Kompromisse einzugehen. Jupp Heynckes ist das berühmteste Beispiel. In den Neunzigern war er als Trainer in Frankfurt noch als taktischer Hardliner bekannt, der mit taktisch undisziplinierten Spielern nicht klarkam. Frankfurts Star-Stürmer jener Zeit, Anthony Yeboah, warf er raus, weil der sich weigerte, sich Heynckes' taktischem Regime unterzuordnen. Mittlerweile gilt Heynckes als Prototyp des großväterlichen Freundes seiner Spieler, der taktische Disziplin und Freiheiten für die Spieler harmonisiert.

Sarri tickt hier ähnlich, weiß aber auch, dass offensive Freiheit ohne die nötige defensive Absicherung nicht funktioniert. Doch er betont, wie wichtig Spaß und Spielfreude bei einem guten Training sind. Wenn es bei einem Training nichts zu lachen gäbe, sei es kein gutes Training, so Sarri. Er strahlt die Ruhe eines Heynckes aus, kann aber auch völlig aus sich rausgehen. Higuaín entfaltete auch deshalb unter Sarri solch eine Wucht, weil dieser ihn vor der Saison in Conte'scher Manier zur Rede stellte. Seine ersten Worte an Higuaín waren: «Du bist zu faul. Es ist eine Schande. Wenn du deine Einstellung nicht änderst, wirst du nie der beste Stürmer der Welt sein.» Ein als Beleidigung getarntes Lob.

Richtig greifbar ist Sarri schlussendlich nicht: Er raucht wie ein Schlot, verlangt von seinen Spielern aber vollkommene Fitness. Er flucht wie ein Bauarbeiter – sein Vater war

Kranführer – und wirft auch schon einmal homophobe Beleidigungen um sich. Der italienische Verband bestrafte ihn einst, nachdem er seinen Kollegen Roberto Mancini als «Schwuchtel» beschimpft hatte. Doch seinen Feierabend verbringt er nicht bei einem Bier, sondern am liebsten bei einem teuren Glas Rotwein, während er ein Buch liest. Seine Lieblingsautoren sind Charles Bukowski, John Fante und Mario Vargas Llosa, allesamt große Literaten. Diese Widersprüche gehen sogar in seine Fußballphilosophie über: Er predigt spielerische Freiheit und erwartet taktische Disziplin. Er ist Anhänger von Sacchi *und* von Cruyff. Sarri setzt einfach die Ideen um, die er gut findet.

Und das mit Erfolg. Das kriselnde Neapel führte er in zwei aufeinanderfolgenden Saisons in die Champions League. In der italienischen Liga hat er sie zu einem ernsthaften Meisterkandidaten geformt. Vor allem aber spielen sie einen technisch anspruchsvollen, temporeichen, schlicht schönen Fußball, wie man ihn derzeit nirgendwo sonst zu sehen bekommt. Diese Einschätzung stammt nicht von mir, sondern vom Übervater des modernen Ballbesitzspiels, Pep Guardiola. Die zwei Duelle, die sich Neapel und Manchester City 2017 in der Champions-League-Gruppenphase lieferten, zeigten Fußball auf einem technisch und taktisch neuartigen Niveau: Beide Teams störten sich gegenseitig auf dem ganzen Feld, dennoch suchten sie stets die spielerische Lösung – und kamen damit auch noch durch. Selten zuvor gab es Duelle im Fußball, bei denen beide Mannschaften so viele gelungene Kombinationen und Passstafetten zeigten. Pep Guardiola gewann beide Duelle, doch adelte Sarris Team: «Wir haben eines der besten Teams geschlagen, gegen das ich je gespielt habe, vielleicht sogar das beste.»

Sarri wies die Lobeshymnen seines Kollegen sofort von sich. Ihm war der Vergleich mit Guardiola fast schon peinlich. «Ich kann mich nicht mit Guardiola vergleichen, diesem heiligen Monster.» Sarri wollte sich wieder einmal in keine Schublade stecken lassen. Das kann man auch gar nicht. Sarri ist von allem etwas: ein Offensivgeist, ein Defensivfuchs, ein Spielerversteher, ein Schleifer, ein Laptoptrainer, ein Typ. Gut möglich, dass sich davon in der Zukunft nicht nur die Italiener überzeugen können. Sarri deutete bereits an, auch einmal im Ausland arbeiten zu wollen. Egal, wo er hingeht: Er wird Experten und Fans vor ein Rätsel stellen, ein wunderschönes Rätsel.

KAPITEL 7

Peter Bosz

«Klar, wir wollen gewinnen. Aber wir wollen auch die Fans unterhalten. Sie wollen Messis und Ronaldos sehen, keine Spielzerstörer, wie ich einer war.»

Als junger Mensch vergisst man manchmal, wie schwierig es früher war, an Informationen zu gelangen. Wer heute irgendetwas wissen will, kann Google benutzen. Einen Überblick über die Karriere von Jogi Löw verschaffen? Klick! Ein Spiel von Jürgen Klopp aus seiner Zeit als Dortmund-Trainer anschauen? Klick! Ein Interview mit Antonio Conte in einer italienischen Zeitung recherchieren und direkt übersetzen? Klick! Es gibt nur wenig Dinge, die sich nicht im Netz finden lassen.

In den Zeiten vor dem Internet war es mit leidlich viel Arbeit und Zeitaufwand verbunden, an Informationen zu kommen. Dementsprechend beeindruckend ist die Aktensammlung, die Peter Bosz und seine Freunde über Johan Cruyff angelegt haben: mehrere dicke Ordner, voll mit Zeitungsschnipseln aus allen großen niederländischen Gazetten. Wann immer etwas über Cruyff geschrieben wurde, schnitten sie den Artikel aus und hefteten ihn fein säuberlich ab. Heraus kam die wohl größte analoge Sammlung mit Berichten über Hollands Jahrhundertfußballer.

Wieso taten sie das? Bosz, geboren 1963, klebte als kleiner Junge wie alle seine Freunde am Fernseher, als Ajax Amsterdam und die holländische Nationalmannschaft den «Voetbal total» zelebrierten. Er sah zu, wie Ajax drei Landesmeistertitel gewann, er verfolgte gespannt, wie Cruyff bei der Weltmeisterschaft 1974 groß auftrumpfte und erst im Finale von Deutschland gestoppt werden konnte. Für Bosz wurden diese Teams, wie für viele seiner Landsleute, ein Teil seiner Identität. Und Cruyff sein größter Held.

Über beinahe jedem Kapitel dieses Buchs schwebt der Geist von Johan Cruyff. Die Entwicklung, die er beim FC Barcelona angestoßen hat, beeinflusste direkt oder indirekt beinahe alle Trainer, die in diesem Buch vorkommen. Der Voetbal total, das Positionsspiel, die systematische Ausbildung von Talenten: Cruyff stieß zahllose wichtige Entwicklungen an. Die hier porträtierten Trainer veredelten diese Ideen mit ihrem Wirken. Auf wohl keinen Trainer hatte Cruyff jedoch einen derart intensiven Einfluss wie auf Peter Bosz. Ja, Pep Guardiola war Cruyffs Protegé. Doch Bosz war schon ein «Cruyffista», als Guardiola noch in der Jugendabteilung des FC Barcelona kickte.

Die sozialen Medien haben einen Begriff für Bosz' Verhältnis zu Cruyff: Fanboy. Als Cruyff 1981 nach mehreren Jahren im Ausland sein Comeback als Trainer bei Ajax feierte, kaufte sich Bosz eine Saisonkarte für alle Heimspiele des Klubs. Bosz' eigene Profikarriere steckte zu dieser Zeit noch in den Kinderschuhen, er feierte sein Debüt für den holländischen Erstliga-Klub Vitesse aus Arnheim. Das hielt Bosz nicht davon ab, jedes Wochenende die 100 Kilometer von Arnheim nach Amsterdam zurückzulegen, um Cruyff spielen zu sehen. Er wollte kein Spiel verpassen. Mit seinen Freunden füllte er die Aktenordner immer weiter. Später sollte einer von Bosz' Freunden sogar ein Werk mit gesammelten Zitaten von Cruyff herausbringen.

Bosz' Faszination für Cruyff erscheint auf den ersten Blick nicht allzu sonderbar. Viele junge Talente eifern ihren großen Fußballidolen nach. Hinter Bosz' Obsession steckten aber andere Motive. Ja, er liebte Cruyffs Spiel. Doch vor allem war er fasziniert von dessen Persönlichkeit: seine Eigenart, den Fußball auf intellektuelle Art zu betrachten, sein Mut, kein Blatt vor den Mund zu nehmen. Cruyff war ein Fußballrevolutionär, der rauchte und trank, der Autoritäten in Frage stellte. Vor allem aber war er ein Mann, der den Fußball neu dachte. Zunächst als Spieler, als er sich wie ein Freigeist über den Platz bewegte und zusammen mit seinen Mitspielern die alten Prinzipien des Fußballs über den Haufen warf. Man soll auf den Gegner am eigenen Strafraum warten? Cruyff und seine Mitspieler störten den Gegner schon in dessen Hälfte! Man soll seine Position halten? Cruyff und seine Mitspieler bewegten sich frei durch den Raum, tauschten immer wieder die Positionen. Später als Trainer entwickelte Cruyff diese Ideen weiter. Dabei brach er immer wieder mit den Konventionen des Fußballs. Bosz eiferte nicht dem Fußballer Cruyff nach. Er wusste genau: Dazu fehlt ihm als knorriger Mittelfeld-Abräumer das Talent. Bosz wollte von Cruyff lernen, wie der Fußball funktioniert: Offensive, Defensive, Strategie, Taktik, Mentalität. Denn noch ehe seine Spielerkarriere begonnen hatte, war Bosz bereits klar: Eigentlich möchte er Trainer werden.

«Mit 15 oder 16 Jahren wusste ich bereits, dass ich Trainer werden möchte. Mit 19 hatte ich schon meine Trainerlizenzen», verriet Bosz den *Ruhrnachrichten*. Ihm war immer klar: Sein volles Potenzial kann er erst als Trainer entfalten. Das ist eine ungewöhnliche Einsicht für einen 16-Jährigen, zumal für einen, der mit Feyenoord später vier Titel gewann und der für Hollands Nationalelf acht Spiele bestritt. Bosz nahm sogar an der Europameisterschaft 1992 teil und kam mit Feyenoord mehrmals bis ins Halbfinale des Europapokals der Pokalsieger. Er war vielleicht kein Cruyff, doch seine Spielerkarriere war dennoch bemerkenswert. Aber das war Bosz nicht genug. Er wollte zu den Allerbesten gehören, und das konnte er als Spieler nicht schaffen – das konnte er nur als Trainer.

Bosz' erste Karriere als Spieler war in erster Linie eine lange Vorbereitung auf seine zweite Karriere als Trainer. Schon früh war es ihm wichtig, die Freiheit zu haben, auch unbequeme Wege gehen zu können. Bei seiner ersten Station als Profi in Arnheim kam es daher zum Streit mit den Verantwortlichen des Klubs: Nach Vertragsende verlangte Vitesse eine hohe Ablöse für Bosz. Damals war das üblich. Erst das sogenannte Bosman-Urteil im Jahr 1995 kippte die Praktik, dass Vereine auch nach Vertragsende noch Ablöse für ihre Spieler verlangen durften. Bosz empfand das als unfair, er wollte nach Ablauf seines Vertrags selbst bestimmen, wohin er wechselt. Statt das finanziell magere Angebot anzunehmen, das Arnheim ihm für eine Vertragsverlängerung vorschlug, gab er seinen Status als Profispieler auf und kickte fortan in der niederländischen Amateurliga. Mit Hilfe eines Kredits von Freunden und Verwandten kaufte er dem Klub ein Jahr später die Ausstiegsklausel ab. Danach achtete Bosz penibel darauf, eine möglichst geringe Ablöse oder eine Ausstiegsklausel in seine Verträge zu schreiben, lange bevor dies Usus wurde. Bosz erkaufte sich die Freiheit, dorthin zu wechseln, wohin er wollte. Die Zeitung *Vrij Nederland* schrieb damals, Bosz sei «ein Fußballer mit mehr Verstand als Ehrgeiz». Es war als Lob gemeint.

Seine Stationen wählte Bosz sorgsam aus. Er wollte nicht nur auf hohem Niveau spielen, sondern auch unterschiedliche (Fußball-)Kulturen kennenlernen. So kickte er unter anderem für Sporting Toulon (Frankreich), JEF United (Japan) und Hansa Rostock. Die Faszination für die Spielweise von Cruyffs Hausklub Ajax Amsterdam ließ ihn derweil auf keiner seiner Stationen los, nicht einmal bei Feyenoord Rotterdam, Ajax' größtem Rivalen. Louis van Gaal war zu dieser Zeit Trainer in Amsterdam. Van Gaal verfolgt eine ähnliche Philosophie wie Cruyff, nur mit noch rigoroserem Positionsspiel und weniger individueller Freiheit für die einzelnen Spieler. Damit führte er Ajax Anfang der Neunziger an die europäische Spitze. Wenn Bosz nicht in Rotterdam trainierte, nutzte er seine freie Zeit, um nach Amsterdam zu reisen. Hier schaute er sich van Gaals Training an und war beeindruckt; ein derart systematisches Ballbesitztraining kannte er aus Rotterdam nicht. Bosz notierte sich sämtliche Übungen, die er sah, in einem Notizheft.

Dieses Notizheft trug er auch bei sich, als er für die holländische Nationalmannschaft nominiert war. Nationaltrainer Rinus Michels hatte in den Siebzigern die legendäre Ajax-Elf trainiert, seine Worte hatten für Bosz hohes Gewicht. Er hörte bei seinen Vorträgen genau hin. «Einmal sagte er vor einem Spiel: Wir müssen verteidigen! Dann hat er gesagt: Wo spielen die besten Verteidiger der Welt? In Italien! Warum sind die Italiener die besten Verteidiger? Dann hat Michels bis ins kleinste Detail erklärt, warum das so ist. Beeindruckend! … Ich bin danach auf mein Zimmer gegangen, habe mir meinen

Notizblock geholt und habe alles aufgeschrieben», erzählte Bosz Jahre später den *Ruhrnachrichten*. Die Notizen hat er bis zum heutigen Tage aufbewahrt.

Seine Trainerkarriere startete Bosz im Jahr 2000. Wieder einmal ging er nicht den Weg des geringsten Widerstandes. Statt wie damals im holländischen Fußball üblich als Trainer einer Jugendmannschaft zu beginnen, verschlug es ihn zurück zu den Amateuren. «Ich wollte meinen Beruf von Grund auf lernen. Als Trainer begann ich bei den AGOVV-Amateuren, wo ich alles selber arrangieren und aufbauen musste. Mann, habe ich dort viel gelernt!», sagte Bosz Jahre später dem *Algemeen Dagblad*. Doch der Sprung vom Spieler zum Trainer fiel ihm weniger leicht als erwartet. «Anfangs habe ich jedes Mal gehofft, dass ein Spieler nicht mitmachen kann. Weil ich dann wieder mitspielen konnte.» Sein Anspruch an sich selbst war in der frühen Phase der Karriere hoch – wahrscheinlich zu hoch. Er wollte unbedingt ein besserer Trainer als Spieler werden. Er arbeitete wie ein Besessener, teils bis halb vier Uhr in der Früh analysierte er sein Team. «Wenn ich eine Mannschaft gehabt hätte, die nur bei Sonnenschein gut spielen würde, hätte ich mich jeden Tag maßlos über eine schlechte Wettervorhersage geärgert. Sie hätte mich richtig wütend gemacht!» Er musste erst lernen, sich auf die wesentlichen Dinge zu fokussieren. Ein Sportpsychologe half ihm dabei.

Bosz setzte seine Karriere bei kleineren niederländischen Profiklubs fort. 2006 wagte er (mal wieder) einen unerwarteten Schritt: Gerade als seine Trainerkarriere richtig anlief, nahm er einen Posten bei Feyenoord an – als technischer Direktor. Bosz entzog sich der täglichen Arbeit auf dem Trainingsplatz – eine wichtige Entscheidung, wie er später sagte. In dieser Zeit konnte er sich auf den Aufbau von Strukturen fokussieren. Nebenbei fand er Zeit, sich mit Journalisten und Spielern zu treffen, sich mit Psychologen und Sportwissenschaftlern auszutauschen, auch mal anderen Trainern bei der Arbeit über die Schulter zu schauen.

Besonders ein Trainer hatte es ihm angetan: Pep Guardiola. Das war keine große Überraschung. Als Jünger Cruyffs hatte er sich genau überlegt, wie er dessen Werk als Trainer fortsetzen könne. Umso aufmerksamer studierte er Guardiolas Barça-Mannschaft. Er schaute sich an, wie Guardiola Cruyffs Positionsspiel weiterentwickelte. Nie wäre er auf die Idee gekommen, das Positionsspiel mit einem derart aggressiven Nachsetzen zu verbinden, aber er sah: Es funktionierte. Bosz traf sich mit Mitarbeitern aus Guardiolas Trainerstab, um mehr über dessen Philosophie zu erfahren, und ihm wurde klar: Ohne ein aggressives Pressing und Gegenpressing funktioniert das Positionsspiel im 21. Jahrhundert nicht.

Bosz' Engagement bei Feyenoord endete 2010, als er sich mit dem Vorstand zerstritt. Nun wollte er unbedingt zurück ins Trainergeschäft. Er heuerte beim kleinen Erstliga-Verein Heracles Almelo an. Dem Abstiegskandidaten verordnete er eine abgespeckte Version des Positionsspiels: Ballbesitz in Maßen, auch mal mit langen Bällen, wenig Pressing. Interessant war, dass Bosz bei Heracles nicht in Schubladen dachte. So ließ er seine Mannschaft häufig ein 3–4–3 spielen – eine Formation mit Dreierkette also, zu einer Zeit, als praktisch niemand im europäischen Fußball mit Dreierkette spielte. Bosz führte den Klub zweimal zum Klassenerhalt. Nebenbei entwickelte er seine Fußballphilosophie weiter. Ein wichtiger Wegbegleiter sollte fortan Albert Capellas werden. Er war Assistenztrainer bei Heracles, als Bosz dorthin wechselte. Capellas hatte zuvor jahrelang in der Jugendabteilung des FC Barcelona gearbeitet, kannte die Philosophie des Positionsspiels in- und auswendig. Capellas und Bosz inspirierten sich gegenseitig mit ihren Ideen.

Bei seiner nächsten Station, dem holländischen Mittelklasse-Verein Vitesse Arnheim, ging Bosz einen Schritt weiter: Er installierte ein typisch niederländisches 4–3–3-System, das nach allen Maßstäben des Positionsspiels funktionierte: Die Spieler waren angehalten, die Zonen richtig zu besetzen, der Ball sollte so lange in den eigenen Reihen laufen, bis sich eine Lücke im gegnerischen System auftat. Dominanz war das Ziel, kurze, schnelle Pässe das Mittel der Wahl. Vitesse hatte hohe Ballbesitzwerte, störte den Gegner früh und war in der Lage, selbst qualitativ stärkere Gegner zu dominieren. Nur gewinnen konnten sie in der ersten Saison nicht. Ungeduldige Fans hielten bei einem Spiel ein Schild hoch, auf dem in großen Lettern stand: «70 % BALBEZIT, 0 % RESULTS.» Selbst ohne Kenntnisse der niederländischen Sprache lässt sich die Unmutsbekundung der Fans leicht entziffern.

Bosz ließ sich nicht beirren. Ein paar Niederlagen sollten ihn nicht von seiner Philosophie abbringen. Bei Vitesse hatte er zudem das Gefühl, die Mannschaft verstehe, was er von ihr verlangt. Allein die Chancenverwertung stimmte nicht. «Ich wusste, wir spielen gut. Wir hatten keine Zweifel daran. Wenn wir etwas anderes ausprobiert hätten, wären unsere Chancen auf Erfolg geschrumpft.»

Bosz behielt recht. Die Ergebnisse kamen mit der Zeit. Er führte Arnheim in die oberen Ränge der Liga. Es war der Spielstil, den seine Mannschaft so besonders machte: Sie ließen den Ball schnell durch die eigenen Reihen laufen, hielten ihre Positionen, wussten zu kombinieren. Selbst gegen die großen niederländischen Klubs aus Amsterdam, Rotterdam oder Eindhoven blieb sich Bosz treu und versuchte, den Gegner zu dominieren. Vitesse avancierte zum Geheimtipp unter Taktiknerds.

Im Januar 2016 wagte Bosz (erneut) einen Schritt, der sich Außenstehenden auf den ersten Blick nicht erschloss: Bosz verließ Vitesse mitten in der Saison. Zu dieser Zeit stand sein Klub auf einem starken fünften Rang. Sein neues Ziel lautete Israel, Bosz heuerte bei Maccabi Tel Aviv an. Warum wechselte er aus der niederländischen Eredivisie in die bedeutungslose israelische Ligat ha'Al? Die Antwort war simpel: Der Mann, der ihn nach Tel Aviv lockte, war Jordi Cruyff, Sohn von Bosz' großem Vorbild Johan Cruyff. Bereits seit langem wollte Jordi Cruyff den aufstrebenden Trainer zu sich an die Mittelmeerküste lotsen. Er hatte aus der Ferne beobachtet, was für einen Fußball Bosz' Mannschaften spielten, und erkannte viel von dem, was ihn sein Vater gelehrt hatte. Bosz war zunächst nicht überzeugt. Aus Holland nach Israel wechseln, jetzt, wo es gerade gut für ihn lief?

Jordis größtes Verhandlungspfand war sein Vater. Johan besuchte seinen Sohn häufig, schaute bei Maccabis Training zu und mischte sich auch manches Mal in die tägliche Arbeit ein. Bosz arbeitete nun seit über dreißig Jahren als Spieler und Trainer im holländischen Fußball. Sein Idol hatte er bis zu diesem Zeitpunkt nur einmal getroffen, für wenige Minuten sprachen sie am Rande einer Veranstaltung – nicht allzu ausführlich. Bosz nahm Jordis Angebot an. In Tel Aviv tauschte er sich ausgiebig mit Vater und Sohn aus. Johan, zu jener Zeit schon schwer von Lungenkrebs gezeichnet, besuchte seinen Sohn häufig. Zwei Wochen vor seinem Tod reiste er das letzte Mal nach Israel und verbrachte eine ganze Woche mit Jordi und Bosz. Zu dritt philosophierten sie über Fußball. «Als er nach Israel kam und ich eine Woche lang mit ihm sprechen konnte, war es das Größte für mich», sagte Bosz. «Ich habe in einer Woche mehr über den Fußball gelernt als in den zehn Jahren zuvor.»

Mit neuem Wissen ausgestattet, kehrte Bosz ein halbes Jahr später nach Holland zurück. Zur Saison 2016/17 übernahm er Ajax Amsterdam. Bosz hatte nie für Ajax gespielt, noch nie in Amsterdam gelebt. Dennoch fühlte es sich wie eine Heimkehr an: Er, der vielleicht größte Anhänger von Cruyffs Theorien, sollte dem Klub zu neuem Glanz verhelfen. Das war auch bitter nötig. Nach den Erfolgen Mitte der Neunziger unter van Gaal dümpelte Ajax Amsterdam zwanzig Jahre lang im Nirgendwo des europäischen Fußballs umher. Ausgerechnet Cruyff hatte einen nicht unwesentlichen Beitrag dazu geleistet: 2011 übernahm er die Geschicke des Klubs. Er hatte keinen offiziellen Titel, arbeitete aber praktisch als Ajax' Sportdirektor mit weitreichenden Kompetenzen, besonders bei der Besetzung von Trainerposten und in der Jugendarbeit. Cruyff zerstritt sich nach kurzer Zeit mit dem Aufsichtsrat. Dieser wollte ihm als Korrektiv eine weitere Ajax-Legende an die Seite stellen: Louis van Gaal, Cruyffs Intimfeind. Es folgte ein erbitterter Streit, ausgefochten über Satzungsänderungsanträge und Gerichtsverfahren. Der Zwist lähmte den Klub über Jahre.

Fast noch schlimmer war, dass Cruyff bei Ajax eine Arbeitskultur geschaffen hatte, die man nur als rückwärtsgewandt bezeichnen kann. Der Klub war fest in den Händen von Ex-Ajax-Legenden. Wer nie für Ajax gespielt hatte, hatte keine Chance, einen Job zu erhalten. Cruyffs frühere Spieler sollten seine Philosophie fortführen. Während sich Deutschland, Spanien und Italien für Trainer öffneten, die keine große Profikarriere vorzuweisen hatten, ging Ajax den anderen Weg. Der Klub erstarrte in Streitereien und war aufgrund der inzestuösen Strukturen unfähig, sich selbst zu erneuern. Vom einst so schnellen und dominanten Positionsspiel waren nur noch Versatzstücke übrig. Ajax gewann zwar Spiele, gar holländische Meistertitel. Doch auf dem Weg dahin langweilten sie ihre Fans mit 1:0-Siegen zu Tode. Der biedere Stil mochte national funktionieren, international war er jedoch nicht mehr zeitgemäß. Ajax scheiterte regelmäßig früh in den internationalen Pokal-Wettbewerben.

Bosz schnitt die alten Zöpfe ab. Ausgerechnet ein ehemaliger Spieler von Intimfeind Feyenoord erfand das Ajax-Spiel neu. Die Fans verziehen Bosz seine Vergangenheit beim Rivalen schnell, denn sie spürten: Dieser Mann verkörpert den Ajax-Fußball stärker als jeder andere Trainer der vergangenen zwanzig Jahre. Es waren nicht die Ergebnisse, es war das Wie, das Ajax von früheren Zeiten träumen ließ: Ein ausgeklügeltes Positionsspiel gepaart mit einem wahnwitzig aggressiven Pressing – so etwas hatte man in Amsterdam lange nicht mehr gesehen.

Bosz' Wirken bei Ajax war auch der lange Endpunkt einer persönlichen Suche: Hier hatte er seine Fußballphilosophie endgültig vollendet. Ähnlich wie Guardiola verbindet Bosz das Positionsspiel niederländischer Prägung mit einem aggressiven Gegenpressing. Der Unterschied ist, dass Bosz Aggressivität und Tempo stärker betont als sein spanischer Kollege. Die Spieler sollen sich schon bei Ballbesitz nicht zu weit von ihren Gegenspielern entfernen, um im Falle eines Ballverlustes sofort nachsetzen zu können. Pässe sollen entweder sicher zum Nebenmann gespielt werden oder so, dass sie mehrere Linien überqueren, direkt von der Abwehr in den Angriff. Somit besteht weniger Gefahr, den Ball im Spielaufbau in einer ungünstigen Position zu verlieren. Dazu ist Bosz' Positionsspiel noch etwas rigoroser, etwas stärker auf die Breite des gesamten Feldes bedacht. Die Verteidiger sollen den Ball entweder direkt in die Spitze spielen oder aber auf die Flügel. Hier schafft Bosz' Team eine Überzahl.

Das Verhalten nach Ballverlusten ragt selbst im pressingverliebten modernen Fußball heraus. Die Spieler gehen sofort zum Nachsetzen über, decken den Gegenspieler, der ihnen am nächsten steht. Die Abwehr verharrt nicht in ihrer Position, sondern rückt direkt nach vorne, bis an die Mittellinie. Damit entsteht eine moderne Version der Abseitsfalle, die die niederländische Nationalmannschaft in den Siebzigern erfunden hat. Ajax' Verteidiger sollen den Gegner nicht nur ins Abseits stellen, sie sollen ihm den Raum zum Kombinieren nehmen. Binnen fünf Sekunden nach Ballverlust kann Ajax von der breiten Spielanlage, bei der die Spieler den gesamten Platz besetzen, auf eine ultrakompakte Defensive umschalten. Den Gegner auseinanderziehen, sich nach Ballverlusten sofort wieder zusammenziehen: Bosz verlangt viel Laufarbeit von seinen Spielern, meistens im Vollsprint. Ausruhen können sie sich höchstens, wenn der Ball im Aus ist.

Abseitsfalle
Die Abseitsfalle ist ein taktisches Element, das es bereits seit den 1920er Jahren gibt. Die Verteidiger rücken urplötzlich und zeitgleich nach vorne, um einen gegnerischen Stürmer ins Abseits zu stellen. Dabei kommt es vor allem auf den Überraschungseffekt und auf die kollektive Ausführung des Herausrückens an. Heutzutage nutzen nur wenige Teams dieses riskante Manöver.

Bosz hatte feste Vorstellungen, welche Spielertypen seiner Ajax-Mannschaft angehören sollen: Die Innenverteidiger mussten spielstark sein, sollte der Spielaufbau doch bereits bei ihnen beginnen. Die Mittelfeldspieler sollten sich nicht zurückfallen lassen, sondern ihre Position im Mittelfeld halten. Nur so konnten sie Defensive und Offensive verbinden, nur so konnten sie beim Gegenpressing in der gegnerischen Hälfte helfen. «Das Mittelfeld ist der Schlüssel für mich. Es ist das Metronom», so Bosz. Der Stürmer musste Bälle halten und ablegen können, aber auch schnell in die Spitze starten, sobald Ajax die erste Linie überspielt hat. Bosz machte keine halben Sachen. Manche Ajax-Spieler waren fußballerisch nicht geeignet für seinen Stil, andere waren nicht willens, das körperlich intensive Gegenpressing auszuführen. Bosz krempelte die gesamte Mannschaft um, setzte arrivierte Leistungsträger auf die Bank und beförderte Jugendspieler in die erste Elf.

Bosz' Spiel ist komplex und für die Spieler nicht einfach zu entziffern. Als Ajax bereits in der Qualifikation zur Champions League mit einem 1:4 gegen den russischen Klub Rostov scheiterte, meldeten sich die Kritiker zu Wort. Bosz' System funktioniere nicht, es sei zu naiv, seine Spieler seien dafür nicht geeignet. Bosz ließ sich nicht beirren, er suchte weiter nach der richtigen Elf. Es dauerte zwei Monate, doch er fand sie. Die Spieler waren im Durchschnitt keine 25 Jahre alt. Ajax kam ins Rollen. Von September bis November verloren sie kein einziges Spiel, mauserten sich in der Liga bis auf Platz zwei.

Zwar hielt Bosz an dieser ersten Elf fest. Doch nach einer Niederlagenserie im Dezember begann er, das Personal stärker durchzuwechseln. Auch dies ist Teil von Bosz' Philoso-

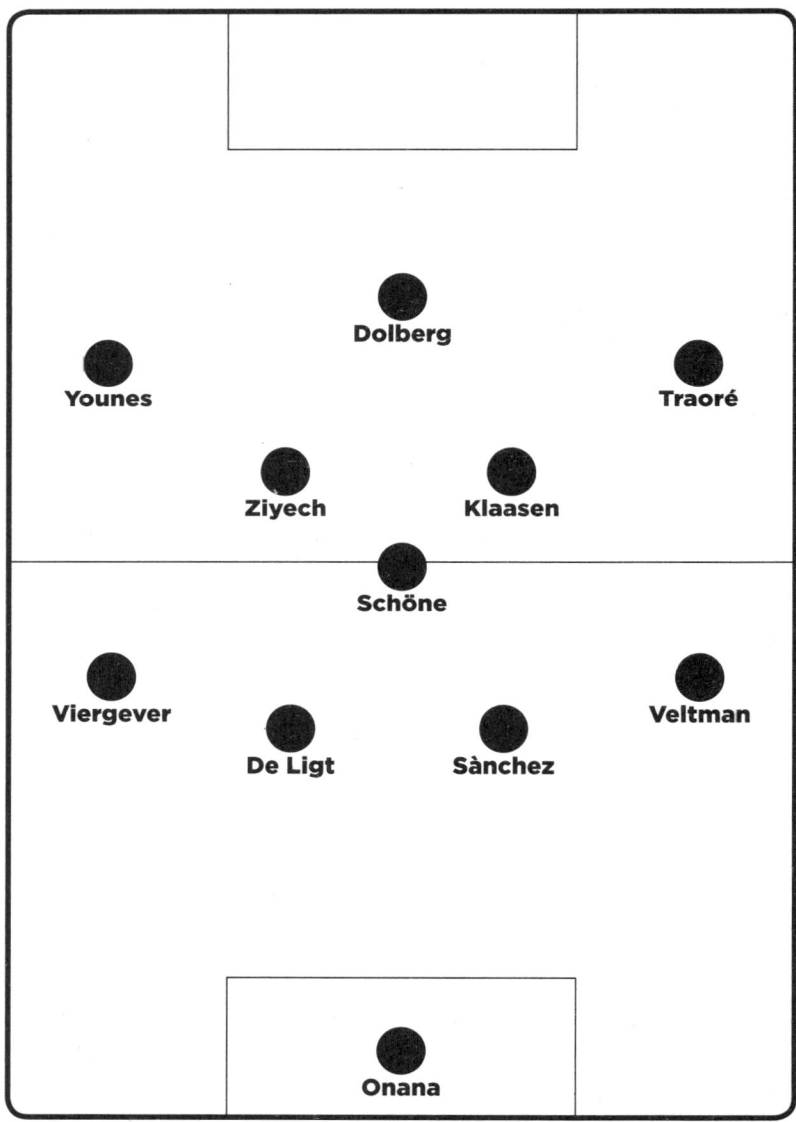

Ajax Amsterdam unter Peter Bosz, Saison 2016/17

phie. Er weiß, er verlangt mit seiner aggressiven Spielweise viel von den Spielern. Penibel achtet er darauf, dass die Spieler keiner Überbelastung ausgesetzt werden. Eine zu hohe Belastung steigere das Verletzungsrisiko, doziert er gerne. Mit Schrecken erinnert er sich an seine Zeit als Spieler zurück, als das Wort «Belastungssteuerung» nicht einmal erfunden war. Bosz gibt Spielern, die am Rande der Erschöpfung sind, auch schon einmal mitten in der Saison ein paar Tage frei. Um festzustellen, wie müde seine Spieler sind, nutzte Bosz eine Zeitlang ein System, das Hirnströme misst. Anhand bestimmter Neuronenverbindungen lässt sich die geistige Frische eines Sportlers bestimmen. Meldet das System zurück, die Synapsen arbeiten zu langsam, bekommen die Spieler eine Pause. Auch Speichelproben werden ausgewertet, um den Anteil von Stresshormonen zu überprüfen.

Belastungssteuerung
Belastungssteuerung ist ein Modewort im Fußball. Im Endeffekt bedeutet es schlicht, dass ein Trainer die Belastung seiner Spieler so steuert, dass sie möglichst nicht körperlich ermüden. Studien weisen nach, dass erschöpfte Spieler ein höheres Risiko haben, Muskelverletzungen zu erleiden. So werden heutzutage Laktat- und Blutwerte gemessen, um festzustellen, wie erschöpft ein Spieler ist. Manche Trainer reduzieren die Intensität ihres Trainings für einzelne Spieler, wenn diese am Ende ihrer Kräfte sind. Manche Trainer lassen ihre erschöpften Spieler auch ein Spiel lang aussetzen.

Trotz Rotation reichte es schließlich nicht ganz zum Liga-Titel. Mit 81 Punkten hatte Bosz am Ende der Saison aber eine starke Bilanz vorzuweisen. Ajax' Leistungen in der Europa League erregten auch international Aufsehen. Erstmals seit den Neunzigern erreichte das Team das Finale eines europäischen Wettbewerbs. Auf dem Weg dahin besiegten sie unter anderem den FC Kopenhagen, Schalke 04 und Olympique Lyon. Die heimische Amsterdam Arena wurde zur Bastion. Hier gewannen sie alle sieben Spiele mit einem Torverhältnis von 15:3. Im Finale kam es dann zum Aufeinandertreffen mit einem Trainer, der gar keinen größeren Kontrast bilden könnte zu Bosz: Ajax traf auf Manchester United, trainiert von José Mourinho. Während Bosz auch im Finale an seiner Strategie festhielt, setzte Mourinho auf negativen Fußball. Seine United-Mannschaft verbarrikadierte sich in der eigenen Hälfte, stellte die Passwege zu und lenkte das Spiel auf Ajax' schlechtesten Passspieler. Mourinho triumphierte. Sein Satz, es gäbe viele Dichter im Fußball, diese gewännen aber keine Titel, war mit Sicherheit auch auf Bosz gemünzt.

Bosz sieht die Niederlage anders als sein portugiesischer Kollege. Im Interview mit dem *Algemeen Dagblatt* führt er aus: «Wir haben das Finale verloren, und wie haben die Leute reagiert? ‹Naiv von Bosz. Hatte keinen Plan B.› Ich kann da nur lachen. Was hätte Plan B sein sollen gegen Mourinho? Sollen wir alle Werte über Bord werfen, die uns ins Finale geführt haben, nur um Heiko Westermann Fellaini decken zu lassen? [Westermann war der größte Ajax-Spieler zu jener Zeit, aber auch spielschwächer als seine Kollegen.] Was sie getan haben, war, den Ball lang auf Fellaini zu schlagen. Wie oft sind sie damit gefährlich vor unser Tor gekommen? Ich glaube, nicht einmal. Sie haben zu Recht gewonnen, aber: Das erste Tor erzielten sie nach einem Einwurf. Das 2:0 fiel nach einer Ecke. Danach haben sie sich zurückgezogen, und wir konnten ihre Mauer nicht knacken. Was hätte Plan B sein sollen? Den Ball lang nach vorne schlagen gegen eine Defensive, die aus Riesen besteht?» Ob die Partie seine Einstellung zum Fußball verändert habe? «Nein, null.»

Bosz kennt bei seiner Grundphilosophie keine Kompromisse. Hoher Ballbesitz, ein breit angelegtes Positionsspiel, aggressives Gegenpressing, eine offensive Denkweise: Bosz würde nie von diesen Idealen abweichen. Trainer wie Löw, Sarri oder Tuchel arbeiten zwar ebenfalls eher ballbesitzfokussiert, wagen es in einzelnen Spielen aber auch mal, ihre Mannschaft mit einer tiefen Defensive auf Konter spielen zu lassen. Bosz ist so ein Ansatz völlig fremd. Selbst in einem Europa-League-Finale gegen ein Team, das über das zehnfache Budget verfügt, soll seine Mannschaft das Spiel dominieren. Das kann man als konsequent bezeichnen. Man kann sich aber auch Marcelo Bielsas Einschätzung ins Gedächtnis rufen: «Eine der größten Stärken eines Trainers sollte seine Flexibilität sein, in anderen Worten: Er sollte sich nicht in seine eigene Idee verlieben.»

In Dortmund scheiterte Bosz mit seinem radikalen Ansatz. Schnell implementierte er sein 4–3–3-System, verlangte von den Spielern ein aggressives Gegenpressing und ein hohes Tempo mit und ohne Ball. Selbst gegen Real Madrid hielt er an seinem offensiven System fest. Es funktionierte zunächst herausragend gut, 19 Punkte holte der BVB aus den ersten sieben Bundesliga-Partien. Hier zeigten sich die schönen Seiten von Bosz' Philosophie: Dortmund kontrollierte Spiele über ihren hohen Ballbesitz, eroberte den Ball früh zurück und kombinierte sich über die Flügel vor das Tor.

Doch schon in der starken Frühphase plagten den BVB defensive Probleme. Bosz' Dortmunder fremdelten mit dem aggressiven Gegenpressing und dem weiten Herausrücken aus der Abwehr. Wieder und wieder ließen sich die Dortmunder auskontern. In den Spielen danach potenzierten sich diese Probleme: Die Dortmunder fingen Konter, verloren Spiele und damit ihr Selbstbewusstsein. In der Folge rückten sie weniger intensiv und zielgerichtet heraus – und konnten dadurch noch seltener Konter über ihr Gegenpressing verhindern. Ein Teufelskreis.

Tiefpunkte waren zwei Unentschieden in der Champions League gegen den zypriotischen Vertreter APOEL sowie das Ruhrderby gegen Schalke, als der BVB eine 4:0-Führung noch verspielte. Das Spiel endete 4:4. Es wurde deutlich: Bosz' 4–3–3-System passte nicht zu Dortmunds Spielern. Julian Weigl war das beste Beispiel: In den Saisons davor war er ein Schlüsselakteur der Mannschaft, als tiefer Sechser ordnete er das Spiel. Doch er fremdelte merklich mit Bosz' Anweisung, er solle weiter vorrücken.

Bosz veränderte die Mannschaft während der Niederlagenserie zwar in Details. So stellte er nach einigen verlorenen Partien auf ein 3–4–3-System um. Doch auch in Dortmund kannte Bosz keine Kompromisse bezüglich seiner grundsätzlichen Strategie: Die Mannschaft sollte immer früh stören, intensiv nachsetzen, den Gegner dominieren. «Ich glaube nicht an Zwischenformen», sagt Bosz über seine radikale Taktik. Doch vielen Vereinen fehlt heutzutage die Geduld, um eine radikale Spielidee umzusetzen, wie sie einem Trainer wie Bosz vorschwebt. Der BVB entließ ihn nach nicht mal einem halben Jahr. Ob seine Idee langfristig gegriffen hätte, werden wir nie erfahren.

Ist Bosz zu sehr in seine eigene Idee verliebt? Vielleicht. Er ist es auf jeden Fall nicht aus den falschen Gründen. Natürlich möchte er, dass seine Mannschaft gewinnt, aber er möchte auch, dass sie die Fans begeistert: «Sie wollen Messis und Ronaldos sehen, keine Spielzerstörer, wie ich einer war.» Wer sich eine Mannschaft von Bosz anschaut, darf sich auf ein Spektakel gefasst machen, auf schnelles Spiel ohne Atempausen. Wenn der Gegner mitspielt, gibt es Zweikämpfe auf dem ganzen Feld, schnelle Spielzüge und rasanten Fußball. Bosz verbindet Positionsspiel und Gegenpressing zu einer neuen Form des totalen Fußballs: aggressiver, rigoroser, aber auch technisch und taktisch auf hohem Niveau. Damit riskiert Bosz mehr als andere Trainer. Wenn es funktioniert, funktioniert es richtig – wie bei Ajax Amsterdam. Wenn Bosz scheitert, scheitert er krachend – so wie in Dortmund.

Ob derart eindimensional taktierende Trainer wie Bosz eine Zukunft haben? In der Tat ist der Fußball immer flexibler geworden. Trainer werfen ihre Taktik im Wochentakt um. Jeder Gegner wird genau analysiert und bis ins kleinste Detail auseinandergenommen. Wer sich leicht entschlüsseln lässt, macht es dem Gegner einfacher, auf die Taktik zu reagieren. Es ist durchaus auffällig, dass sich in den wichtigen Spielen der Gegner oft auf Bosz einstellt, selten aber Bosz auf den Gegner.

Vielleicht liegt die Zukunft von Trainern wie Bosz in den kleineren Ligen dieser Welt. Bosz feierte seine größten Erfolge in der individuell schwächeren holländischen Liga. Dort konnte er mit seiner radikalen Spielidee Gegner dominieren. Der ehemalige VfB-Trainer Alexander Zorniger ist ein ähnliches Beispiel: Beim VfB Stuttgart scheiterte er mit seiner Spielidee vom radikalen Pressing, die Bosz' Fußball gar nicht so unähnlich war. In der dänischen Liga eroberte er mit dem Kopenhagener Vorstadtklub Brøndby IF die Vizemeisterschaft.

Seinen Platz in diesem Buch hat sich Bosz verdient, weil er dem holländischen Fußball neues Leben eingehaucht hat. Nicht nur mit Ergebnissen, sondern mit seiner Art des Fußballs. Etwas, das der idealistischen holländischen Fußballschule der Siebziger entspricht. Bislang zeigten Bosz' Mannschaften stets begeisternden Fußball. Cruyff wäre stolz auf die Art, wie er kompromisslosen Angriffsfußball spielen lässt.

KAPITEL 8

Jogi Löw

«Es ist der falsche Ansatz zu sagen, wir müssen
zurück zu den alten deutschen Tugenden Laufen und
Kämpfen. Das würde bedeuten, zu einem Jugendlichen
zu sagen, du musst Rechnen können, dann wirst du
Mathematik-Professor.»

Der Fußball wird immer mehr zum Medienereignis – doch unser Einblick in die Welt des Spitzensports wird trotzdem kleiner. Wie es innerhalb einer Mannschaft zugeht, erfährt man nur selten. Die Kabine, das Teamhotel, der Mannschaftsbus: Die Vereine riegeln diese Orte hermetisch ab. Kein Journalist darf sie betreten. Bilder von diesen Orten sieht die Öffentlichkeit nur im Ausnahmefall, und wenn doch einmal ein Profi verrät, was der Trainer während seiner Kabinenansprache erzählt hat, darf er sich einer saftigen Geldstrafe sicher sein.

Aus diesem Grund ist Paul Ripkes Fotoband «One Night in Rio» ein besonderes Geschenk. Der Starfotograf durfte die deutsche Nationalmannschaft während der Weltmeisterschaft 2014 begleiten, hinter die Kulissen blicken, immer dabei sein. Seine Fotos zeigen das, was man sonst nicht zu sehen bekommt: die Kabine, die Unterkünfte der Mannschaft, die Vor- und Nachbereitung der Spiele. Unter den zahlreichen gelungenen Porträts sticht eines besonders hervor. Es zeigt Joachim Löw, von allen nur Jogi genannt, im Flugzeug nach dem siegreichen WM-Finale. Löw steht auf dem Gang, direkt vor dem majestätisch-goldenen WM-Pokal. Sein Blick ist fest auf den Pokal gerichtet, mit einer Hand streichelt er zärtlich über den Sockel. In seinem Blick steckt pures Glück, jede Menge Stolz, aber auch ein Funken Fassungslosigkeit. Als könnte er selbst nicht glauben, dass ausgerechnet er der vierte Weltmeistertrainer in der deutschen Geschichte geworden ist.

Es ist in der Tat eine seltsame Geschichte, die Löw zuerst an die Spitze der Nationalmannschaft und später an die Spitze des Weltfußballs gespült hat. Jogi Löw ist heute nicht mehr wegzudenken aus der deutschen Öffentlichkeit. Höchstens Angela Merkel erreicht im In- und Ausland einen derart hohen Bekanntheitsgrad. Seit über zehn Jahren lenkt Löw die Geschicke der Nationalmannschaft und ist in dieser Zeit zum Modell-Deutschen avanciert. Doch wer genauer hinsieht, erkennt schnell: An Jogi Löws Lebenslauf ist wenig typisch deutsch, und noch weniger hat darauf hingedeutet, dass er eines Tages Weltmeister wird.

Bevor Löw im Jahr 2004 völlig überraschend einen Job bei der Nationalmannschaft fand, war der Traum von der großen Trainerkarriere eigentlich ausgeträumt. Als Wanderarbeiter tingelte er in den unterklassigen Ligen der Türkei und Österreichs von Job zu Job. Wenn sein Alter Ego in die Zeit zurückreisen würde und sich selbst sagen würde: «Du wirst eines Tages Weltmeistertrainer», der arbeitslose, desillusionierte Jogi Löw des Jahres 2003 hätte ihn wohl nur ausgelacht. Löws «Tellerwäscher-zum-Millionär»-Geschichte ist faszinierend – und sie dürfte einen großen Anteil daran haben, dass er heute einer der bescheidensten Trainer ist, der sich und

seine Methoden wie kaum ein zweiter Trainer ständig hinterfragt.

Als Spieler hatte Löw für den SC Freiburg in der zweiten
Liga gestürmt. Als er in Deutschland keine Anstellung mehr
fand, wechselte er in die Schweiz. Dort lernte er Rolf Fringer kennen, der beim FC Schaffhausen sein Trainer wurde.
Während deutsche Trainer hauptsächlich mit Manndeckung
spielen ließen, waren Schweizer Trainer wie Fringer oft einen
Schritt weiter. Sie hatten, ähnlich wie Klopps Mentor Wolfgang Frank, den Blick über die Alpen gewagt und das Spiel
des AC Milan kopiert, das heißt, sie ließen mit Viererkette im
Raum verteidigen. Für Löw öffnete sich eine neue Welt: «Die
damaligen Trainingsmethoden in Deutschland habe ich insge-
heim gehasst, ich litt regelrecht körperlich darunter. Von diesen Konditionsläufen mit dem Medizinball unterm Arm, die
bis zum Erbrechen durchexerziert wurden, wurde ich langsamer ... In der Schweiz wurde viel von Organisation, Raumdeckung, Positionsspiel oder Gruppenprozessen gesprochen –
ich war begeistert!» Löw feierte in der Schweiz seinen zweiten
Frühling als Spieler.

In der Schweiz startete Löw auch Anfang der Neunziger
seine Trainerkarriere. Seine Bekanntschaft mit Fringer verschaffte ihm seinen ersten Trainerjob in Deutschland. Als
Fringer 1995 zum VfB Stuttgart wechselte, suchte er einen Assistenztrainer. «Ich kannte [Löws] Einstellung, seine Seriosität
und seinen Willen, sich zu verbessern. Abgesehen davon ist er
auch noch ein ganz vernünftiger Kerl und kein Blender. Das
sprach für ihn», so Fringer später gegenüber *11Freunde*. Vor allem brauchte Fringer einen Assistenten, der die Vorteile seiner
Raumdeckung verstand. Stuttgart sollte unter dem neuen Trainer mit Viererkette und Raumdeckung spielen. Damit wollte

Fringer Pionierarbeit leisten in der taktisch hinterherhinkenden Bundesliga.

Gelungen ist ihm das nicht. Fringer verließ nach einem Jahr Stuttgart im Streit. Assistent Löw wurde sein Nachfolger. Er führte Fringers Werk allerdings nicht fort, sondern ging Kompromisse mit den Spielern ein. Sie wollten zu den klassischen deutschen Tugenden zurückkehren: Libero, Manndeckung, ein Spielmacher im offensiven Zentrum. Das Sturmdreieck Élber–Bobic–Balakov, bekannt als das «magische Dreieck», blühte unter Löw auf und führte den VfB zu einem Pokalsieg. Nach zwei Jahren war jedoch wieder Schluss für Löw. Trotz guter Platzierungen wollte der VfB Stuttgart lieber einen bekannteren Trainer einstellen. Auch bei den folgenden Stationen war Löw alles, aber kein Senkrechtstarter. Nach einem gescheiterten Stelldichein beim Karlsruher SC in der Saison 1999/2000 arbeitete Löw ausschließlich im Ausland, in der Türkei und in Österreich. Bis auf den österreichischen Meistertitel 2002 gewann Löw keinen Vereinstitel mehr, die meisten seiner Anstellungen endeten nach kurzer Zeit.

Es waren viele Zufälle nötig, damit Löw den Posten bekam, der sein Leben verändern sollte. Als Deutschland 2004 sang- und klanglos in der Vorrunde der Europameisterschaft ausschied, saß Löw zu Hause herum und vertrieb sich die Zeit mit Mountain-Biking im Schwarzwald. Seit er im März 2004 von Austria Wien entlassen wurde, war er arbeitslos. Was im deutschen Fußball geschah, erfuhr er aus der Zeitung oder von Trainerkollegen. Dass sich Jürgen Klinsmann heimlich mit der DFB-Spitze traf und eine Neuausrichtung der Nationalmannschaft plante, war ihm genauso wenig klar wie jedem normalen Fußballfan.

Eines Tages aß Löw in Stuttgart zu Mittag. Zufällig di-

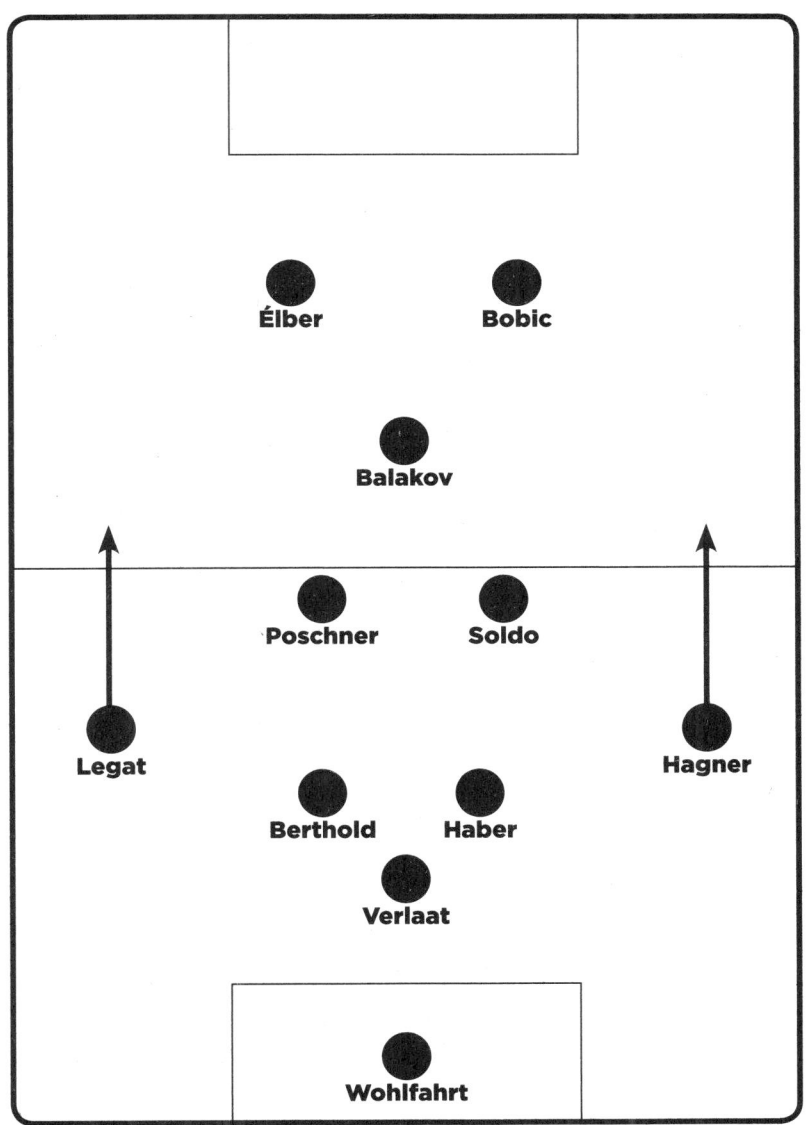

VfB Stuttgart unter Jogi Löw, Saison 1996/97

nierte im selben Restaurant ein alter Bekannter: Oliver Bierhoff. Bierhoff hatte soeben das Angebot erhalten, Manager der DFB-Mannschaft zu werden – noch streng geheim, versteht sich. Der neue Bundestrainer Jürgen Klinsmann wollte diese Stelle schaffen, die es bis dato gar nicht gab. Überhaupt wolle Klinsmann so einiges anders machen, erzählte Bierhoff. Die Nationalmannschaft müsse rundum erneuert werden, es könne kein «Weiter so!» geben zwei Jahre vor der WM im eigenen Land. Löw hörte interessiert zu, fühlte sich aber nicht wirklich involviert – schließlich hatte die Sache ja nichts mit ihm zu tun. Nach dem Gespräch wählte Bierhoff Klinsmanns Nummer: «Du brauchst doch noch einen Assistenztrainer. Hast du eigentlich mal an Jogi gedacht?»

In der Tat hatte Klinsmann das, aber es war eher ein vager Gedanke im Hinterkopf. Klinsmann und Löw hatten sich auf einer Trainerfortbildung des DFB kennengelernt. Das Gespräch mit Bierhoff verleitete Klinsmann dazu, Löw anzurufen. Er bestellte ihn zu sich in sein Urlaubsdomizil am Comer See. Stundenlang unterhielten sie sich über den Fußball im Allgemeinen und die Nationalmannschaft im Speziellen. Löw überzeugte Klinsmann. Er bot ihm an, ihn als seinen Assistenztrainer einzustellen, doch Löw zögerte. Jahrelang hatte er als Cheftrainer gearbeitet, und nun sollte er zurück in die zweite Reihe? Klinsmann betonte, dass er volles Mitspracherecht habe bei Training, Taktik und Nominierungen. Löw wollte eine Nacht darüber schlafen. Das gehe nicht, das Angebot gelte nur sofort, so Klinsmann ganz im Stile eines windigen Gebrauchtwagenhändlers. Löw nahm an.

So stieß laut Raphael Honigsteins exzellentem Buch *Der vierte Stern* Jogi Löw zum DFB. Es heißt, der Fußball sei geprägt von Zufällen und Kleinigkeiten, die am Ende über Sieg und Niederlage entscheiden. Die größten Zufälle passieren aber nicht auf, sondern neben dem Platz. Wäre Löw nicht in diesem Restaurant gewesen, hätte er darauf bestanden, eine Nacht nachzudenken: Er wäre nicht beim DFB gelandet. Doch warum verpflichtete Klinsmann ausgerechnet Löw, einen Mann, der seit Jahren nicht im deutschen Fußball gearbeitet hatte und der selbst in Fußball-Fachkreisen längst in Vergessenheit geraten war? Klinsmann sagte gegenüber Honigstein: «Ich habe 18 Jahre lang als Profi auf höchstem Niveau gespielt. In diesen 18 Jahren hat mir kein einziger Trainer erklären können, wie sich die Viererkette auf dem Platz vor- und zurückbewegen soll. Joachim Löw erklärte es mir in einer Minute.» Löw war Anfang der nuller Jahre sicher nicht mehr der einzige Trainer, der eine Viererkette erklären konnte. Aber er hat es gegenüber Klinsmann getan. Ein Zufall, der den deutschen Fußball verändern sollte.

Das Trio Klinsmann, Bierhoff und Löw machte sich daran, den DFB zu revolutionieren. Bis dato ließ die Professionalität der Nationalmannschaft zu wünschen übrig. Philipp Lahm hatte noch unter Klinsmanns Vorgänger Rudi Völler debütiert. In seiner Biographie beschrieb er seine erste Länderspielreise als eine Art Klassenfahrt: «Mir kommt das so vor, als würden ein paar Kumpels miteinander in die Ferien fahren, um Fußball zu spielen.» Es hätte kein professionelles Training gegeben, keine Analyse des Gegners, keine Taktik. Man sei einfach zur Nationalelf gefahren, habe ein paar schöne Tage verbracht, ein Spiel absolviert, und dann ging es wieder ab nach Hause. Das war zu dieser Zeit tatsächlich üblich, nicht nur in Deutschland, sondern in vielen Ländern. Die Nationalmannschaft galt als Entspannungsoase jenseits der Strapazen der täglichen Arbeit im Verein. Systematisch trainiert wurde nur an wenigen Orten.

Klinsmann wollte die Nationalmannschaft hingegen wie ein Unternehmen führen. Er überlegte genau, wie er die Mannschaft verbessern könne. Zunächst legte er einen hohen Fokus auf den Fitnessbereich. Zusammen mit amerikanischen Fitness-Experten wandte er neuartige Trainingsmethoden an. Mit Fitnessbändern wurde die Muskulatur angeregt, statt Dauerlauf marschierte die Nationalmannschaft im Entengang über das Feld. Ständig wurden Laktat- und Blutproben genommen, um die Fitnesswerte der Spieler zu bestimmen. Selbst abseits der Länderspieltermine gab Klinsmann seinen Spielern Übungen auf, die sie durchzuführen hatten. Mancher Vereinstrainer knurrte, Klinsmann solle sich nicht in ihre Arbeit einmischen. Ex-Spieler wie Lothar Matthäus verdienten sich eine goldene Nase mit Kolumnen, in denen sie Klinsmanns Methoden in Frage stellten. Klinsmann war das egal. Löw hingegen bewunderte, wie Klinsmann sein Ding durchzog und sich über alle Widerstände hinwegsetzte. Er selbst, gab er später zu, sei früher als Trainer zu viele Kompromisse eingegangen.

Klinsmann war wichtig, dass seine Spieler topfit sind. Denn nur so konnten sie die Taktik umsetzen, die ihm vorschwebte: Die klassischen deutschen Tugenden Laufen und Kämpfen tauschte Klinsmann aus gegen eine neue, modernere Spielweise. Statt tiefer Defensive und Spiel mit Libero sollte seine Mannschaft mit Viererkette agieren und aktiv den Gegner stören. Von seinem Team forderte Klinsmann ein hohes Pressing – und Jogi Löw sollte es umsetzen. Klinsmann vertraute Löw im taktischen Bereich blind. Lahm schrieb über diese Zeit: «Jogi Löw erweist sich schon bei den ersten Trainingseinheiten als gewiefter Taktiker. Es ist interessant, was er über jede einzelne Position zu sagen weiß, vor allem für einen Spieler, dem bisher kein Trainer Anregungen gegeben hat, wie er die Position des linken Verteidigers vielleicht interpretieren könnte.» Den Spielern verbot Löw das Grätschen; die Chance auf eine gelbe Karte sei hierbei höher als auf Ballgewinne. Damit kratzten die neuen Trainer an einer deutschen Institution – Grätschen galt lange Jahre als die höchste Kunst der deutschen Verteidigung. «Keine Kompromisse!», sagte Klinsmann und stellte sich hinter Löws Ideen. Auch in der Beobachtung der kommenden Gegner gingen Löw und Klinsmann neue Wege: Erstmals stellte der DFB einen hauptamtlichen Scout ein, der ausführliche Dossiers über den Gegner anfertigte. Löw betraute damit Urs Siegenthaler, einen Trainerkollegen, den er in der Schweiz kennengelernt hatte.

Bei der WM 2006 erntete das DFB-Team die Früchte der Professionalisierung. Die Nationalmannschaft begeisterte ganz Deutschland. Erstmals spielte eine DFB-Elf mit einer echten Raumdeckung und mit einer kollektiv agierenden Viererkette. Löw hatte in den zwei Jahren die Mechanismen gegen den Ball perfektioniert. Nach heutigem Maßstab postierte sich die deutsche Mannschaft eher tief. Die Abwehr schob nicht so weit nach vorne, wie das zur selben Zeit bei Teams von José Mourinho oder Jürgen Klopp der Fall war, doch die Mechanismen innerhalb des 4-4-2-Systems funktionierten. Die Mannschaft verschob kollektiv, verteidigte kompakt und störte den Gegner im Mittelfeld. Es war die Handschrift von Jogi Löw. Die taktischen Grundlagen erinnerten an jenes Spiel, das er in der Schweiz kennengelernt hatte. Deutschland, vor dem Turnier nur Außenseiter, kam mit einer Mischung aus kompakter Defensive, hoher Aggressivität im Mittelfeld und

Angriffen über die Flügel ins Halbfinale. Dort platzten die Titelträume gegen Italien in der 119. Minute. Die Deutschen waren dennoch begeistert von ihrer neuen Mannschaft.

Kompaktheit

Dieses Konzept beschreibt den Abstand zwischen dem am tiefsten und dem am höchsten postierten Feldspieler eines Teams. Je geringer der Abstand zwischen den äußersten Spielern einer Mannschaft, umso kompakter steht die Mannschaft. Verteidigen alle Spieler auf einer Fläche von zehn mal zehn Metern, steht eine Mannschaft kompakter als ein Team, das auf dreißig mal zwanzig Meter Fläche verteidigt. Eine kompakt verteidigende Mannschaft ist dementsprechend eine Mannschaft, die sich in der Verteidigung auf einen kleinen, engen Raum pfercht. So will sie den bespielbaren Raum für den Gegner verkleinern.

Für Löw war diese Zeit ein Geschenk. Bis zu diesem Moment war er weder als Visionär noch als Stratege in Erscheinung getreten, als Assistent von Jürgen Klinsmann hatte er jedoch plötzlich landesweit Bekanntheit erlangt. Die Dokumentation *Deutschland: Ein Sommermärchen* verschaffte ihm einen Ruf als gewiefter Taktiker. Regisseur Sönke Wortmann hatte den DFB-Tross während der WM begleitet und alles festgehalten. Knapp vier Millionen Menschen sahen den Film in den Kinos, unzählige weitere im Fernsehen. Klinsmann kommt im Film die Rolle des Motivators zu, Löw wird als Gehirn des Teams porträtiert – ein Umstand, der das öffentliche Bild der beiden nachhaltig prägte. Klinsmann bereute später, dass er den Film

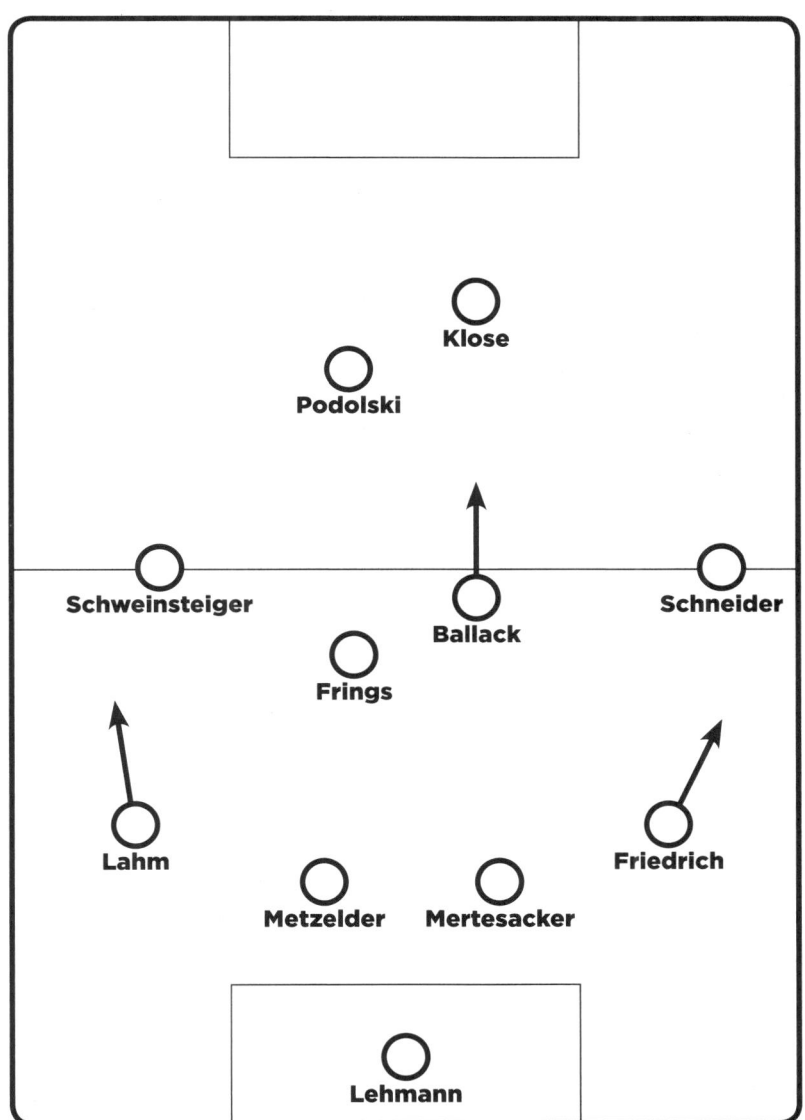

Deutsche Nationalmannschaft unter Jürgen Klinsmann, WM 2006

in dieser Form freigegeben hat – er hätte als Cheftrainer ein Vetorecht ausüben dürfen. Der Film stelle die Aufgabenteilung des Trainerteams verkürzt dar, so Klinsmann. Löw hingegen dürfte die Freigabe nicht bereut haben.

Als Klinsmann seinen Posten niederlegte, war Löw der logische Nachfolger; er sollte das gemeinsame Werk fortführen. Löw nahm für sich selbst einiges aus der Zeit mit Klinsmann mit. Er hatte gelernt, dass Erfolg planbar ist. Dass man eine feste Spielidee benötigt und sein Spiel um diese Idee herum aufbauen muss. Dass man kompromisslos seine Ideen umsetzen sollte, wenn man hinter ihnen steht. Als Assistenztrainer hatte er zudem gemerkt, wie wichtig Teamwork ist. Bei seinen Vereinsstationen habe er alles selber machen wollen. «Ich konnte schlecht delegieren. Das hat mich erst Jürgen gelehrt», sagte er später dem Magazin *11Freunde* in einem Interview. Löw vertraut als Bundestrainer ebenfalls viele Aufgaben seinen Assistenten an.

Was Löw von seinem Vorgänger unterscheidet, ist seine Bereitschaft, die eigenen Ideen ständig anzupassen. Für Klinsmann war die Nationalmannschaft ein Projekt mit einem klar definierten Ziel: den Weltmeistertitel holen im eigenen Land. Auch Löw denkt in Zyklen. Er weiß aber aus eigener Erfahrung, dass der Job eines Trainers schnell enden kann. Bei seinen Stationen in Deutschland, Österreich und der Türkei hatte er nie viel Zeit, um einen Spielstil zu entwickeln. Er hatte bestimmte Vorstellungen von einem guten Fußballspiel: Der Ball soll möglichst flach gespielt, hohe Bälle sollen vermieden werden. Der Gegner soll früh gestört werden. Abseits dieser Maximen ist er aber höchst flexibel. Er weiß: Er muss mit den Spielern klarkommen, die er bekommt, und ihnen binnen kurzer Zeit eine Spielidee vermitteln, die zu ihnen passt. Sonst ist er weg vom Fenster. Seine Wanderjahre trieben ihm jeglichen Dogmatismus aus, den Trainer wie Guardiola in ihrer weit weniger holprigen Karriere entwickeln konnten.

Löws besondere Qualität als Nationaltrainer ist die ständige Veränderung, die er und sein Team durchlaufen. In den ersten Jahren ging es darum, das deutsche Team fußballerisch weiterzuentwickeln. In Interviews lobte Löw damals auffallend häufig die englische Premier League. Die englischen Teams spielten schneller, vertikaler, direkter Fußball als die deutschen Bundesligisten. Er rechnete vor: Ein Spieler eines englischen Teams halte den Ball durchschnittlich eine Sekunde kürzer am Fuß, ehe er ihn weiterpasst, als ein Bundesligaspieler. Dieses schnelle Spiel nach vorne sei die Zukunft, wie Studien aus dieser Zeit bewiesen. Die meisten Tore, so Löw, werden in den ersten zehn Sekunden nach der Balleroberung erzielt, wenn der Gegner unsortiert steht.

Reden ist die eine Sache. Handeln die andere. Bei der Europameisterschaft 2008 sah man noch nicht allzu viel von diesem schnellen Spiel, das Löw forderte. Deutschland agierte wie bei der Weltmeisterschaft zwei Jahre zuvor zunächst im 4–4–2-System, ganz bedacht auf die eigene Kompaktheit. Nach einer 0:2-Niederlage gegen Kroatien bewies Jogi Löw Flexibilität: Er stellte auf ein 4–2–3–1-System um. Damit kämpfte sich die deutsche Mannschaft ins Finale, wo Spanien wartete. Das Spiel ist aus heutiger Sicht fast schon kurios: Die deutsche Mannschaft gestaltete das Spiel, während die Spanier auf Konter lauerten; ausgerechnet die Spanier, die heute als ballbesitzfanatisch verschrien sind. Andere Zeiten, andere Sitten. Ein Konter führte zum spanischen 1:0-Sieg.

Zwei Jahre später erfüllte sich Löws Traum vom schnellen Spiel. Die deutsche Mannschaft befand sich vor der Weltmeisterschaft 2010 im Umbruch. Junge Talente wie Mesut Özil, Jérôme Boateng (beide damals 21) und Thomas Müller (20) drängten ins Aufgebot. Routinier Michael Ballack verletzte sich hingegen kurz vor Turnierbeginn. Der 23-jährige Sami Khedira sollte dessen Rolle als Balljäger im Mittelfeld übernehmen. Ballacks Verletzung wirkte wie ein Fluch, war im Nachhinein aber ein Segen: Mit dem jungen Personal konnte Deutschland einen noch schnelleren, noch schnörkelloseren Fußball spielen.

Die Nationalmannschaft paarte bei der WM die Kompaktheit, die sie bereits 2006 auszeichnete, mit einem blitzschnellen Umschaltspiel. Bastian Schweinsteiger schlug lange Pässe aus dem Mittelfeld nach vorne. Sami Khedira, sein Partner auf der Doppelsechs, stürmte immer wieder nach vorne und stiftete Unruhe in der gegnerischen Abwehr. Mesut Özil schlich sich zwischen die gegnerischen Abwehrketten und bot sich nach Ballgewinnen sofort an. Er bediente Thomas Müller und Lukas Podolski, die von den Flügeln aus Richtung Tor zogen. Die Spielertypen passten perfekt zueinander, ihre jugendliche Geschwindigkeit sorgte für ein dynamisches und schnelles Spiel in die Spitze. Im Achtelfinale konterte Deutschland eine langsame englische Nationalelf aus; durchaus ironisch, schließlich hatte sich Löw seinen High-Speed-Fußball aus England abgeschaut. Im Viertelfinale kam es noch doller, als Deutschlands Hochgeschwindigkeitszug Argentinien mit 4:0 überrollte.

Im Halbfinale kam das böse Erwachen. Deutschland traf auf Spanien. Deren Nationaltrainer Vicente del Bosque hatte sein Nationalteam an die Spielweise des FC Barcelona angepasst. Wie Pep Guardiolas Mannschaft sammelte Spanien Ballbesitz, spielte viele Pässe und setzte nach Ballverlusten sofort

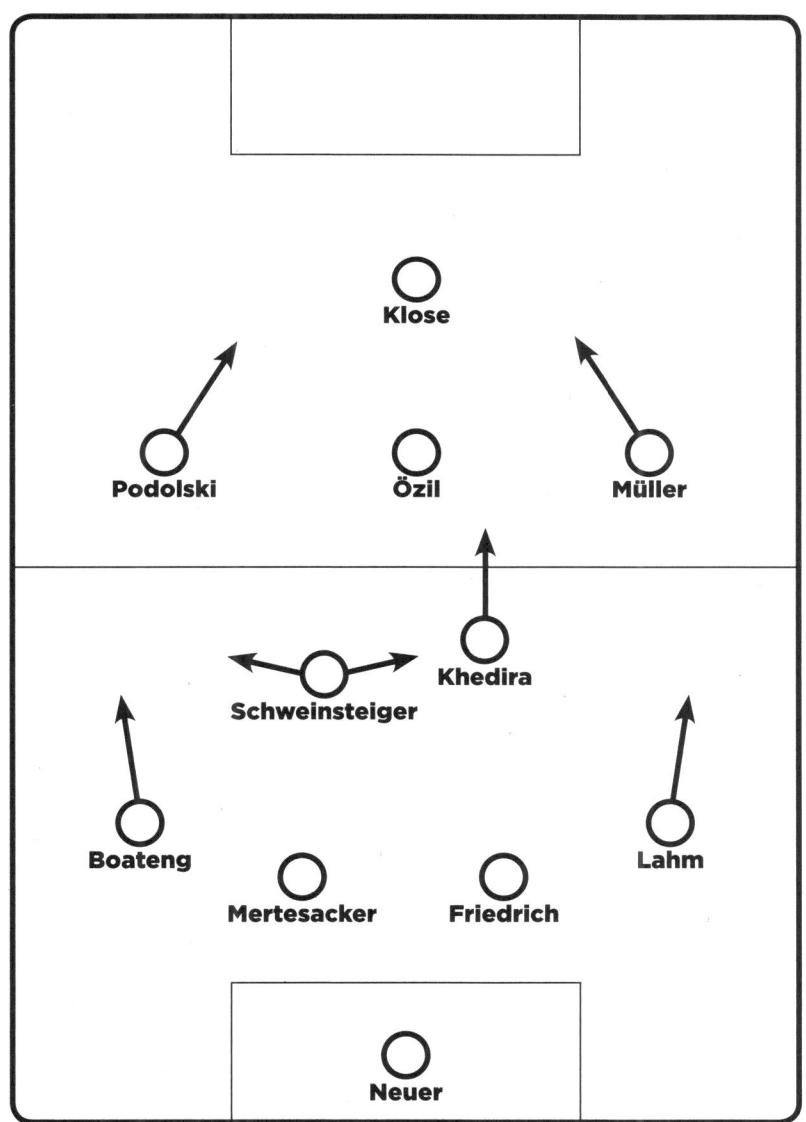

Deutsche Nationalmannschaft unter Jogi Löw, WM 2010

mit einem furiosen Gegenpressing nach. Die Konter der deutschen Mannschaft erstickte Spanien bereits im Keim. Sie kam nicht nach vorne. Gerade einmal fünf Schüsse in Richtung Tor gab das Team ab. Spanien hatte ebenfalls nicht viele Torchancen – sie waren ganz auf die Kontrolle des Spiels eingestellt. Ein Tor nach einer Ecke genügte Spanien zum Sieg. Kritiker nannten den minimalistischen Spielstil der spanischen Elf «tikinaccio», eine Wortbildung aus «Tiki-Taka» und «catenaccio», dem italienischen Begriff für defensiven Mauerfußball. (Aus diesem Grund verwahrt sich Pep Guardiola auch vor Vergleichen seiner Spielweise mit dem Stil der spanischen Weltmeister-Elf.)

Diese Niederlage veränderte Löw. Sprach er in den Jahren zuvor wieder und wieder über das Tempo der Premier League, kam er nun auffallend häufig auf die Spielkontrolle der spanischen Spitzenteams zu sprechen. Die deutsche Mannschaft müsse abgeklärter werden, ein Spiel auch einmal dominieren können. Löws Wandel war indes sicher nicht nur durch den spanischen WM-Titel motiviert: Zum einen war Deutschland nach zwei recht erfolgreichen Weltmeisterschaften in Folge wieder zurück auf der Weltfußball-Bühne. Selbst Top-Nationen wie Brasilien begannen, in Testspielen gegen die deutsche Elf das eigene Tor zu verbarrikadieren. Zum anderen ging der FC Bayern München zur selben Zeit einen sehr ähnlichen Weg. Zunächst unter Louis van Gaal und später unter Jupp Heynckes und Pep Guardiola erhöhte sich der Ballbesitzwert, immer stärker wurde auf ein gutes Positionsspiel gesetzt. Löw konnte das nicht ignorieren, schließlich bestand die Hälfte seiner Stammelf aus Bayern-Spielern.

So kam es, dass Löw in den folgenden Jahren immer weiter am Ballbesitzspiel feilte. Häufig spielte die Nationalmannschaft ohne echten Stürmer, sondern mit einer falschen Neun. Mario Götze ließ sich aus dem Sturmzentrum ins Mittelfeld fallen. Dort spielte neben Bastian Schweinsteiger und Sami Khedira plötzlich auch Toni Kroos eine Rolle, der ruhige Ballverteiler. Löw probierte immer wieder neue Varianten, um sein Team taktisch möglichst flexibel einzustellen. Spätestens jetzt wurde klar: Löw war kein taktischer Hardliner, kein Fußballromantiker, der eine bestimmte Vorstellung eines schönen Spiels hat und diese bis zum bitteren Ende verfolgt. Der Fokus auf flache Pässe und ein frühes Pressing waren die beiden einzigen Konstanten zwischen 2010 und 2014. Ansonsten passte Löw seine Spielidee, so gut es ging, an internationale Trends und die Möglichkeiten seiner Mannschaft an.

Bei der Europameisterschaft 2012 steckte das deutsche Team, wie bereits 2008, in einer Übergangsphase. Löws Team konnte aus dem Ballbesitz heraus offensive Gefahr erzeugen. Das Mittelfeld avancierte zur wichtigen Stütze der Mannschaft, von hier aus verteilten die Spieler die Bälle auf den Flügel oder in die Spitze. Mario Gómez sorgte als klassischer Stürmer für die nötige Präsenz vor dem gegnerischen Strafraum. Der Vorwurf mancher «Fußballkenner», er würde sich «wundlegen», war angesichts seiner Laufbereitschaft völlig aus der Luft gegriffen. Doch noch konnte die deutsche Mannschaft die dominante Spielidee nicht genügend absichern. Das Gegenpressing war durchlässig, die Abwehr zu langsam. Erschwerend hinzu kamen taktische Fehlentscheidungen von Löw, der sich im Halbfinale gegen Italien verpokerte, und schlechte Stimmung im Team; die Bayern- und BVB-Profis konnten sich nach einem hart geführten Meisterschaftskampf nicht riechen.

Es brauchte zwei weitere Jahre, ehe Löws neue Spielidee Früchte trug. Bei der Weltmeisterschaft 2014 dominierte die deutsche Mannschaft jeden Gegner. Im Verlaufe des Turniers sammelte kein Team derart viel Ballbesitz. Es konnte außerdem immer wieder aus dem Ballbesitz heraus explosive Nadelstiche setzen. Gerade Thomas Müller war als Stürmer der Garant für Unberechenbarkeit, er lief ständig Wege, auf die der Gegner nicht eingestellt war.

Im Vergleich zu 2010 und 2012 war das Spiel strategisch defensiver geworden: Fünf bis sechs Mann sicherten stets das eigene Tor, vor allem die Außenverteidiger rückten kaum mehr nach vorne. Löw war pragmatisch geworden, denn dieses Mal zählte der Titel. Der Fokus war deshalb klar: Schönspielen ist sekundär. Das spürte man besonders nach dem Achtelfinalspiel gegen Algerien. Dem afrikanischen Außenseiter gelangen immer wieder Ballgewinne im Mittelfeld, sie konnten die deutsche Abwehr in der Folge mit langen Pässen aushebeln. Wieder und wieder musste Torhüter Manuel Neuer aus dem eigenen Strafraum sprinten, um als letzter Mann diese Angriffe abzufangen. Deutschland schwamm defensiv, und das gegen einen individuell unterlegenen Gegner. Erst in der Verlängerung konnte Deutschland das Spiel für sich entscheiden. Per Mertesacker trug in einem Interview nach dem Spiel die Marschroute der Mannschaft nach außen: «Wollen Sie eine erfolgreiche WM, oder sollen wir wieder ausscheiden und sagen, wir haben schön gespielt?»

Die Zitter-Partie gegen Algerien sorgte dafür, dass Löw abermals seinen Plan anpasste. So kam es, dass im Viertelfinale gegen Frankreich plötzlich eine andere deutsche Elf auf dem Feld stand: defensiv stabiler, etwas tiefer postiert, aber auch reifer und abgeklärter. Die Franzosen fanden zu keinem Zeitpunkt richtig ins Spiel. Auch im Finale gegen Argentinien war von einem deutschen Sturmlauf wenig zu erkennen. Bis zu Mario Götzes erlösendem Siegtor gab es nur wenige Chancen auf beiden Seiten.

Die große Ausnahme war das 7:1 gegen Brasilien. Auch mit einigen Jahren Abstand hinterlässt einen dieses Spiel fassungslos. Die eine große Frage – wie konnte das passieren? – lässt sich auch jetzt kaum beantworten. Es war eine Mischung aus deutscher Präzision, den frühen Führungstreffern und dem totalen mentalen Zusammenbruch der Brasilianer. Aus taktischer Sicht war das Spiel vor allem die Bestätigung für die jahrelange Arbeit von Jogi Löw: Pfeilschneller Konterfußball, wie er bei der WM 2010 zu bestaunen war, wechselte sich mit dominantem Ballbesitzspiel ab. Eine Mischung aus allen Stilen. Es war Deutschlands Meisterstück auf dem Weg zur Weltmeisterschaft.

Jogi Löw, der Mann, der anno 2004 keine Anstellung mehr fand im deutschen Fußball, ist Weltmeistertrainer. Seine Zeit bei der Nationalmannschaft zeigt, was ihn dort hingeführt hat: Löw ist flexibel wie kein zweiter Trainer. Selbst nach dem Weltmeistertitel betonte Löw sofort wieder, dass der deutsche Fußball offen sein muss für neue Ideen. Kaum war die WM beendet, schickte er seine Scouts schon wieder auf eine Reise um die Welt. In Italien und in Chile sollte sich Scout Siegenthaler Anregungen holen. Vielleicht würden diese ja irgendwann der Nationalmannschaft helfen, so Löw. Kaum eine seiner taktischen oder strategischen Ideen stammt originär von ihm. Aber bei seiner Suche nach neuen Ideen ist er immer am Puls der Zeit. Er war einer der ersten Nationaltrainer, die Guardiolas Positionsspiel übernahmen. Contes Dreierkette fügte er direkt seinem Portfolio hinzu, selbst als diese sich noch nicht in der Bundesliga durchgesetzt hatte. Nun spielt über die Hälfte al-

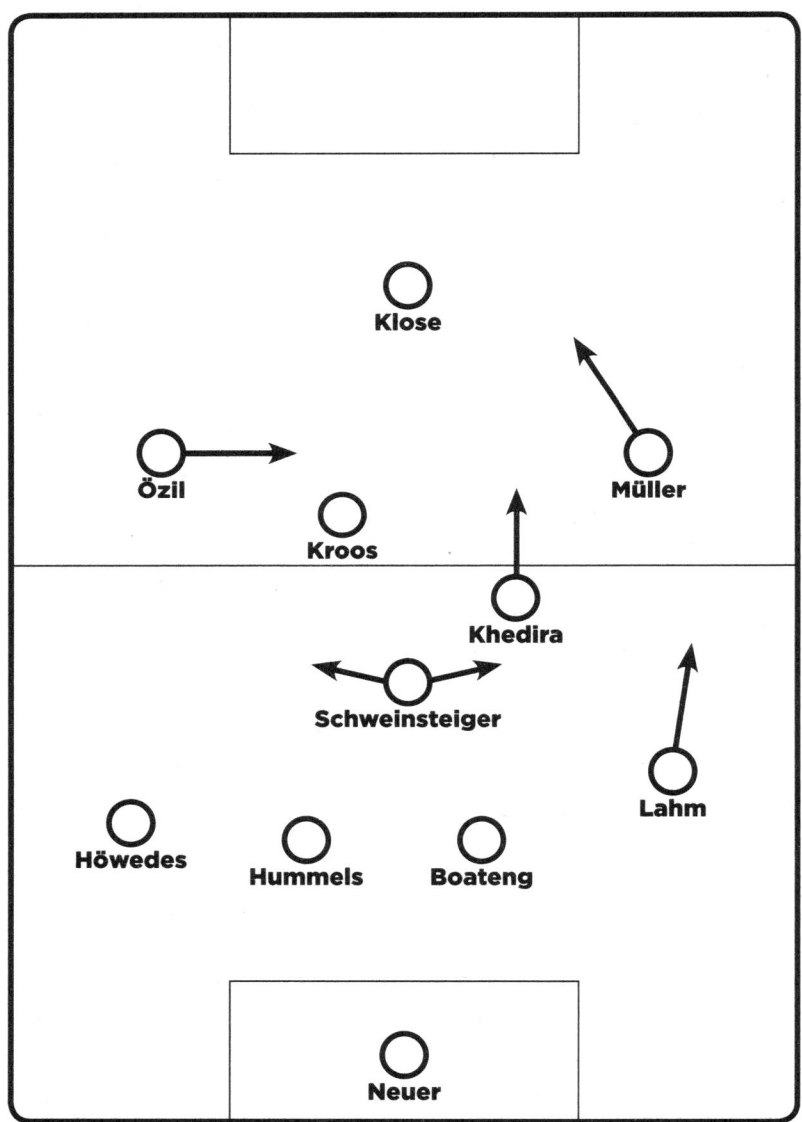

Deutsche Nationalmannschaft unter Jogi Löw, WM 2014

ler Bundesligisten mit Dreierkette, die Nationalmannschaft hat die Verteidigung mit drei Innenverteidigern längst perfektioniert.

Sein Eifer, neue taktische Ideen aufzunehmen, zeigte sich auch beim Confed Cup. Er wendete dort einen taktischen Kniff an, den Thomas Tuchel beim BVB erfolgreich genutzt hat: Seine Mannschaft ordnete sich stark asymmetrisch an, in einer sogenannten S-Formation. Die rechte Seite war defensiv stabiler und stärker in den Spielaufbau eingebunden, die linke Seite postierte sich offensiver, als Abnehmer für die Pässe in die Spitze. Es war keine eigene Idee, nichts Neues – und doch passte diese Formation perfekt zur jungen deutschen Mannschaft.

Löws Offenheit für Trends endet nicht im taktischen Bereich. Vor der WM 2014 entwickelte der DFB zusammen mit SAP ein neues Scouting-Tool. Nicht nur die Scouts sollten Zugriff auf die Videos des nächsten Gegners haben, sondern auch die Spieler. SAP entwickelte eine App, auf der die Spieler Szenen aus ihren eigenen letzten Spielen oder aus Spielen des kommenden Gegners ansehen und kommentieren können. Bei der WM 2014 stand ein eigener Raum zur Verfügung, in dem der DFB Tablets aufstellte, auf denen ausschließlich diese App installiert war. Die Spieler konnten in ihrer Freizeit in diesen Raum kommen, die Videos anschauen und miteinander darüber diskutieren. Vor allem Kapitän Lahm freute dieses Angebot. Mittlerweile haben alle DFB-Akteure die App auf ihrem Handy, der DFB nutzt sie nicht nur zu Scouting-Zwecken, sondern auch zur Kommunikation – quasi eine DFB-Version der beliebten WhatsApp, nur etwas privater und fußballaffiner.

Die Scouting-Abteilung des DFB wurde ebenfalls erweitert. An der Sporthochschule Köln helfen Studenten, die Gegner des DFB-Teams aus allen Blickwinkeln zu durchleuchten. An der Spitze steht immer noch Siegenthaler – ein Mann, der gerne auch mal über den Tellerrand blickt. Er möchte jeden Gegner des DFB aus der Nähe begutachten, lässt nicht nur taktische und fußballspezifische Punkte, sondern auch länderspezifische Eigenheiten in seine Analysen einfließen. Um diese vollends aufsaugen zu können, reist er vor jeder Weltmeisterschaft in sämtliche Länder, auf die das DFB-Team treffen könnte. Die Spieler sollen sich nicht nur mit der Taktik des jeweiligen Gegners auseinandersetzen, sondern auch mit des-

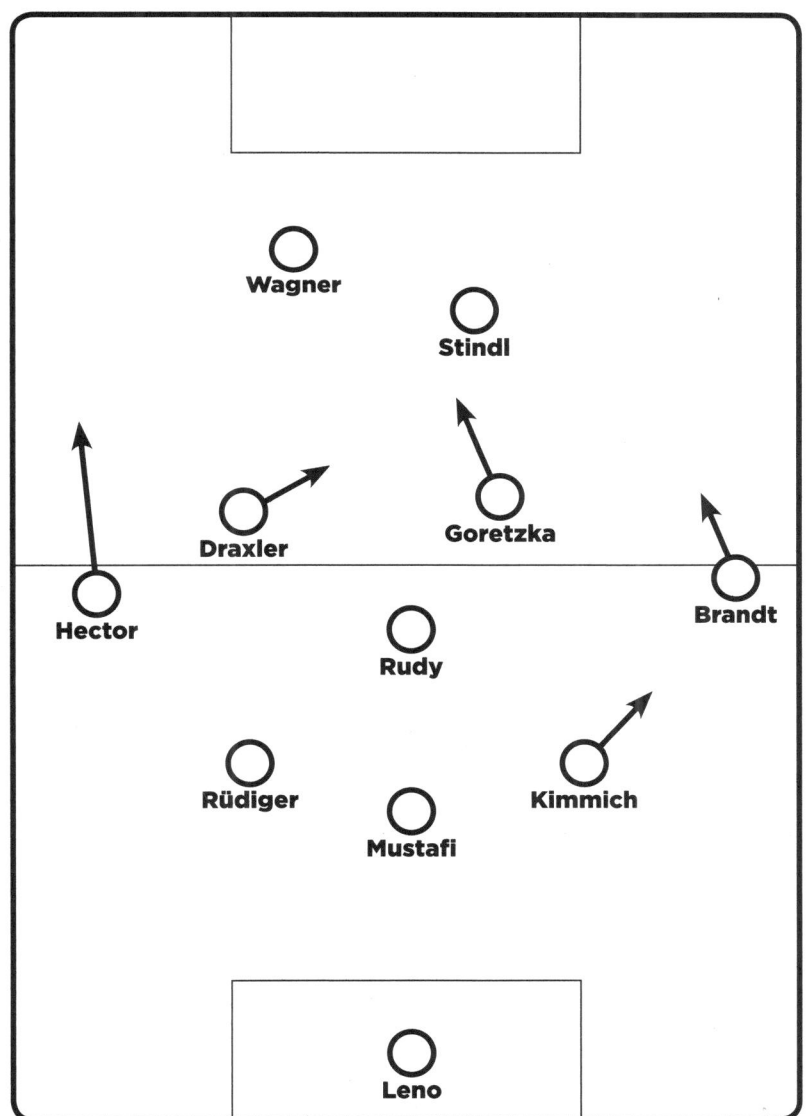

Deutsche Nationalmannschaft unter Jogi Löw, Confed Cup 2017

sen Kultur. Vor dem EM-Turnier 2012 in Polen lud der DFB Steffen Möller ein, einen deutschen Komiker, der seit zwei Jahrzehnten in Polen lebt und dort große Bekanntheit genießt. Möller hielt einen Vortrag über Land und Leute. Solche Vorträge veranstaltet die Nationalmannschaft seitdem regelmäßig vor Turnieren und Auswärtsspielen.

In allen Bereichen arbeitet die Nationalmannschaft professionell: Ein eigener Koch kredenzt den Spielern gesunde Kost. Jedes Training wird gefilmt und von einem eigenen Team ausgewertet. Oliver Bierhoff kümmert sich eifrig um die Organisation von Trainingslagern und die Vermarktung der Mannschaft. (Manche würden sagen, etwas zu eifrig, wenn man die Vielzahl an Werbeaktionen der Nationalmannschaft betrachtet.) Bei großen Turnieren gibt es Freizeitangebote für die Spieler, damit sie keinen Lagerkoller erleiden. Diese Angebote reichen von Filmvorführungen über Golf-Schnupperkurse bis hin zu Ausflügen zu örtlichen Sehenswürdigkeiten.

Löw ist zwar kompromissloser als in früheren Jahren, doch er ist weniger konfrontativ als Klinsmann, möchte seltener mit dem Kopf durch die Wand. Seit dem Weltmeistertitel ist Löw zudem gelassener geworden. Hatte man 2012 nach dem EM-Aus noch das Gefühl, Löw sei persönlich getroffen von der großen Kritik in der Heimat, verhielt er sich nach dem EM-Aus 2016 besonnen. Nüchtern bilanzierte er das Turnier, sprach die Fehler seiner Mannschaft an. Ja, sie hätten gut gespielt, doch sie müssen noch etwas mehr Zug zum Tor entwickeln, die eigenen Angriffe früher abschließen. Nichts zu spüren von Gram und Zorn über das mediale Gewitter, das über Löw einbrach. Stattdessen suchte Löw den Blick nach vorne – und passte seine Mannschaft sofort wieder an. Tatsächlich ist das DFB-Team nach der ballbesitzorientierten EM wieder direkter geworden, spielt früher in die Spitze. Er hatte diesen Trend im internationalen Fußball erkannt und umgesetzt.

Dieser Pragmatismus ist Löws größte Stärke. Als Trainer hat er die höchsten Höhen, aber auch die tiefsten Tiefpunkte erlebt, die dieser Beruf zu bieten hat. Das verändert einen Menschen zwangsläufig. Er ist kein Missionar wie Guardiola, kein Fußballromantiker wie Bielsa, nicht vernarrt in seine Ideen. Die Umstände bestimmen, welche Art von Fußball Löw sehen will. Löw meint zwar, das schöne Spiel sei wichtig im Fußball; flache Pässe und ein hohes Pressing waren stets Teil seiner Spielphilosophie. Allerdings schwebt ihm kein bestimmter Spielstil vor. Er schreckt nicht vor einem radikalen Wandel zurück, wie sein Wechsel von Konter- zu Ballbesitzfußball nach der WM 2010 unterstreicht.

Das ist vielleicht auch einer der Gründe, warum Löw gerade als Nationaltrainer derart große Erfolge feiert. Ein Nationaltrainer hat nur wenige Tage im Jahr Zeit, mit den Spielern zu arbeiten. Er muss zwangsläufig auf dem aufbauen, was die Trainer in den Vereinen machen. Wenn der FC Bayern einen radikalen Strategiewandel vollführt, kann Löw dies schwerlich ignorieren. Wäre er an eine Idee gebunden, müsste er stets hoffen, dass seine Spieler diese Idee auch in ihren Vereinen trainieren – etwas, das außerhalb seines Einflussbereiches liegt. Wäre Löw Vereinstrainer, könnte man seinen Pragmatismus durchaus als Beliebigkeit auslegen. Als Nationaltrainer ist diese Eigenheit für den Erfolg unabdingbar.

Löws großes Problem: Als Nationaltrainer steht er seltener, dafür aber während Turnieren wesentlich intensiver im Scheinwerferlicht als praktisch alle seine Kollegen. Überspitzt gesagt: Die Nationalmannschaft scheint manchmal, als wäre sie die wichtigste deutsche Institution des 21. Jahrhunderts, noch wichtiger als die Kirche oder der Staat. Welt- und Europameisterschaften sind längst Volksereignisse mit identitätsstiftendem Charakter. Da wird jede einzelne Partie unter ein Brennglas gelegt und tausendfach vergrößert. Bei einem Ausscheiden wie gegen Italien 2012 oder gegen Frankreich 2016 wird jeder Fehler untersucht, jede taktische Maßnahme in Frage gestellt. Der Blick auf die größeren Zusammenhänge geht verloren. So wurde Löw nach einem Ausscheiden in der Vergangenheit viel zu oft als taktischer Hardliner skizziert, der unfähig war, seinen eigenen Plan anzupassen. Es ist ein Fehlurteil, das schwer aus der Welt zu schaffen ist.

Doch Löw hat mit den Jahren gelernt, sich nicht abhängig zu machen von den Urteilen von außen. Er lenkt sein Image nicht. Er gibt zwar Interviews, auch gerne längere, aber er arbeitet nicht an seiner eigenen Legendenbildung. Er macht einfach weiter seine Arbeit und beobachtet, wie sich der Fußball entwickelt. Wenn er merkt, dass er sich mit seiner Philosophie verrannt hat, ändert er sie einfach.

Löw ist mittlerweile als Nationaltrainer nicht mehr wegzudenken. Ob er ewig in dieser Rolle bleiben wird? Ein Engagement bei einem Klub würde ihn noch einmal reizen, sagte er in einem Interview. Auch dort wüsste Löw sicherlich, wie er sich anzupassen hat.

KAPITEL 9

Thomas Tuchel

«Es ist wichtig, dass jeder Sportler sein außergewöhnliches Talent erkennt und weiß, dass er gesegnet ist mit seiner Begabung. Daraus sollte jeder eine Verpflichtung ableiten. Dass man alles daransetzen sollte, das gesamte Talent auch tatsächlich zu nutzen und das Höchstmögliche anzustreben.»

Wäre Thomas Tuchel zehn Jahre früher geboren, würde er heute wahrscheinlich im mittleren Management eines großen Unternehmens arbeiten. Er würde jeden Tag um 9 Uhr im Büro erscheinen, seine Akten abarbeiten und wieder nach Hause fahren. In seiner Freizeit würde er ein Fußballteam trainieren – wahrscheinlich genauso fixiert und kompromisslos, wie er heute seinen Job als Profitrainer erledigt. Aber eben nur in seiner Freizeit. Seinen Platz auf der Trainerbank in Mainz und später in Dortmund hätte jemand anders eingenommen, irgendein Ex-Fußballer, der nach seiner Karriere eine neue Aufgabe gesucht hat. Tuchel hätte, wäre er zehn Jahre früher geboren, als Außenseiter wohl keinen Platz gefunden in der Welt des Profifußballs.

Doch es kam anders. Heute gehört Tuchel zu den größten Trainertalenten Deutschlands. Er ist auf einem anderen Weg zum Trainerberuf gekommen als viele seiner Kollegen – nicht als Folge einer Spielerkarriere. Für ihn ist es ein Ausbildungsberuf, bei dem man ständig dazulernen und sich weiterbilden muss, um mithalten zu können. Sein Zugang zum Fußball ist theoretischer, wissenschaftlicher. Es wäre aber falsch, Tuchel als reinen Theoretiker abzustempeln. Was ihn in der Branche so herausragen lässt, ist seine Fähigkeit, theoretisches Wissen praktisch anzuwenden. Dabei geht er keine Kompromisse ein – manchmal zum Wohl seiner Spieler, manchmal auch zu ihrem Leidwesen.

Tuchels Werdegang ist untrennbar verbunden mit der größten Revolution, die das deutsche Trainerwesen in seiner Geschichte erlebt hat. Der Ausgangspunkt für diese Entwicklung war die Europameisterschaft 2000. Die deutsche Nationalmannschaft schied bereits in der Vorrunde aus. Sang- und klanglos verlor Deutschland mit 0:3 gegen eine portugiesische B-Elf. Technisch, athletisch, taktisch: In allen Bereichen waren die deutschen Fußballer unterlegen.

Der DFB wusste: Es genügte nicht, einfach nur Trainer Erich Ribbeck auszutauschen. Der Fisch stank vom Kopf. Die Nationalmannschaft war hoffnungslos überaltert. Junge Talente? Fehlanzeige. Der gesamte Nachwuchsbereich bedurfte einer Reform. Bereits 1998, damals noch unter Nationaltrainer Berti Vogts, planten die DFB-Bosse ein Programm, um mehr Talente zu fördern. Nach dem peinlichen Aus bei der EM 2000 gab der DFB die Gelder frei. Die Landesverbände, dem DFB untergeordnet, bauten ein Netz aus Stützpunkten auf. Diese dezentralen Stützpunkte sollten Talente früher entdecken und besser fördern.

Im Fußball kann ein Verband jedoch nur bis zu einem bestimmten Grad Dinge bewirken. Zwar gibt es Auswahlteams der Stützpunkte, der Bundesländer und ab dem Altersbereich U16 Nationalmannschaften. Doch die tägliche Ausbildung der

Talente findet in den Vereinen statt. In der zweiten Phase der Jugendrevolution übte der DFB daher Druck auf die Klubs der Bundesliga aus. Sie waren der Schlüssel, um mehr und bessere Fußballer auszubilden.

Die Liga schrieb Mitte der nuller Jahre fest: Wer in der Bundesliga mitspielen möchte, muss eine Jugendakademie betreiben. Auf typisch deutsche Weise wurde bis ins kleinste Detail vorgegeben, wie diese Jugendakademien arbeiten sollen. Die Bundesliga entwickelte präzise Leitlinien, über 400 Punkte müssen die Klubs beachten. Es beginnt bei der Anzahl der Schlafplätze und geht über die schulische Betreuung bis hin zur Gestaltung der Trainingsplätze. Es ist sogar vorgegeben, dass die Jugendspieler im Winter in einer Halle trainieren sollen und dass die Vereine «Regenerationseinrichtungen» wie Saunas und Ermüdungsbecken zur Verfügung stellen müssen. Eine externe Firma wacht darüber, dass die Klubs die 400 Punkte lange Liste einhalten.

Einer dieser 400 Punkte zwang die Vereine, Trainer für ihre Jugendteams anzustellen. Bezahlte Trainer. Es klingt heutzutage abenteuerlich, doch bis zur Jahrtausendwende stand bei vielen Vereinen nicht ein einziger Jugendtrainer auf der Gehaltsliste. Nun musste mindestens ein Trainer im Jugendbereich über die Fußballlehrer-Lizenz verfügen, die höchste Trainerlizenz im deutschen Profifußball. Der Anteil der Vereine in den ersten beiden Ligen, bei denen vier oder mehr Jugendtrainer in Vollzeit arbeiten, stieg in den letzten zehn Jahren von 33 % auf 75 %.

Viele Vereine standen durch die neuen Regelungen aber zunächst vor einer echten Herausforderung: Wo sollten sie Jugendtrainer finden? Um die Einschätzung von Mainz-Manager Christian Heidel ins Gedächtnis zu rufen: Deutschland hatte um die Jahrtausendwende nicht in erster Linie ein Nachwuchs-, sondern ein Trainerproblem. Da half nur eins: improvisieren. Manager wie Heidel gaben plötzlich Trainern eine Chance, die weder eine große Spielerkarriere noch Erfahrung als Trainer vorzuweisen hatten. Was hätten sie auch sonst tun sollen? Gestandene Trainer hatten wenig Interesse daran, im Jugendbereich zu arbeiten. Das roch nach Karriereknick. Junge Quereinsteiger sahen den Jugendtrainer-Job indes als Chance, in die bis dahin verschlossene Welt des Fußballs zu gelangen. Quereinsteiger, die unverbraucht, motiviert und – last, but not least – günstig waren.

Die Reformen der Jugendarbeit hatten somit einen Nebeneffekt, den niemand geplant hatte: Es setzte eine Revolution des Trainerberufs ein. Früher gab es für Fußballtrainer nur zwei Möglichkeiten, ihren Lebensunterhalt zu verdienen: entweder als Cheftrainer bei einem Profiverein oder als Assistenztrainer bei einem Profiverein. In den vergangenen zwanzig Jahren haben sich viele neue Positionen ergeben, die besetzt werden mussten: Jugendtrainer, Leiter der Nachwuchsleistungszentren, Scouts; sie alle werden mittlerweile bezahlt. Plötzlich verdienten nicht nur Ex-Profis ihr Geld mit dem Fußball. Ambitionierte Amateurtrainer, Sportlehrer, jugendliche Fußballenthusiasten: Sie füllten die Lücken, die das neue System schuf. Sie alle beschäftigten sich nicht mehr nur in ihrer spärlichen Freizeit, sondern Vollzeit mit Fußball. Vom DFB bekamen sie die bestmögliche Ausbildung. In keinem anderen Land der Welt dauern die Trainerkurse so lange und gehen derart in die Tiefe – auch das eine Folge der Ergebniskrise um die Jahrtausendwende.

Thomas Tuchel profitierte von dieser Neuordnung der Trainerwelt. Tuchel träumte eigentlich von einer Karriere als Fußballspieler, von Bundesliga- und Europapokal-Spielen. Darauf hatte er sein ganzes Leben hingearbeitet. Als Jugendlicher verzichtete er auf Alkohol und Partys, trainierte härter und länger als seine Teamkollegen. Über die Jugendteams des FC Augsburg wollte er sich für höhere Aufgaben empfehlen, doch sein Traum zerbrach früh: Sein Knie hielt den Belastungen eines Berufsfußballers nicht stand. Nach einigen Einsätzen in der zweiten und dritten Liga für die Stuttgarter Kickers und den SSV Ulm musste Tuchel seine Karriere beenden. Mit 24. Es brach ihm das Herz. Vorerst hatte er mit dem Fußball abgeschlossen. «Ich dachte: ‹Die können alle spielen›, und ich konnte nicht ... Ich wollte irgendwann nicht einmal mehr ins Stadion», sagte Tuchel dem *ZeitMagazin Mann*. Tuchel schlug sich mit Kellnerjobs durchs Leben und begann ein BWL-Studium. In früheren Jahren wäre es das Ende seines Traums gewesen, mit Fußball sein Geld zu verdienen.

Eines Tages hörte Tuchel beim Kellnern, dass seine Ex-Teamkollegen aus Ulm den Aufstieg in die Bundesliga geschafft hatten. Er war tief getroffen. Sie lebten seinen Traum, und er stand in einer Bar und mixte mäßig leckere Cocktails. Ihm wurde klar: So ganz hatte er mit dem Fußball doch nicht abgeschlossen. Er wollte zurück.

Eine Schlüsselfigur bei seiner Rückkehr war Ralf Rangnick. Rangnick war selbst ein Außenseiter im Fußball. In den Neunzigern arbeitete er sich dank seines taktischen Wissens aus dem Amateurbereich nach oben. Er gehörte zu den ersten deutschen Trainern, die Sacchis Raumdeckung kopierten. Rangnick hatte Tuchel in Ulm trainiert und als unbequemen, aber interessierten Spieler kennengelernt. Tuchel wollte immer genau wissen, warum Rangnick seine Taktik so wählt, wie er sie gewählt hat. Als Rangnick Anfang der nuller Jahre beim

VfB Stuttgart anheuerte, gab es dort, wie vielerorts, Trainerstellen im Jugendbereich zu besetzen. Rangnick riet Tuchel, ein Praktikum in Stuttgart zu absolvieren. Tuchel sagte zögernd zu – Trainer wollte er eigentlich nie werden. «Doch plötzlich habe ich gemerkt: ‹Ich kann die Spieler gut einschätzen, die kommen und fragen mich was, ich sehe Talente, ich finde eine gute Position›», sagte Tuchel später über diese Zeit.

Nun war es nicht so, dass Tuchels Weg zum Bundesliga- und später sogar Champions-League-Trainer absehbar war. Dass «Trainer» ein richtiger Beruf war, mit dessen Hilfe Tuchel seinen Traum vom Profifußball leben konnte, musste er selbst erst lernen. Es half, dass er mit Rangnick einen der wenigen Männer Deutschlands als Vorgesetzten hatte, denen der Sprung aus der Amateur- in die Profiwelt schon gelungen war. Laut Tuchel war aber nicht Rangnick, sondern Hermann Badstuber sein größter Lehrmeister. Den 2009 verstorbenen Vater des bekannten Verteidigers Holger Badstuber traf Tuchel in Stuttgart. Er habe Tuchel «zum ersten Mal gezeigt, dass das ein Beruf ist, den ich da mache, dass es nicht nur ein Hobby ist und dass man so viel wissen kann ... Er kannte jede Pass-übung von Ajax Amsterdam und Eindhoven, holte sich Inspirationen aus Monaco oder Rom ... Ich dachte nie, dass ich dieses Niveau an Wissen erreichen kann», so Tuchel später gegenüber den *Ruhrnachrichten*.

Badstubers Durst nach Wissen steckte Tuchel an. Der Ehrgeiz, der ihn schon als Spieler trieb, trat nun auch als Trainer zutage. Er übernahm zig Jobs auf einmal: Als Trainer leitete er seine jungen Schützlinge an, als Analyst tüftelte er an neuen Taktiken und Ideen, als Scout reiste er durch Süddeutschland und sichtete Talente für seine Klubs. Und mit dieser Methode feierte er Erfolge. Langsam, aber stetig kletterte Tuchel die

Karriereleiter hinauf, vom U15-Trainer in Stuttgart über den Leiter des Nachwuchsleistungszentrums in Augsburg bis hin zum U19-Trainer in Mainz. Dort gewann er mit den kleinen Mainzern einen großen Titel: die deutsche A-Junioren-Meisterschaft. Spätestens jetzt galt Tuchel in Fachkreisen als Posterboy der neuen Trainergeneration: jung, akribisch, erfolgreich. Die Prüfung zur Fußballlehrer-Lizenz bestand er als Jahrgangsbester mit der Note 1,4.

2009 kam mit Tuchel diese neue Trainergeneration in der Bundesliga an. Wie schon bei der Anstellung von Jürgen Klopp war es Christian Heidel, der in Mainz das tat, was andere sich nicht trauten. Jørn Andersen, der damalige Mainzer Trainer, hatte sich bereits in der Vorbereitung mit der Mannschaft überworfen. Nach dem Erstrunden-Aus im Pokal analysierte Heidel die Lage. Eine Saison mit Andersen würde nicht gut ausgehen, fürchtete er. Doch er hatte einen Joker in der Hand: den Trainer seiner U19. Heidel hielt große Stücke auf Tuchel. «Jürgen Klopp zum Cheftrainer zu machen war die impulsivste Entscheidung meiner Karriere. Thomas Tuchel zu befördern war die am reiflichsten überlegte.»

Tuchel war in der Medienwelt ein Unbekannter. Schnell wurde er als Novize abgestempelt. Doch zum Zeitpunkt seiner Beförderung hatte er bereits knapp zehn Jahre lang Erfahrungen als Trainer sammeln können – das neue Nachwuchssystem machte es möglich. Tuchel war der erste Trainer, der den Sprung von den Nachwuchsleistungszentren in die Bundesliga schaffte. Er öffnete damit eine Tür, durch die seitdem mehr und mehr Trainer gehen. Dass diese Tür offen blieb, lag nicht zuletzt an Tuchels Ergebnissen. Fünf Jahre war er Mainzer Cheftrainer (2009–2014). Erstellt man eine Bundesliga-Tabelle aus allen Spielen dieser Zeit, stünde Mainz auf

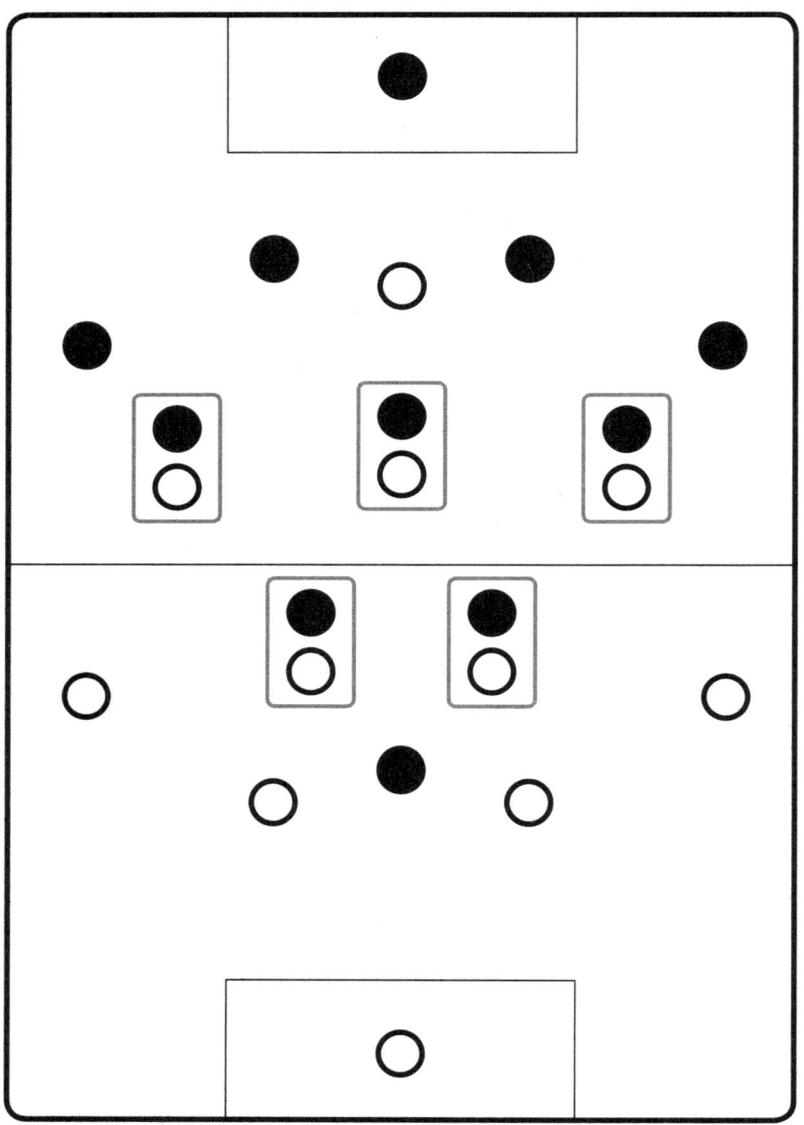

Taktik-Theorie: Ein Beispiel für eine Spiegelformation. Die 4–3–2–1-Formation (schwarz) spiegelt die 4–2–3–1-Formation (weiß) im Mittelfeld.

dem fünften Rang, weit vor finanziell wesentlich stärkeren Klubs wie Wolfsburg, Gladbach oder Hamburg. Gleich zweimal qualifizierten sich die kleinen Mainzer unter Tuchel für die Europa League. Mit Blick auf die Ergebnisse ist er der erfolgreichste Mainzer Coach aller Zeiten, noch vor der Legende Jürgen Klopp.

In einem Vortrag mit dem treffenden Titel «Rulebreaker» (Regelbrecher) erklärte Tuchel seinen damaligen Trainingsansatz: Bevor er in Mainz begonnen hatte, war in der Mannschaft «ein Gefühl der Unterlegenheit entstanden. Also was machen? Gegner schauen, Gegner schauen, Gegner schauen! Was machen die? Wie spielen die? Jede Woche den Gegner analysieren, DVD schauen, vorspulen, zurückspulen, vorspulen, zurückspulen, schneiden, schneiden, schneiden. Und dann haben wir den Gegner gespiegelt.» Dahinter steckt eine simple Grundidee: Die eigene Mannschaft soll exakt so wie der Gegner aufgestellt sein, damit sie überall auf dem Feld direkte Duelle erzwingen kann. Ein Beispiel: Der Gegner spielt in einem 4–2–3–1; zu der Zeit war das eine häufig gewählte Formation in der Bundesliga. Tuchel stellte diesem System ein 4–3–2–1 entgegen: Die beiden offensiven Mittelfeldspieler decken die gegnerische Doppelsechs, die drei tieferen Mittelfeldspieler verfolgen die drei offensiven Mittelfeldspieler. Das erleichtert der Mannschaft die Verteidigungsarbeit.

Je länger Tuchel in Mainz blieb, umso komplexer wurde die taktische Planung. Tuchel wollte seiner Mannschaft nicht nur in der Defensive Vorteile verschaffen, sondern auch in der Offensive. Er studierte Guardiolas Barcelona und kopierte dessen Gegenpressing. Er studierte Klopps Dortmunder und kopierte deren Umschaltspiel. Als Außenseiter wollte Tuchel diese Grundideen aber immer am Gegner ausrichten. Das oberste Ziel war es, den Gegner auf das eigene Niveau herunterzuziehen. Egal, wie komplex das Spiel wurde, die Fragen bei der Vorbereitung blieben dieselben: «Welche Grundordnung? Wo liegt der Vorteil?» Per Video analysierte Tuchels Team den kommenden Gegner, in seinem Büro verschoben sie Magneten über die Taktiktafel und suchten nach Lücken im gegnerischen System. Das Ziel war immer, die Theorie von der Taktiktafel in die Praxis auf dem Feld zu übersetzen: «Wen brauchen wir dazu? Welcher Spieler könnte den Unterschied machen gegen den anderen Spieler?»

Als Mainz zu Beginn der Saison 2010/11 die ersten sieben Partien in Folge gewann und damit den Startrekord der Bundesliga einstellte, setzte ein Hype um Tuchel ein. Das von ihm kreierte Wort «Matchplan» war nun in aller Munde. Tuchel brach mit der alten Fußballweisheit «Never change a winning team». Jede Woche kam eine andere Mannschaft auf das Feld. Vor einer Partie gegen Werder Bremen nahm Tuchel sechs Änderungen vor – und das, obwohl seine Mannschaft eine Woche zuvor überzeugend gewonnen hatte. Team-Manager Heidel fragte Tuchel im Mannschaftsbus verdutzt: «Ey, sechs Änderungen? Meinst du nicht, das ist ein bisschen viel?» Tuchels Trainerteam war gar nicht aufgefallen, wie viele Änderungen sie vorgenommen hatten. Sie entwarfen einfach die aus ihrer Sicht bestmögliche Taktik. Das ist ein neuer, radikaler Ansatz. Ein Ansatz, der vor allem dann gutgeht, wenn sich der Gegner nicht ebenfalls an die Mainzer anpasst. Und das taten damals die wenigsten Gegner.

Mit seinen Analysen hat sich Tuchel den Ruf als Taktikfuchs und Matchplan-Tüftler erworben, tatsächlich sieht er aber die wahre Arbeit eines Trainers auf dem Platz. Hier zeigt sich die intensive Verbindung von Theorie und Praxis, die Tuchel auszeichnet. Er eignet sich ständig Wissen an – aus Büchern, aus Gesprächen, aus der Beobachtung von Trainings bekannter Coaches: Ralf Rangnick, Jogi Löw, Pep Guardiola. Er studiert aber auch andere Bereiche: Wie ernährt man sich gesund? Was sagt die moderne Pädagogik über Lehrmethoden? Wie organisieren große Banken Teamprozesse? Jeden Wissensfetzen, den Tuchel aufnimmt, bezieht er auf Fußball.

Matchplan
Der Matchplan bezeichnet die vom Trainer vorgegebene Taktik für ein konkretes Spiel. Er berücksichtigt dabei die Stärken des eigenen Teams, aber auch die Stärken und Schwächen des gegnerischen Teams. Ein guter Matchplan ist immer individuell auf den Gegner abgestimmt. Thomas Tuchel prägte diesen Begriff. Ältere Trainer verweisen nicht ganz zu Unrecht darauf, dass auch sie sich individuell auf den Gegner einstellten, ein Matchplan also keine neue Erfindung sei. Der Unterschied: Trainer wie Tuchel analysieren den Gegner im Detail und passen die eigene Taktik entsprechend detailliert an.

Tuchels Suche nach neuen taktischen Ideen und neuen Ansätzen in der Wissenschaft hat stets den Zweck, das Gelernte auf dem Trainingsplatz anzuwenden. Er definiert sich wohl wie kein zweiter Trainer in diesem Buch über seine Arbeit auf dem Platz. Jedes Training plant er selbst und führt es selbst durch. Er steckt die Hütchen eigenhändig ab, um sicher zu sein, dass sie zentimetergenau richtig platziert sind. Sogar sonntagmorgens, beim Auslaufen der Ersatzspieler, leitet er persönlich das Training. Andere Trainer nutzen diese Zeit zur Entspannung oder zur Öffentlichkeitsarbeit, indem sie beispielsweise im *Doppelpass* auftreten, einer Boulevard-Talkshow. Tuchel ist das Training wichtiger, auch wenn «nur» Ersatzspieler auf dem Platz stehen.

Als Spieler hatte Tuchel kurzzeitig Sport studiert, das Studium aus Zeitgründen aber abgebrochen; er wollte jeden Strohhalm greifen, um es als Spieler zu schaffen. Eine Sache blieb ihm aus dem Studium jedoch hängen: die Theorie des differenziellen Lernens. Diese Theorie geht zurück auf Prof. Dr. Wolfgang Schöllhorn, seines Zeichens Sportwissenschaftler und Experte für Bewegungslernen. Schöllhorn wehrt sich gegen die Annahme, es gebe den einen, korrekten Weg, eine Bewegung auszuführen. Vielmehr seien Bewegungen individuell. Die Folge dieser Theorie: Beim Training sollen falsche Ausführungen einer Bewegung nicht korrigiert, sondern bewusst integriert werden. Nicht das Einstudieren einer Idealbewegung, sondern das Schaffen immer neuer Umstände perfektioniere eine Bewegung.

Konkret auf den Fußball bezogen bedeutet das: Es bringt nichts, Schießen zu üben, indem man hundertmal vom selben Punkt aus schießt. Das Schießen muss in Spielformen integriert werden, jeder Schuss muss aus einer anderen Position erfolgen, aus einer anderen Grundsituation. Je mehr unterschiedliche Situationen ein Spieler im Training kennenlernt, umso leichter kann er sie im Spiel meistern. Das erinnert etwas an Marcelo Bielsas Vermessung des Fußballs. Der Unterschied: Tuchel würde argumentieren, man kann die Anzahl der unterschiedlichen Situationen im Fußball gar nicht zählen, denn es gibt unendlich viele. Keine Situation gleicht exakt der anderen. Irgendein Faktor unterscheidet sich immer, sei es die Geschwindigkeit des Balls, die Position des Torhüters oder auch nur die Höhe der Grashalme.

Tuchel übersetzt diesen theoretischen Ansatz in praktische Arbeit. «Differenzielles Lernen versuchen wir mit Spielformen abzubilden. Kein ständiges Einschleifen, kein ständiges Wiederholen, sondern Veränderungen. Es geht darum, immer neue und veränderte Situationen herzustellen, durch extreme Verengung oder Verbreitung der Räume oder durch das Spielen unter extremem Zeitdruck», erklärte Tuchels Assistenztrainer Arno Michels dem Online-Magazin *spox*. Mal darf der Ball nur einmal berührt werden, mal nur zweimal. Mal müssen sich bestimmte Spieler in einem bestimmten Winkel zum Ball aufstellen. Tuchel drückt seinen Spielern auch mal Tennisbälle in die Hand, damit sie üben, im Zweikampf nicht die Hände zu benutzen. Zuweilen weist Tuchel den Greenkeeper sogar an, den Rasen nicht zu mähen, damit seine Spieler unter ihnen unbekannten Bedingungen trainieren, nämlich auf einem Rasen mit langen Halmen. Ständig gibt es neue Variationen, die die Spieler dazu zwingen, alte Muster aufzubrechen. Ex-Mainzer Andreas Ivanschitz scherzte, man bräuchte einen Universitätsabschluss, um Tuchels Übungen zu verstehen.

Tuchel geht mit seinem Fokus auf spielnahen Übungen sogar noch einen Schritt weiter als die Barça-Schule. Zu jeder Zeit soll alles trainiert werden. «Wir trainieren in jedem Training die Defensive, in jedem Training die Offensive. Wir versuchen die Spieler in so viele Situationen zu bringen mit so vielen Ballkontakten, dass sie selber anfangen, Lösungen zu finden.» Konkret bedeutet das, dass Tuchel es vermeidet, klassische Trainingsformen zu nutzen. In einen Kreis stellen und passen? Elf gegen Elf über das gesamte Feld? Gibt es bei Tuchel nicht. Stattdessen steckt Tuchel seinen Trainingsplatz im-

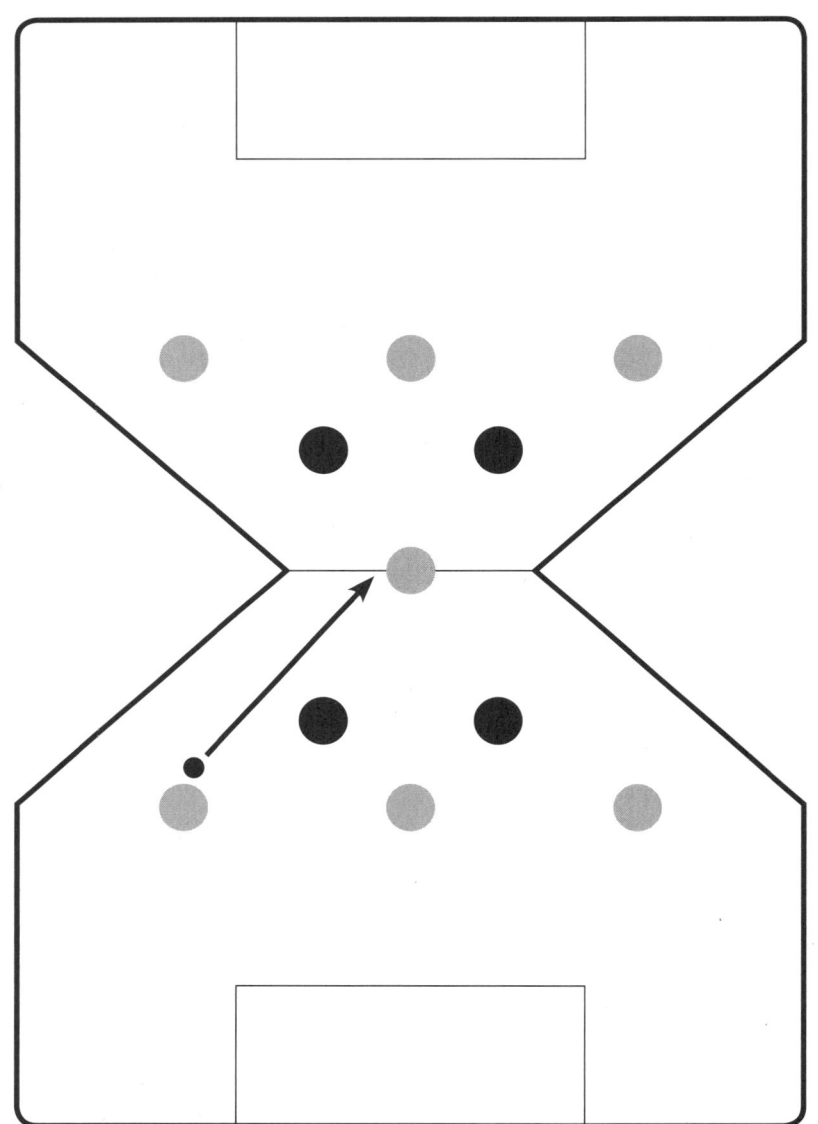

Ein Beispiel für ein Trainingsfeld unter Thomas Tuchel. Das Spielfeld ist im Zentrum verengt. Die Mannschaft soll Pässe durch die Spielfeldmitte trainieren.

mer neu ab. Mal schneidet er die Ecken des Spielfelds ab; der Trainingsplatz wirkt wie ein großer Diamant. Damit möchte er seinen Spielern beibringen, den Spielaufbau möglichst diagonal anzulegen. Mal geht Tuchel den anderen Weg und verengt den Raum im Zentrum; der Platz sieht dann aus wie eine große Sanduhr. So sollen seine Außenverteidiger üben, den Ball im Spielaufbau ins zentrale Mittelfeld zu spielen. Diese Übungen finden immer unter Gegnerdruck statt, immer im höchsten Tempo.

Tuchels Ansatz, möglichst häufig in Spielformen zu trainieren, funktioniert nur, wenn die Spieler mitmachen. Hier scheint Tuchels Ehrgeiz durch. Als positives Beispiel hebt er gerne Pep Guardiolas Barcelona hervor. Aber nicht nur wegen des Spielstils: Er bewundert, wie große Stars wie Lionel Messi gegen den Ball arbeiten, ackern, mit nach hinten sprinten. «Demut» ist eines der Lieblingswörter von Tuchel. Seine Geduld mit Spielern, die nicht zu jeder Zeit alles geben, ist entsprechend begrenzt. Spieler, die im Training abschalten oder nicht rechtzeitig abspielen, brüllt er gnadenlos an. Wer im Training nicht aufpasst, hat keine Chance, am Wochenende auf dem Platz zu stehen.

Tuchel fordert Professionalität auf dem Platz, aber auch abseits davon. So modern seine Ideen auf dem Platz sind, so konservativ ist seine Vorstellung des Miteinanders im Team. Eine seiner ersten Amtshandlungen in Mainz war es, die Mannschaft nach dem Training zu einem gemeinsamen Abendessen zu verpflichten. Alle Spieler mussten mindestens eine halbe Stunde am Esstisch verweilen, Handys waren verboten. Nach und nach stellte Tuchel Regeln auf, wie das Zusammenleben innerhalb der Mannschaft zu funktionieren habe. Darunter waren Klassiker wie «Wir geben uns die Hand!», aber auch fußballbezogenere Dinge wie «Wir helfen uns auf dem Platz!». Die Regeln erarbeitete er zusammen mit den Spielern. Wer sich nicht daran hielt, bekam Ärger.

In Mainz feierte Tuchel mit diesen Methoden große Erfolge, aber irgendwann wurde er müde. 2014 wollte er sich nach fünf Jahren als Mainzer Cheftrainer eine neue Herausforderung suchen. Tuchels Vertrag galt noch ein Jahr, aber er wollte unbedingt den Verein wechseln. Heidel dachte, Tuchel bluffe, als er sagte, er sitze den Vertrag notfalls einfach aus und mache ein Jahr lang gar nichts: «Das schaffst du gar nicht, ein Jahr lang nicht zu arbeiten!» Und wie er das schaffte. Natürlich machte Tuchel in dieser Zeit sehr viel: Er tingelte um den Planeten, traf Kollegen und bildete sich fort. Besonders häufig war Tuchel in Gesellschaft von Pep Guardiola anzutreffen. Bei Speis und Trank philosophierten sie über Fußball, malten imaginäre Linien über den Tisch und verschoben Salz- und Pfefferstreuer wie Magneten auf einer Taktiktafel.

Die Treffen mit Guardiola inspirierten Tuchels Arbeit. Als er nach einem Jahr Pause nach Dortmund wechselte, wollte er die neugewonnenen theoretischen Erkenntnisse praktisch anwenden. Seine Mainzer waren ein klassisches Konterteam, kompakt im Spiel gegen den Ball, schnell im Umschalten. In Dortmund ging er einen gänzlich anderen Weg: Er adaptierte Guardiolas Positionsspiel. Dortmund hatte unter dem neuen Trainer mehr Ballbesitz, fokussierte das Zusammenspiel, hielt strikt die Positionierung in den Zonen ein. Statt jede Woche einen neuen Matchplan zu kreieren, stabilisierte er das Team in einem festen System, einem 4–3–3. Tuchel beflügelte das Ballbesitzspiel, in den letzten Monaten unter Klopp eine Schwäche. Er erfand sich aus taktischer Sicht völlig neu und

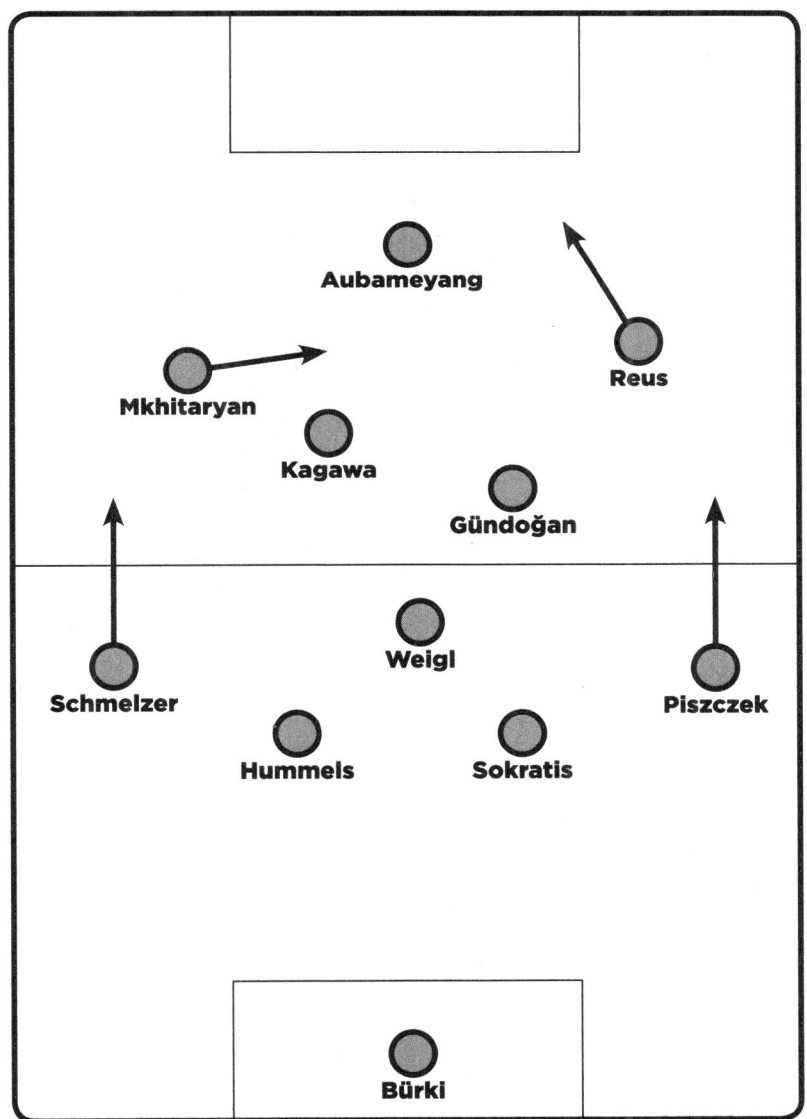

Borussia Dortmund unter Thomas Tuchel, Saison 2015/16

verbesserte damit den BVB schlagartig. Einen Titel gewannen sie im ersten Jahr nicht, doch Tuchels Dortmunder holten den Rekord für den Zweitplatzierten mit der höchsten Punktzahl.

Im zweiten Jahr stand Tuchel vor einer neuen Herausforderung. Mit Henrikh Mkhitaryan, Ilkay Gündoğan und Mats Hummels verkaufte der BVB die Säulen des Positionsspiels. Tuchel war zum Neuaufbau gezwungen. Er flüchtete sich in seine Flexibilität aus Mainzer Tagen. Jedes Wochenende stand eine andere Mannschaft auf dem Feld, jedes Wochenende gab Tuchel eine neue taktische Marschroute aus. Er hatte eine letzte geniale Idee: eine 3–2–4–1-Formation, asymmetrisch, mit klaren Aufgabenteilungen. «Plötzlich haben wir gegen Porto in der Europa League durch das Studium von uns selber und durch Gegentore und verhinderte Chancen festgestellt, dass wir 3–2–4–1 gespielt haben. Ich hätte ihnen sechs Wochen vorher nichts darüber erzählen können, weil ich nicht wusste, dass das möglich ist und Sinn machen kann, sich so ins Feld zu stellen», sagte er während einer Podiumsdiskussion, die das deutsche Fußballmuseum ausrichtete. Das klingt weniger nach einem Fußballtrainer auf der Suche nach der richtigen Formation, sondern eher nach einem Künstler, der einer genialen Eingebung folgt. Auf der rechten Seite postierte sich das Team tiefer, baute das Spiel auf. Sie überluden diese Seite. Die linke Seite agierte höher und sollte das Spiel veredeln. Jogi Löw nahm diese Idee beim Confed Cup auf und holte damit den Titel. Doch die ständigen Personalrochaden verhinderten, dass Dortmund eine eingespielte Mannschaft auf das Feld bekam. In der Liga blieb man hinter den Leistungen des Vorjahrs zurück. Trost verschaffte der DFB-Pokalsieg.

Überladen

Als Überladen bezeichnet man ein taktisches Stilmittel, bei dem eine Mannschaft bewusst eine Überzahl auf einer Seite herstellt. Hierzu rücken die Spieler aus dem Zentrum oder vom gegenüberliegenden Flügel auf die Seite, die überladen werden soll. Somit kreiert man eine Überzahl auf dieser Seite und schafft mehr Anspielstationen. Der Nachteil: Nach einem Ballverlust ist man gegen eine Spielverlagerung anfällig, also gegen einen langen Ball auf die gegenüberliegende Seite.

Der BVB entließ Tuchel nach der zweiten Saison, doch sein Scheitern hatte letztlich weniger taktische Gründe. Tuchel forderte viel von der Mannschaft und seinen Vorgesetzten. Für ihn ist jede Kleinigkeit relevant für die Leistung auf dem Platz, am liebsten würde er alles kontrollieren. Eine der ersten Amtshandlungen von Tuchel war es, den Caterer des BVB zu wechseln. Die Mannschaft sollte sich gesünder ernähren, Nudeln mussten vom Speiseplan verschwinden. Der bisherige Caterer, ein Italiener, war ausgerechnet für seine leckeren Nudelgerichte bekannt, und Klub-Boss Hans-Joachim Watzke grummelte: So schlecht könne die Ernährung ja nicht gewesen sein, schließlich sei der Klub unter Klopp zweimal Meister geworden. Dieser Konflikt war der Vorgeschmack auf das, was Tuchels Zeit in Dortmund prägen sollte. Tuchel missfiel, dass der Klub Spieler kaufte, ohne sich vorher mit ihm abzusprechen. Den Bossen missfiel, wie Tuchel mit Scouting-Chef Sven Mislintat umging, einem im Klub hochangesehenen Fachmann, der unter anderem Shinji Kagawa für Dortmund entdeckte. Tuchel hatte ihn angebrüllt und ihm verboten, das Profi-Team zu besuchen.

Das sind nur einige der Geschichten, die an die Öffentlichkeit gedrungen sind. Bis heute ist nicht vollends klar, was zur Trennung von Tuchel führte. Das Tischtuch war endgültig zerschnitten, als sich die Dortmunder Führung und Tuchel über den Umgang mit dem Terroranschlag auf den Dortmunder Mannschaftsbus zerstritten. Spätestens das Ende der Zusammenarbeit zementierte Tuchels Ruf: ein Theoretiker, ein Fußballnerd, der in der Menschenführung versagt. Dieser Ruf verfolgt ihn jetzt.

Tuchels Ruf hat letztlich auch unter seiner schwierigen Beziehung zu den Medien gelitten. Er redet nicht gerne über fußballfremde Themen. Es zähle für ihn nur «das Spiel auf dem Platz, nicht die Pressekonferenz vor dem Spiel und nicht die Pressekonferenz nach dem Spiel und schon gar nicht, wie ich am Spielfeldrand jubele!». Interviews verweigert er, einzig auf langen Diskussionsabenden spricht er über seine Fußballphilosophie. Tuchel gilt in Medienkreisen als schroff. Das soll nicht bedeuten, dass hinter der negativen Presse für Tuchel eine Kampagne steckt, doch Tuchel ist für die Medien wie für die Fans nicht greifbar. Menschen, die Fußball noch immer als einfaches Spiel begreifen, ist Tuchels ganzes Wesen fremd.

In der Tat sticht Tuchel aus der Fußballwelt heraus. Er verkörpert einen Intellektualismus, der der Fußballbranche auch heute noch etwas fremd ist. In seiner Freizeit trifft er sich mit Wissenschaftlern, Musikern – Max Herre und Clueso zählen zu seinem Bekanntenkreis – sowie Wirtschaftsbossen wie dem Chef der Deutschen Bank. Tuchel meditiert zweimal am Tag und achtet penibel auf seine Ernährung. Getreidespeisen sind tabu, alkoholhaltige Getränke ebenso. Aus seiner Sicht ist alles im Leben relevant für die Leistung am Wochenende, ganz besonders aber die richtige Aufstellung und Taktik. Mit seiner Obsession nervt Tuchel Spieler, Verantwortliche und auch ein bisschen die Fans. Ständig neue Trainingsformen, neue Aufstellungen, neue taktische Anweisungen.

Seine Obsession macht es auch den Spielern nicht immer leicht. Tuchel selbst hätte alles für eine Profikarriere getan, wie sie seine Spieler haben. Er hat wenig Verständnis für Spieler, die diesen Einsatz nicht zeigen: «Es ist wichtig, dass jeder Sportler sein außergewöhnliches Talent erkennt und weiß, dass er gesegnet ist mit seiner Begabung. Daraus sollte jeder eine Verpflichtung ableiten. Dass man alles daransetzen sollte, das gesamte Talent auch tatsächlich zu nutzen und das Höchstmögliche anzustreben.»

Tuchel hat ebensowenig Verständnis für Funktionäre, die aus seiner Sicht nicht alles dem Fußball unterordnen. Selbst ihm wohlgesinnte Beobachter meinen, dass seine Arbeitsweise, seine ganze Persönlichkeit etwas Manisches hat. Tuchels Interessen beißen sich manches Mal mit den Interessen seiner Spieler. Fußballer sind auch nur Menschen. Manchmal wollen sie einfach einen Burger essen und kein Dinkelbrot, manchmal wollen sie einfach Spaß haben und nicht über die richtige Taktik am kommenden Wochenende diskutieren. Oft ist es ihnen egal, ob es für die Taktik des Teams sinnvoller ist, wenn sie nur auf der Bank sitzen – sie wollen spielen.

Ihn als rein theoretischen Laptoptrainer abzustempeln täte ihm allerdings unrecht. Es stimmt: Tuchel definiert sich stärker über sein fußballerisches Wissen als viele Kollegen, die früher erfolgreiche Spieler waren. Im Fokus steht bei ihm aber immer die praktische Anwendung dieses Wissens. Der Fall Mkhitaryan zeigt, wie Tuchels Ansatz einem Spieler auch helfen kann. Der Feingeist war schon vor Tuchels Ankunft in Dortmund ein beschlagener Techniker mit dem Auge für den richtigen Pass. Seine Nervosität stand ihm jedoch oft im Weg. Tuchel konzentrierte sich auf das Fachliche: Er schenkte ihm eine Ausgabe des Buchs *The Inner Game*, ein Psychologie-Ratgeber für Tennisspieler aus den siebziger Jahren, und gab ihm Übungen zur Meditation an die Hand. Tatsächlich wirkte Mkhitaryan auf dem Platz konzentrierter, sein Spiel verbesserte sich schlagartig. Mkhitaryan dankte Tuchel mit Spitzenleistungen.

Tuchels Obsession ist daher nicht unbedingt ein Makel. Ohne seinen Ehrgeiz und seine Akribie könnte er nicht auf einem derart hohen taktischen und fachlichen Niveau arbeiten. Bei allen Querelen in Dortmund stellten die Verantwortlichen nie Tuchels fachliche Kompetenz in Frage. Er ist ein Aufsteiger, ein Quereinsteiger, der einen anderen Blick auf das Spiel hat als ehemalige Profispieler. Im Talk mit den *Ruhrnachrichten* sagte Tuchel einst: «Ich würde jedes Trainerjahr für ein Spielerjahr hergeben.» Vielleicht erklärt dieser Satz Tuchel besser als jede taktische Analyse.

KAPITEL 10

Julian Nagelsmann

«Klar, ich bin sehr jung, aber ich bin kein Lehrling mehr. Ich habe hart gearbeitet und viel gelernt, um diesen Job zu machen.»

Sie kennen es sicherlich: Es gibt dieses eine Thema, über das Sie am liebsten nicht sprechen möchten. Doch jede Person löchert Sie mit derselben Frage. Du Armer, wie kommst du klar mit der Trennung von Sandra? Oder: Sach mal, was wollte der Chef eigentlich gestern von dir? Schon beim ersten Mal hat man keine Lust, die Frage zu beantworten. Erst recht nicht beim zweiten oder dritten Mal. Ehe man sich versieht, ist man von der Frage so genervt, dass man die vierte Person nach zwei Wörtern anbrüllen möchte: Ich kann deine verdammte Scheißfrage nicht mehr hören!

Selbst wenn Sie dieses Gefühl nicht kennen: Julian Nagelsmann kennt es ganz sicher. Er versucht, es sich nicht anmerken zu lassen. Doch jedes Mal, wenn ihn ein Reporter auf sein Alter anspricht, verändert sich seine Mimik ein kleines Stück. Die Mundwinkel wandern etwas nach unten, die Augenbrauen etwas hoch. Ich wage zu behaupten: Kein Thema nervt den «jüngsten Bundesliga-Trainer aller Zeiten» mehr als Fragen zu

seinem Dasein als «jüngster Bundesliga-Trainer aller Zeiten».
Wie ist es, so jung in der Bundesliga zu arbeiten? Nehmen die
Spieler Sie ernst? Fehlt Ihnen nicht die notwendige Erfahrung,
um auf so einem hohen Niveau zu arbeiten? Nagelsmann, das
ist ein offenes Geheimnis, möchte lieber als ganz normaler
Bundesliga-Trainer wahrgenommen werden, nicht als Trai-
ner-Küken. Denn das erzeugt die problematische Assoziation,
dass er über wenig Erfahrung in seinem Beruf verfüge. Doch
diese Einschätzung ist falsch. Nagelsmann hat nicht weniger,
sondern genauso viel, wenn nicht sogar mehr Erfahrung als
einige seiner Bundesliga-Kollegen. Nagelsmann hat bereits im
Alter von zwanzig Jahren angefangen, Mannschaften zu trainieren. Acht Jahre trainierte er im Jugendbereich, ehe er in der
Bundesliga landete. Acht Jahre, in denen er Trainings leitete,
Übungspläne entwarf, Taktik analysierte und sich theoretisch
und praktisch weiterbildete. Acht Jahre, in denen er mit jungen Spielern auf Top-Niveau arbeitete, sie weiterbildete und zu
Profis formte. Acht Jahre, in denen er sich taktische Duelle mit
anderen Trainern lieferte, Titel gewann und mit Niederlagen
umgehen musste. Die Arbeit mit älteren Profis mag für ihn
neu gewesen sein. Alles andere hat er schon erlebt.

Julian Nagelsmann zeigt exemplarisch, wie sich der Trainerberuf verändert hat: Er ist zu einem Ausbildungsberuf geworden. Keiner ist diesen Weg so konsequent und zielstrebig
gegangen wie Nagelsmann. Genau deshalb ist er so interessant: Julian Nagelsmann, da besteht für mich kein Zweifel, ist
der Spitzentrainer von morgen. Sein Werdegang und seine
Fußballphilosophie zeigen, in welche Richtung sich der Fußball entwickeln wird.

Nagelsmanns Biographie ähnelt der von Thomas Tuchel.
Eigentlich wollte er Profi-Spieler werden. Er war groß und

kräftig, spielte daher meistens in der Innenverteidigung. Sein Traum, sich über die U23 für die Bundesliga zu empfehlen, platzte jäh, als er sich 2008 einer Operation am Meniskus unterziehen musste. Die Operation schlug fehl, Nagelsmanns Knie war irreparabel beschädigt. Er hätte zwar weiterspielen können, gab er später zu, allerdings nicht auf allerhöchstem Niveau und nur unter der Gefahr, eines Tages an einer Arthrose zu leiden. Anders als Tuchel war Nagelsmann als Spieler nicht vom Ehrgeiz gejagt. Die Chance auf ein Leben als Bundesliga-Spieler war es ihm nicht wert, seine Gesundheit zu ruinieren. Also beendete er seine Karriere bereits mit zwanzig Jahren.

Nagelsmann hatte allerdings noch einen gültigen Vertrag beim FC Augsburg, und er wollte den Vertrag nur ungern auflösen, schließlich konnte er das Geld gut gebrauchen; er studierte nebenbei Betriebswirtschaftslehre. Also beschloss sein damaliger Trainer, Nagelsmann in seine Arbeit einzuspannen. Er arbeitete fortan als Scout ausgerechnet für: Thomas Tuchel. Die Fußballwelt ist eben sehr klein. Nagelsmann fand Gefallen an dem Job, mehr Gefallen als am öden BWL-Studium. Zur folgenden Saison heuerte er als Jugendtrainer bei TSV 1860 München an und begann ein Fernstudium der Sportwissenschaften. Er wollte es Tuchel gleichtun und Trainer werden. Auch Julian Nagelsmanns Karriere ist Resultat der bereits beschriebenen Revolution, die der deutsche Fußball durchgemacht hat. Ein Zwanzigjähriger kann beschließen, seinen Lebensunterhalt als Fußballtrainer zu verdienen. Einfach so.

Nagelsmanns Weg verschlug ihn zwei Jahre nach seinem Karriereende nach Hoffenheim. Dort begann er als Assistenztrainer der U17 und arbeitete sich bis zum Cheftrainer der U19 vor. Hoffenheims Management hielt große Stücke auf ihn, allen voran Klub-Mäzen Dietmar Hopp. Bereits 2014 traf ich Leute aus dem Umfeld von Hoffenheim, die mir prophezeiten: «Merk dir den Namen Nagelsmann! Der wird bald in der Bundesliga arbeiten.» Dass es schon Anfang 2016 so weit war, hätte wahrscheinlich nicht einmal Nagelsmann selbst zu träumen gewagt. Eigentlich wollte sein Verein, die TSG Hoffenheim, ihn erst später zum Cheftrainer befördern. Bis dahin sollte er weiter Erfahrungen in der U19 sammeln und seine Prüfung zur Fußballlehrer-Lizenz ablegen. Doch Cheftrainer Huub Stevens erkrankte, und Nagelsmann musste ran – in einer äußerst prekären Situation: Die Mannschaft befand sich im Abstiegskampf, fünf Punkte betrug der Rückstand auf das rettende Ufer. Er krempelte die Ärmel hoch und seine Mannschaft um.

Nagelsmann ging anders an den Job heran, als man es von einem neuen Trainer erwarten würde. Er scherte sich wenig um die inoffizielle Plattitüde des Abstiegskampfs, zu kämpfen sei wichtiger, als guten Fußball zu spielen. Erst einmal sicher stehen und dann langsam die Offensive weiterentwickeln? Von wegen! In seinem allerersten Bundesligaspiel setzte er auf ein komplett offensives 3–5–2-System – ein Fingerzeig, in welche Richtung es gehen sollte.

Nagelsmann wusste genau, was er wollte: Die Mannschaft sollte seine Spielphilosophie umsetzen. Er möchte, dass sie nach und nach die Prinzipien lernt, die seiner Meinung nach erfolgreichen Fußball ausmachen – egal, ob sie sich im Abstiegskampf oder im Meisterschaftsrennen befindet. In einem Interview mit dem Magazin 11 Freunde konnte Nagelsmann sogar exakt benennen, wie viele Prinzipien sein Fußball hat: 31.

Die meisten dieser Prinzipien sind geheim. Ein paar hat er öffentlich genannt, einige weitere erschließen sich dem aufmerksamen Beobachter. Viele von Nagelsmanns 31 Prinzipien beziehen sich auf das Spiel mit dem Ball. Als er seine Karriere begann, revolutionierte Pep Guardiola gerade mit dem FC Barcelona das Positionsspiel. Guardiolas Zonenspiel inspirierte Nagelsmann. Er wollte es jedoch anhand eigener Ideen weiterentwickeln: «[Ein Trainer] muss seine eigenen Ideen für das Ballbesitzspiel entwickeln. Es ist wesentlich komplexer als defensive Arbeit zu trainieren. Guardiola hat eine Menge Entwicklungen in den Fußball gebracht, aber wir alle müssen sicherstellen, dass wir die Arbeit fortsetzen, dass wir nicht nur einen defensiven Plan haben», so Nagelsmann gegenüber dem Online-Magazin *The Ringer*. Wer die Trainingsplätze seiner Mannschaft besucht, findet dort in der Tat ähnliche Zoneneinteilungen, wie Guardiola sie verwendet.

Ein Prinzip von Nagelsmann sieht zum Beispiel vor, dass seine Spieler den Ball möglichst nicht mit einem Kontakt weiterspielen sollen, was zunächst ungewöhnlich ist. Seit Klopps «Vollgasfußball» fordern die meisten deutschen Trainer ein schnelles Spiel in die Spitze. Die Spieler sollen keine Zeit verschwenden, um den Ball anzunehmen, sondern ihn sofort weiterpassen. Geschwindigkeit geht bei den meisten Trainern über Genauigkeit. Nagelsmann ist Genauigkeit wichtiger als Geschwindigkeit. «Ich bringe von zehn Angriffen lieber acht zum Abschluss, auch wenn es einen Tick länger dauert, als nur zwei zum Abschluss zu bringen, und es geht rasend schnell», sagte Nagelsmann der *FAZ*. Diesen Hang zum Mehr-Kontakt-Spiel kombiniert Nagelsmann mit der Positionsspiel-Philosophie: In manchen Zonen sollen die Spieler den Ball möglichst mit dem zweiten Kontakt weiterspielen, in anderen dürfen sie ihn gerne auch länger halten.

Ein weiteres Prinzip ist das «Prinzip der minimalen Breite».

Das Spiel soll so breit wie nötig, aber nicht so breit wie möglich angelegt werden. Auch dieses Prinzip wirkt auf den ersten Blick kontraintuitiv: Die Spieler sollen nicht den ganzen Raum auf dem Feld besetzen, sondern sich nah am Gegenspieler positionieren – gerade weit genug weg, um nach einem Pass sofort am Gegenspieler vorbeigehen zu können. So könne das Spiel schneller in Richtung des gegnerischen Tores getragen werden, als wenn sich die Spieler weit weg vom Gegner ganz außen auf dem Feld positionieren. Außerdem erleichtert das die Rückeroberung des Balls; ein aggressives Gegenpressing gehört natürlich auch bei Nagelsmann zum Repertoire. Wer nicht zu weit von seinem Gegenspieler entfernt steht, kann diesen nach einem Ballverlust schneller stören.

Das vielleicht wichtigste Prinzip betrifft die Richtung, in die Nagelsmanns Spieler den Ball passen sollen: Der Spielaufbau soll möglichst diagonal erfolgen, möglichst selten horizontal oder vertikal. So lassen sich seiner Meinung nach kompakt verteidigende Gegner am besten knacken. Vor allem können Spieler den Ball so seitlich mit dem Gesicht zum Tor erhalten. Bei einem vertikalen Spiel befinden sich die Stürmer häufig mit dem Rücken zum Tor, was leichter zu verteidigen ist; ihnen bleibt häufig nur der Passweg nach hinten. Aufgrund des diagonalen Spielaufbaus legt Nagelsmann einen hohen Wert auf die richtige Besetzung der Halbräume. Im Idealfall spielt seine Mannschaft wie in einem Spinnennetz über das Feld: Aus der Abwehr diagonal in den Halbraum und diagonal in den Strafraum hinein. Mit zwei Kontakten, aber immer schnell. Querpässe möchte Nagelsmann vermeiden.

Nagelsmanns Prinzipien und Guardiolas Spielphilosophie eint, dass bei beiden die Formation nur eine untergeordnete Rolle spielt. Ob 4–3–3, 3–5–2, 3–4–3 oder klassisches 4–4–2:

Nagelsmann möchte seine eigenen Prinzipien auf dem Platz sehen. Damit das gelingt, muss sein Team sich dem Gegner anpassen, denn jeder Gegner ist einzigartig und stellt sein Team vor eigene Probleme.

Halbraum

Erinnern Sie sich an Guardiolas Zoneneinteilung? In der Vertikalen teilte er das Feld in fünf Bereiche. Die Flügel sind die beiden Zonen auf den Außen, das Zentrum ist die Zone in der Mitte. Die beiden Zonen, die sich zwischen Flügeln und Zentrum befinden, bezeichnet man als Halbräume. Es gibt also einen linken und einen rechten Halbraum, immer vom eigenen Tor aus gesehen.

Bei der Vermittlung seiner Prinzipien folgt Nagelsmann einem selbst entworfenen Lehrplan: jede Woche neue Prinzipien, ständige Wiederholung der Prinzipien. Nagelsmann ist dabei nicht zimperlich mit seinen Spielern. Überforderung ist Teil des Konzepts. Lieber packe er vier Prinzipien in seine Übungen, von denen sich seine Spieler zwei merken, als wochenlang an einem Prinzip zu feilen, so Nagelsmann. Er dokumentiert genau, welche Fortschritte seine Mannschaft mit seinen Prinzipien macht. Trainingsberichte, Konzepte und taktische Überlegungen heftet er in wuchtigen Aktenordnern ab – Nagelsmann ist ein Mann des Papiers, kein Laptoptrainer.

Im Hoffenheimer Profiteam begann er sofort, seine Prinzipien umzusetzen. Keine lange Zeit der Eingewöhnung, keine halbe Sachen, keine Kompromisse. Jede Woche bekamen die

Spieler einen Zettel mit detaillierten Aufgaben und Anweisungen, worauf sie im Training besonders achten sollten. Jeder Spieler erhielt individuelle Ratschläge, maßgeschneidert für seinen Fitnesszustand und seine fußballerischen Stärken und Schwächen. Ein älterer Spieler der Mannschaft äußerte mir gegenüber, dass er in seiner langen Karriere noch nie so zahlreiche und zugleich tiefgehende Anweisungen erhalten habe.

Hoffenheim begann, mit Nagelsmanns Philosophie Erfolge zu feiern. Statt sich auf die Defensive zu konzentrieren, verbesserte sich das Team offensiv. Sie konnten sich aus dem Abstiegskampf befreien. Erst als Hoffenheim 1:5 gegen den VfB Stuttgart verlor, entschloss sich Nagelsmann, einen Schritt zurückzugehen – das bezog sich aber nicht auf seine Prinzipien, sondern auf den ständigen Wechsel der taktischen Formation. Manche Journalisten hatten sich darüber lustig gemacht, dass er Zettel mit taktischen Anweisungen auf den Platz gab. Nagelsmann reagierte nicht mit Trotz, sondern lenkte ein: Die Zettel verschwanden, die ständigen taktischen Änderungen auch. Er hielt fortan an einer 5–3–2-Formation fest, die er behutsam verbesserte. Die folgenden Partien gewann Hoffenheim. Den Klassenerhalt tüteten sie bereits am 33. Spieltag ein.

In der folgenden Saison entwickelte Nagelsmann sein Team noch weiter. Hoffenheim sammelte immer mehr Ballbesitz, setzte das Positionsspiel besser um. Doch Nagelsmann zeigte sich auch flexibel: Mit Sandro Wagner integrierte er einen klassischen Strafraumwühler in sein Spiel, der auf den ersten Blick nicht so recht in das Idealbild des technisch hochwertigen Fußballs passt. Der Fußball, den Hoffenheim seitdem spielt, ist eine Mischung aus allen Stilen. Sie können

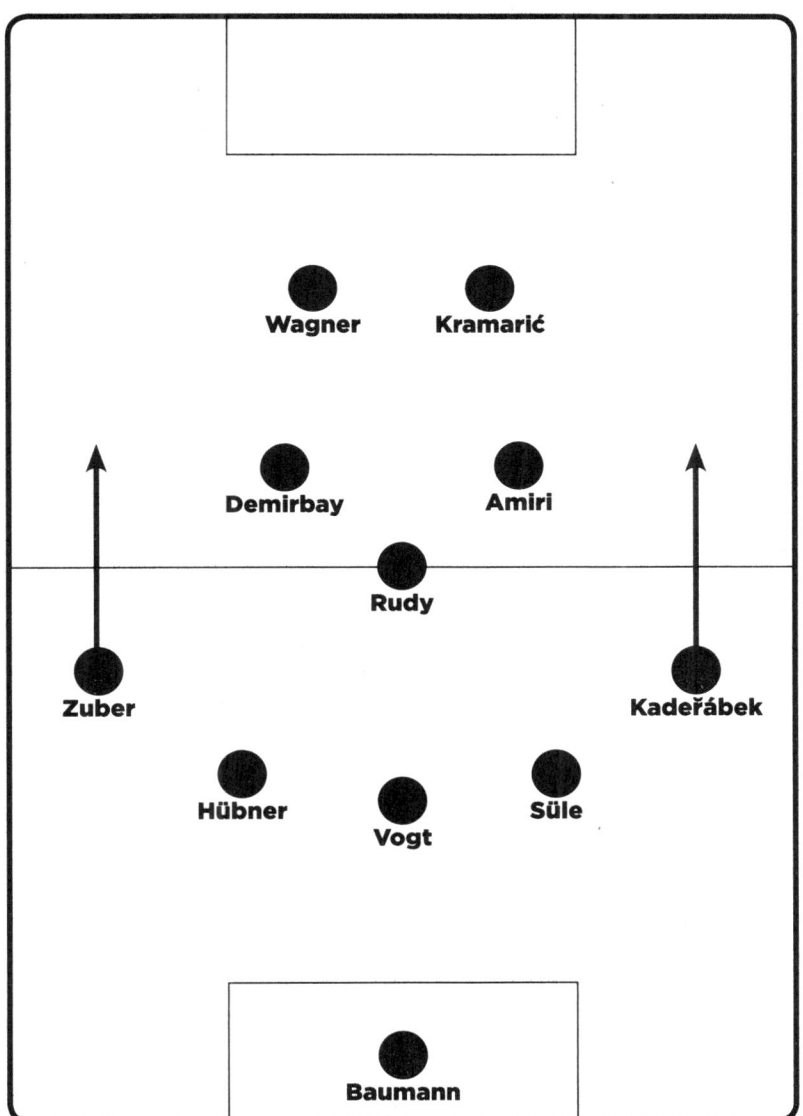

TSG Hoffenheim unter Julian Nagelsmann, Saison 2016/17

das Spiel machen, aber auch kontern. Sie stören den Gegner meist früh, manchmal verbarrikadieren sie sich aber auch am eigenen Strafraum. Nagelsmann mischt seine Prinzipien so zusammen, dass sich gegen den jeweiligen Gegner Vorteile ergeben, selbst wenn das bedeutet, von einem Spiel auf das andere die Strategie radikal wandeln zu müssen.

Nagelsmann steht damit für einen Trend: Die Spitzenteams sind auf strategischer Ebene flexibler geworden. Idealistische Trainer wie Guardiola mögen den heutigen Fußball regieren. Die Zukunft könnte aber Trainern gehören, die verschiedene Stile mischen – Trainer wie Nagelsmann. Er ist freier in der Frage, wie er seine Prinzipien umsetzen will. So ist er – anders als Guardiola oder auch Mourinho – nicht einer bestimmten Art des Fußballs verschrieben. Oft wendet seine Mannschaft das Positionsspiel Guardiola'scher Prägung an und dominiert den Gegner über den Ballbesitz. Aber nicht immer. Statt diagonalen Rasenschach gibt es dann klassisches Kick'n'Rush zu bestaunen: hoch und weit auf den Stürmer oder mit nur einem Kontakt den Flügel hinunter. Nagelsmanns Hoffenheimer können auch schon mal weniger Ballbesitz haben als der Gegner. Nagelsmann möchte nicht nur taktisch, sondern auch strategisch flexibel sein. Sein Stil ist aggressiv und offensiv, ohne aber ideologisch festgefahren zu sein.

Nagelsmann ist nicht der einzige Trainer, der aus den Nachwuchsleistungszentren nach oben kam und dessen Wirken frei von taktischen Scheuklappen ist. Schalke-Trainer Domenico Tedesco, Stuttgarts Trainer Hannes Wolf oder Kiels Trainer Markus Anfang gingen einen ähnlichen Weg, es gäbe ein ganzes Dutzend weiterer Beispiele. Was Nagelsmann dabei von den übrigen Trainern seiner Generation abhebt: eine gehörige Prise Mut und Unbekümmertheit. Kaum einer denkt, taktiert, handelt so unkonventionell wie Nagelsmann. Er stellt Stürmer als Rechtsverteidiger auf oder Mittelfeldspieler als Innenverteidiger. Er kümmerte sich in Hoffenheim zunächst um die Offensive und um seine Prinzipien, um erst im zweiten Schritt die Defensive zu verbessern. Diesen Wagemut verlieren viele Trainer mit der Zeit, die meisten bereits nach ihrer ersten Entlassung. Nagelsmann hat diesen Mut.

Kick 'n' Rush

Der Begriff Kick 'n' Rush stammt aus dem Englischen. Übersetzt bedeutet er in etwa «Schießen und Hinterherrennen». Eine Mannschaft, die Kick 'n' Rush spielt, schlägt den Ball möglichst häufig hoch und weit nach vorne. Dieser Spielstil wird vor allem mit dem englischen Fußball verbunden. Hier wurde der Kick 'n' Rush bereits im 19. Jahrhundert erfunden und über die Jahrzehnte perfektioniert. Heute ist beim Kick 'n' Rush vor allem das Pressing auf den sogenannten zweiten Ball wichtig, also das Erobern eines vom Gegner per Kopf geklärten langen Balls.

Nagelsmann geht nicht den einfachen Weg des geringsten Widerstands, sondern stets den radikalen Weg. Er entwirft auch mal taktische Pläne, die seinen eigenen Prinzipien zuwiderlaufen und zugleich dem taktischen State of the Art widersprechen. In einem Spiel gegen die Bayern konzentrierte sich Nagelsmanns Team über neunzig Minuten auf die Defensive. Sie sollten das Zentrum kompakt halten. Damit das gelingt, ließen sie als notwendiges Übel die Flügel offen. Sie verzichteten auf das übliche Doppeln gegen Franck Ribéry oder Arjen Robben. Der Rekordmeister sollte bewusst auf die Außen gelenkt werden und möglichst häufig flanken; ganz aufhalten könne man die starken Flügelspieler der Bayern schließlich nicht, und Flanken seien immer noch leichter zu verteidigen, als wenn die Bayern durch die Mitte angreifen. Kaum ein Team traut sich so etwas gegen Robben und Ribéry. Nagelsmanns Team spielte diesen frechen Plan ganz professionell herunter. Hoffenheim gewann 2:0.

Doppeln
Beim Doppeln bedrängen zwei Verteidiger einen angreifenden Spieler. Dieses taktische Mittel wird genutzt, um gegen besonders starke Gegenspieler eine Überzahl zu schaffen. Damit soll verhindert werden, dass ein Angreifer den eigenen Verteidiger umdribbeln kann. Jürgen Klopps Dortmunder prägten im Jahr 2010 den Begriff, als sie gegen Louis van Gaals Bayern spielten. Die Dortmunder achteten darauf, dass immer zwei Verteidiger Ribéry und Robben den Weg ins Zentrum versperrten. Das Doppeln war geboren.

Dieser Wagemut und der Drang, Neues auszuprobieren, endet nicht im taktischen Bereich. Trainern stehen heutzutage zahlreiche Analyse-Tools, Softwarelösungen und Hightech-Spielereien zur Verfügung. Nagelsmann liebt Technik. Immer wieder stieß er in Hoffenheim neue Entwicklungen an. So besitzt der Verein mittlerweile eine Virtual-Reality-Umgebung. Spieler können dort mit Hilfe von VR-Brillen ihre periphere Sicht trainieren. Die Ballan- und -mitnahme trainieren sie mit dem Footbonaut. Das Gerät schießt Spielern Bälle zu, die diese in einer 360-Grad-Umgebung in blinkende Kästen schießen müssen. In der Vorbereitung zur Saison 2017/18 ließ Nagelsmann auf dem Trainingsgelände einen riesigen Monitor aufstellen. Mehrere Kameras nehmen das Training aus verschiedenen Blickwinkeln auf. Auf dem Monitor wird das Training übertragen, live und in Echtzeit. Über ein Tablet kann Nagelsmann einzelne Szenen zurückspulen. Stellungsfehler kann er so direkt auf dem Trainingsplatz zeigen und korrigieren. Das alles sind kleine Hilfsmittel, um die Spieler ein paar Prozentpunkte besser zu machen. Nagelsmann hofft, dass sich die kleinen Prozentpunkte zu einem großen Wettbewerbsvorteil summieren.

In Zeiten des digitalen Wandels ist das erst der Anfang. Gerade im Bereich der Statistiken erwartet Nagelsmann einen Durchbruch. «Die Technologien, die es im Fußball gibt, werden irgendwann Aussagen und Rückschlüsse über die Taktik zulassen müssen und nicht nur über athletische Werte, damit man nach dem Spiel überprüfen kann, was von den Vorgaben umgesetzt werden konnte. Das wird ein großer Entwicklungsschritt», sagte Nagelsmann dem *kicker*. Er erhofft sich Antworten auf Fragen wie: «Wie lange bewegt sich mein Stürmer im Deckungsschatten und ist nicht anspielbar? Wie ist sein Freilaufverhalten? Wie viele Spieler haben wir bei einer Balleroberung vor dem Ball?» Natürlich sind auch viele ältere Trainer offen gegenüber diesen neuen Methoden. Für Nagelsmann & Co. sind solche Statistiken oder Weiterentwicklungen jedoch nichts Neues, sie nutzen so etwas heute schon. Gefühlt wird aktuell alle zwei Wochen eine neue Trainingsmethodik, eine neue technische Spielerei oder eine neue statistische Auswertung vorgestellt. Diese Innovationen zu filtern, zu bewerten und gegebenenfalls in die eigene Arbeit einzubauen wird in Zukunft eine wesentliche Facette des Trainerberufs. Nagelsmann findet, dies sei eine der schönsten Aufgaben seines Berufs.

Deckungsschatten

Achtung, jetzt wird es kompliziert! Der Deckungsschatten bezeichnet den Bereich, den der ballführende Spieler nicht anspielen kann, da dieser Passweg von einem Gegenspieler blockiert wird. Stellen Sie sich dabei vor, der Ball ist eine Lichtquelle. Nun stehen Sie als Verteidiger vor dieser Lichtquelle und werfen einen Schatten. Das ist der Deckungsschatten. Ein Gegenspieler, der hinter Ihnen steht, befindet sich in diesem Deckungsschatten und ist dadurch nicht anspielbar. Eine verteidigende Mannschaft wird also versuchen, diesen Deckungsschatten so aufzustellen, dass möglichst wenig Gegenspieler anspielbar sind. Angreifer wiederum müssen versuchen, sich aus dem Deckungsschatten herauszubewegen.

Nagelsmanns Alter hilft ihm, seinen Spielern diese technischen Spielereien schmackhaft zu machen. Die Digitalisierung verändert unsere Gesellschaft und macht dabei vor dem Fußball nicht halt. Die Spieler hängen den halben Tag am Handy herum und teilen sich per Facebook oder Twitter der Welt mit. Genau wie sie ist Nagelsmann in der digitalen Welt groß geworden und muss sich dort nicht erst zurechtfinden. Er nutzt digitale Wege, um mit seinen Spielern in Kontakt zu bleiben. Hoffenheim verwendet dieselbe App von SAP, die auch der DFB zur Analyse und Kommunikation mit den Spielern benutzt.

Nicht nur mit den Spielern kommuniziert er auf digitalem Wege: Bis September 2017 hatte Nagelsmann eine eigene Facebook-Seite, auf der er sich mit seinen Fans austauschte. Für diese Seite hatte er sogar ein eigenes Logo entwickeln lassen, «damit die Leute nicht jedes Mal meine Fratze sehen müssen». Insofern unterscheidet sich Nagelsmann auch von Guardiola oder Tuchel. Er nutzt gerade die sozialen Medien sehr bewusst, um sich zu präsentieren. Ständig gibt er Interviews, führt Gespräche mit Journalisten, hält lange Pressekonferenzen. Nagelsmann gibt sich nahbar wie Jürgen Klopp. Das dürfte kein Zufall sein: Beide lassen sich von derselben Kommunikationsagentur beraten. Nagelsmann ist es wichtig, nicht den Stempel des weltfremden Theoretikers oder Taktiknerds aufgedrückt zu bekommen.

In der Tat definiert sich Nagelsmann nicht nur über seine Prinzipien, sondern sehr stark über seine tägliche Arbeit mit den Spielern. Nagelsmann redet viel mit ihnen, bittet sie ständig in sein Büro, um über Fußball und die Welt zu debattieren. «Die mentale Seite macht sicher 70 Prozent der Arbeit aus, 30 Prozent sind Inhalt. Wenn ein Trainer fachlich top ist, aber sozial ein Idiot, dann wird er niemals große Erfolge haben.» Auch hier ist Nagelsmanns Alter in gewissem Maße ein Vorteil. Nagelsmann kennt die Welt, in der seine Spieler leben. Diese sind voll des Lobes für seine Ansprache auf Augenhöhe. Bei kleineren taktischen Fragen bezieht er sie auch in die Entscheidungsfindung mit ein. Tedesco, neben Nagelsmann eines der großen Trainertalente des Landes, verfolgt eine ähnliche Philosophie. Er sagte mir in einem Interview: «Die Spieler sind diejenigen, die es begreifen und die es auch gerne machen müssen.» Sie in die Wahl der richtigen Taktik einzubeziehen sei unabdingbar. Nagelsmann denkt ähnlich.

Auch in der zwischenmenschlichen Beziehung zu seinen Spielern überlässt Nagelsmann wenig dem Zufall. Vor der Saison notiert er über jeden Spieler, wie er dessen Persönlichkeit einschätzt. Was motiviert den Spieler: Geld, Anerkennung, Familie? Daraufhin müssen alle seine Spieler einen schriftlichen Persönlichkeitstest absolvieren. (Auch Jürgen Klopp wendet diese Art von Tests an, um seine Spieler besser einzuschätzen.) Nagelsmann gleicht die Testergebnisse mit seiner Intuition ab. Er coacht damit auch ein Stück weit sich selbst und versucht, seine eigene Intuition zu verbessern.

Er könnte glatt als Posterboy durchgehen für das «lebenslange Lernen», das Bildungspolitiker immer wieder von unserer Generation fordern (ich bin knapp ein Jahr jünger als Nagelsmann). Der Ruf unserer Generation mag schlecht sein – aber welche junge Generation hatte je einen guten Ruf? Tatsächlich erkenne ich einiges in Nagelsmann, was ich auch in meinem Freundes- und Bekanntenkreis häufig sehe: Zielstrebigkeit, Offenheit für Neues, Hunger nach Anerkennung und Erfolg. Nagelsmann setzte sich ein klares Ziel: Er wollte Fußballtrainer werden. Er ging systematisch und akribisch vor, um dieses Ziel zu erreichen. Er gehört zur ersten Generation Fußballtrainer, die von Anfang an wusste: Wenn ich meinen Job als Trainer gut mache, kann ich eines Tages auf dem höchsten Niveau trainieren. Er ging diesen Weg konsequent, suchte sich Berater, die ihn auf seinem Weg begleiteten. So arbeitet er beispielsweise mit einer Logopädin, um Stimme und Ausdruck zu trainieren. In seiner Freizeit traf er sich mit Trainern aus dem Basketball oder Hockey, um neue Impulse für seine Arbeit zu finden.

Nagelsmann kennzeichnen eine Seriosität und eine Zielstrebigkeit, die manchmal fast schon unheimlich wirkt, die auch nicht jedem sympathisch sein dürfte – die ihn aber schnell und steil nach oben führen. Nicht selten wird Nagelsmanns Reife damit erklärt, dass sein Vater früh starb. Er selbst gab zu, dass er durch den Tod seines Vaters schneller erwachsen werden musste. Er hat jedoch auch eine jugendliche Seite, beantwortet Interviews schon mal mit einem spitzbübischen Lächeln auf dem Gesicht. Im *Aktuellen Sportstudio* sagte er auf die Frage, ob seine Frau ihn angesichts seines neuen Postens in Hoffenheim überhaupt noch zu Gesicht bekäme: «Ja, sie sieht mich ja gerade im Fernsehen.» Nagelsmann ist ernst, aber auch verspielt. Er vermischt nicht nur auf der taktischen Ebene verschiedene Stile.

Aus Hoffenheim machte er binnen eines Jahres einen Aspiranten auf die Champions League – eine nicht hoch genug einzuschätzende Leistung, schließlich war die Mannschaft vor seiner Ankunft ein Abstiegskandidat. Dass nach den Abgängen von Sebastian Rudy und Niklas Süle Hoffenheims Leistungen schwankten, spricht nicht gegen Nagelsmann. Dafür, dass die Hoffenheimer ihre besten Spieler verloren, holt Nagelsmann das Bestmögliche aus dem Kader heraus. Insofern ist es die falsche Frage, ob Nagelsmann bereit ist, eine größere Aufgabe zu übernehmen. Meine Gegenthese: Nagelsmann hatte bisher in jedem Bereich des Trainerdaseins Erfolg, sei es auf der Jugendebene oder in der Bundesliga. Warum sollte er nicht auch auf dem allerhöchsten Niveau Erfolge feiern? Dass es den gebürtigen Bayer nach München zieht, in seine Heimat also, ist in der Branche ein offenes Geheimnis, ebenso, dass Uli Hoeneß große Stücke auf ihn hält.

Die viel spannendere Frage ist: Wird Nagelsmann auch in zwanzig Jahren noch so wissbegierig, so innovativ, so ehrgeizig sein? Laugt das ewige Streben nach mehr, das ewige

Verbessern der eigenen Methoden einen Trainer nicht irgendwann aus? In einem Interview deutete er bereits an, nicht ewig Trainer sein zu wollen. Vielleicht, so sagte er keineswegs ironisch, werde er eines Tages als Bergführer arbeiten; Klettern ist eines seiner Hobbys. Vorher klettert Nagelsmann aber erst einmal die Karriereleiter im Fußball hinauf.

Zinédine Zidane

«Ich stehe auf Seiten der Spieler. Ich höre ihnen zu.»

Zehn Kapitel dieses Buchs haben Sie bereits überstanden. Zehn Kapitel, in denen ich beschrieben habe, wie Strategen den Fußball verändert haben. Welche intensiven Gedanken sich Trainer machen über Taktik, Systeme und Matchpläne. Wie sie aus elf Spielern ein Kollektiv formen und es schaffen, dass sich alle Spieler der taktischen Marschroute unterordnen. Ich habe beschrieben, wieso man heutzutage kein großer Spieler gewesen sein muss, um ein großer Trainer zu werden. Wieso heutzutage die Trainer mit den besten Ideen, nicht diejenigen mit dem makellosen Lebenslauf Erfolg haben. Und jetzt zerstört das elfte Kapitel meine ganze Argumentation. Zinédine Zidane passt so gar nicht in die Riege der Strategen unserer Zeit. Zidane, einst Weltklassefußballer, hat die größten Titel gewonnen, auf dem höchsten Niveau gespielt. Als Spieler war er nie darauf aus, Trainer zu werden. Nach seiner Karriere unternahm er keine langen Bildungsreisen, begab sich nicht auf die Suche nach der perfekten Fußballformel.

Dennoch wurde er Trainer. Zunächst der zweiten Mannschaft Real Madrids, dabei hatte er zu diesem Zeitpunkt noch nicht einmal seinen Trainerschein abgelegt. Es ergab sich einfach, genauso wie sich später seine Stelle bei Real Madrids erster Mannschaft eher ergab. Große Vorträge über seinen Fußball, seine Taktik, seine Spielidee hat er nie gehalten. Diese Vorträge würden auch nicht unbedingt komplex ausfallen. «Fußball ist nicht allzu kompliziert», sagte Zidane bei einem seiner seltenen Interviews. «Je weiter vorne auf dem Feld man spielt, umso gefährlicher wird man. Ich stehe auf Seiten der Spieler. Ich höre ihnen zu.» Aussagen, die das fußballerische Äquivalent eines Freundschaftsbuchs für Kinder sind. Finde ich gut: Welpen, Frieden, Schokolade. Finde ich doof: Krieg, Spinat, Wespen.

Zidanes Arbeit als Trainer wirkt im Vergleich zu manchen Kollegen anachronistisch. Er setzt keine verrückten oder hochmodernen Trainingsmethoden ein, arbeitet nicht mit Weltverbesserern oder Philosophen in Trainingsanzügen zusammen. Eine seiner ersten Amtshandlungen bei Real Madrid war es, Antonio Pintus in den Trainerstab zu holen, einen Konditionstrainer, der ihn bereits in den Neunzigern trainiert hat. Das Training mit Ball und das Konditionstraining wurden wieder strikt getrennt; die Profis mussten intensive Steigerungsläufe absolvieren: erst langsam, dann schnell, dann noch schneller.

Kondition ist Zidane wichtiger als Taktik. Der Franzose verfolgt keine große Philosophie à la Positionsspiel oder Gegenpressing. Überforderung als Methode, wie Nagelsmann sie anwendet, ist Zidane suspekt. Sein Trainerstab besteht darauf, dem Team nicht mehr als zwei Leitlinien für ein Spiel an die Hand zu geben. Videoschulungen? «Vergiss es!», so einer der Mitglieder seines Trainerteams. «Keep it simple» lautet das

Motto. Auch in der Mannschaftsführung: keine Tricks, keine Manipulation im Stile Mourinhos, keine großen Reden. «Genießt es», sind Zidanes letzte Worte vor jeder Partie. Das klingt ein wenig wie Franz Beckenbauers «Geht's raus und spielt's Fußball!». Es ist ein anderer, einfacherer Ansatz im Vergleich zu den Methoden, die andere hier vorgestellte Trainer wagen.

Doch Einfachheit schlägt Komplexität. Zumindest in den vergangenen Jahren. 2016 und 2017 holte nicht Pep Guardiola, nicht José Mourinho, nicht Jürgen Klopp den Champions-League-Titel. Sondern Zinédine Zidane. Real Madrid ist der erste Verein, der in zwei aufeinanderfolgenden Jahren die Champions League gewann, und Zidane der erste Trainer, der den Titel verteidigen konnte. Beweist Zidane, dass all das Philosophieren über Taktik, Systeme, Laptoptrainer nur Geschwätz ist? Ist Zidane tatsächlich die Antithese zu all den Thesen, die in diesem Buch stehen? Oder profitiert Zidane einfach nur von der eindrucksvollen Real-Mannschaft, angeführt von einem historisch starken Cristiano Ronaldo?

Zidanes Geschichte beginnt in La Castellane, einem Arbeiterviertel in Marseille. Auf Französisch ist es als «quartier difficile» bekannt – ein Problemviertel. Marseille, einst eine blühende Industriemetropole, erlitt seit den Siebzigern das Schicksal, das viele westliche Industriestandorte ereilte: Die Fabriken schlossen, die Arbeiterviertel verfielen. Wer es sich leisten konnte, zog in die Vororte. Zurück blieben die Abgehängten. Unter ihnen war der Anteil an Migranten hoch, oft ohne Ausbildung und Anschluss an die Gesellschaft. Die Kriminalitätsrate in La Castellane ist astronomisch, die Arbeitslosenquote ebenso.

Zidanes Familie stemmte sich gegen das Klischee. Sein

Vater arbeitete in mehreren Jobs gleichzeitig, um seine Familie über die Runden zu bringen. «Mein Vater hat uns beigebracht, dass ein Immigrant doppelt so hart arbeiten muss wie der Rest und nie aufgeben darf», sagte Zidane später.

Auf den Straßen von La Castellane fand Zidanes Sozialisation statt. Er kickte auf Asphalt, von morgens bis abends, auf einem kleinen Platz in seiner Hochhaussiedlung. Hier lernte er, sich durchzusetzen, hier lernte er die Tricks und Kniffe, mit denen er später seine Gegner narren sollte. Einem Verein trat Zidane erst mit zehn Jahren bei. Schnell entdeckte ihn der französische Verband, der schon in den Achtzigern die Ausbildung junger Talente forcierte. Zidane gelangte über Umwege nach Cannes, wo er als Spieler reifte.

Seine Jugendtrainer erinnerten sich später gegenüber Journalisten an einen wahnwitzig talentierten Spieler, der allerdings leicht in Rage geriet. Eine Provokation, ein Wort gegen seine Familie, und er vergaß alles um sich herum. Sie brachten ihm bei, die Wut konstruktiv zu nutzen, um härter zu trainieren, härter zu arbeiten als alle anderen. Zidane folgte ihrem Rat und schaffte es von La Castellane bis an die Spitze des Weltfußballs.

Mit sechzehn Jahren feierte Zidane sein Debüt für den AS Cannes. Zwei Jahre später war er Stammspieler des Klubs. Zidane übernahm die Position hinter den Spitzen. Als freier Geist tauchte er mal hier, mal da auf. Er war ein Zehner klassischer Prägung: Mit Tricks und Finten narrte er seine Gegenspieler, nur um im nächsten Moment den genialen Pass in die Spitze zu spielen. Ein typischer Spielmacher. Nach jedem Training blieb er länger, um ruhende Bälle zu üben: Freistöße, Ecken, Elfmeter. Zidane erwarb sich den Ruf als Fernschütze.

Zidanes Karriere verlief beeindruckend. Sein Weg führte ihn nach Bordeaux, zu Juventus und schließlich zu Real Madrid, wo er Teil der legendären «Galaktischen» wurde, eine Ansammlung der besten Spieler der Welt. Er führte Frankreich zum Weltmeistertitel, indem er 1998 zwei Tore im Finale gegen Brasilien erzielte. 2002 entschied er das Champions-League-Finale zwischen Real Madrid und Außenseiter Bayer Leverkusen mit einem Volleytor aus zwanzig Metern, das vielleicht schönste Tor, das je in einem großen Finale erzielt wurde. Dreimal kürte ihn die FIFA zum «Player of the Year», 2006 gewann er den Titel als bester Spieler der Weltmeisterschaft. Wer auf YouTube nach «Zidane» sucht, findet unzählige Videos, in denen er Gegner austrickst, wahnwitzige Freistoßtore erzielt, Aktionen macht, die eigentlich unmöglich erscheinen. Viele zählen ihn zu den besten Fußballern aller Zeiten.

Zehner
Als Zehner bezeichnet man einen Spieler, der im offensiven Mittelfeld hinter den Stürmern agiert. Der Zehner ist weniger eine Position im Fußball als vielmehr ein Synonym für einen bestimmten Spielertyp: der geniale Spielmacher, der Vorbereiter, der Künstler, der seinen Mitspielern die Tore auflegt.

Wer tiefer in Zidanes Karriere eintaucht, findet unter all dem Glanz aber auch Makel. Nie konnte Zidane einer Mannschaft über die gesamte Saison seinen Stempel aufdrücken, wie es den Ausnahmekönnern Pelé, Beckenbauer oder Cruyff gelang oder wie es auch Messi und Ronaldo heutzutage machen. «Mir haben so viele Qualitäten gefehlt – vor allem die Konstanz. In jeder Saison hatte ich Phasen mit ungleichmäßiger Form», gab er später unumwunden zu. Der Blick auf die Zahlen ist daher auch überraschend unterwältigend. Nur in seiner ersten Saison in Bordeaux gelangen ihm in der Liga zehn Tore, danach kam er im Liga-Betrieb nie mehr auf eine zweistellige Anzahl an Toren. Es gab Phasen in seiner Karriere, in denen er über zehn Spiele hinweg an keinem einzigen Treffer beteiligt war. Die Freiheiten, die er sich als Spielmacher nahm, konnten aus ihm den besten Mann des Spiels machen – oder sie ließen ihn untertauchen, über neunzig Minuten. Es ist ganz passend, dass Zidane in seiner Karriere Weltmeister-, Europameister und Champions-League-Titel abräumte, aber nicht einen nationalen Pokal gewann und nur drei nationale Titel; eigentlich recht wenig für einen Mann, der ein Jahrzehnt lang bei den größten Klubs des jeweiligen Landes spielte.

In Erinnerung blieben aber nicht seine schwachen Phasen in der Liga oder im Pokal. Besonders in der Spätphase seiner Karriere war Zidane ein Spezialist dafür, in den entscheidenden Momenten in Top-Verfassung zu sein. 1998 erhob er sich nach einer durchschnittlichen Weltmeisterschaft wie ein Phoenix aus der Asche und wurde zum «Man of the Match» des Finales. Auch 2002 war er in der Endphase der Champions League in Bestform. Bereits im Halbfinale hatte er im «Clásico» gegen Barça das wichtige 1:0 erzielt und eine starke Leistung abgeliefert, das Finale gegen Leverkusen gehört zu den besten Spielen seiner Karriere. 2006 führte er Frankreich im Tandem mit dem jungen Ribéry ins WM-Finale; eine französische Mannschaft, die sonst eigentlich maximal Durchschnitt war.

Und dann, ganz am Ende seiner Karriere, schloss sich der Kreis zum Beginn seiner Karriere: Ihm versagten die Nerven. Sein berühmt-berüchtigter Kopfstoß gegen Marco Materazzi war seine allerletzte Aktion als Fußballer. Einmal noch schien der Junge aus dem Problemviertel durch, der sich nicht zu zügeln wusste. Dann war Schluss.

Von Zidane ist aber mehr in Erinnerung geblieben als sein Kopfstoß. Und das ist ein großes Geschenk für den Trainer Zidane. Er hat es leicht, das Vertrauen von Spielern zu gewinnen. Die Zeiten, in denen Spieler nur Ex-Fußballer vertrauten, sind zwar vorbei. Jüngere Spieler – gerade in Deutschland – nehmen Trainer problemlos an, die wie Thomas Tuchel oder Julian Nagelsmann keine Titel als Spieler vorweisen können. Sie kennen sie bereits aus den Nachwuchsleistungszentren, wissen, dass sie Ahnung von Fußball haben. Das ist ihnen im Zweifel wichtiger als eine schillernde Profikarriere. Akzeptanz und Bewunderung sind allerdings zwei unterschiedliche Dinge. Viele der heutigen Spitzenfußballer gehören meiner Generation an (ich bin Jahrgang 1988, genau wie Mesut Özil oder Jérôme Boateng). In meiner Jugend war jeder Junge, der Fußball spielte, Fan von Zidane. Man wollte seine Tricks nachahmen, so schießen können wie er, seine Aura auf dem Feld imitieren. Die Kinder, die damals Zidane anhimmelten, stehen heute an der Spitze der großen Teams. Mesut Özil, Toni Kroos, Gareth Bale: Sie alle erzählen, wie aufgeregt sie waren, als sie das erste Mal unter Zidane trainieren durften.

Oder besser gesagt: mit Zidane. Häufig nimmt er selbst am Training teil und stellt unter Beweis, dass er seit dem Ende seiner Karriere wenig verlernt hat. Das beeindruckt, vor allem die Superstars von Real. Zidane, eher ein stiller Typ, nutzt seine Autorität gezielt, um den Spielern Tipps zu geben. Er überfrachtet sie nicht, redet selten mit ihnen – aber wenn er redet, haben seine Worte Gewicht. Sie kommen schließlich von einem ihrer Idole. Nicht jeder Ex-Spieler, der Trainer wird, genießt diesen Respekt. Die ganz Großen wie Zidane schon.

«Er spricht die Sprache seiner Spieler» ist oft ein Klischee. Auf Zidane trifft das in zweifacher Hinsicht zu: Er weiß, wie Spieler ticken, und als Arbeiterkind kann er seine Message in simple Worte kleiden; moderne Fußballsprache, die oft eher nach Hörsaal als nach Bolzplatz klingt, spart er aus. «Er ist nicht so lehrerhaft», sagte Kroos über Zidane. «Wenn er mit Spielern spricht, dann auf Augenhöhe, weil er die Persönlichkeit hat, dass ihm eh jeder zuhört.» Vor seinem ersten Champions-League-Finale als Trainer nahm er seinen Spielern die Angst, indem er sagte: «Mann, ich wünschte, ich könnte selber spielen.» Er übertrug seine Lust auf das Fußballspielen auf seine Spieler. Damit erreichte er Spieler wie Cristiano Ronaldo, die sich wie Zidane aus einfachen Verhältnissen nach oben gearbeitet haben.

Ein konkretes Beispiel für Zidanes Art, mit den Spielern umzugehen: Ronaldo gehört zu jener Sorte Fußballer, die nicht gern auf der Ersatzbank Platz nehmen. Eine perfekte Saison bedeutet für ihn, jedes einzelne Spiel über neunzig Minuten auf dem Platz zu stehen und in jeder Partie mindestens ein Tor zu erzielen. Es ist eine Art Fetisch von Ronaldo: Selbst in unwichtigen Spielen, bei denen es um nichts geht, verlangt Ronaldo von seinen Trainern, aufgestellt zu werden. Nun war Zidane selbst ein gänzlich anderer Spielertyp. Er konnte sich wochenlang zurücknehmen, um seine Kraft für die entscheidenden Spiele zu konservieren. Genau das forderte er auch von Ronaldo. Eine Saison sei lang. Wer Meisterschaft und

Champions League gewinnen wolle, müsse auch mal die erste Elf durchwechseln, so Zidane.

Er scheint Ronaldo überzeugt zu haben. Während der Saison 2016/17 saß er so oft auf der Bank wie nie zuvor. Zidane schonte ihn – und nicht nur ihn. Immer wieder wechselte er die erste Elf durch, gönnte seiner stärksten Elf Pausen. Dahinter steckt nicht nur eine clevere Belastungssteuerung, die er mit seinem Fitnesscoach Pintus ausheckte – Pintus ist vor allem eine Koryphäe auf dem Gebiet der Verletzungsprophylaxe. Die beiden haben damit gewissermaßen das alte Mantra von Ottmar Hitzfeld wiedererweckt: Rotation, Rotation, Rotation. Man kann Ersatzspieler am besten bei Laune halten, indem man ihnen Einsatzzeiten in vermeintlich unwichtigen Spielen gibt.

Und Ronaldo? In der Liga machte er nur 29 von 38 Spielen. Die 25 Tore, die ihm dabei gelangen, sind sein schwächster Wert, seit er für Madrid spielt, und sein zweitschlechtester Wert in den vergangenen zehn Jahren. Dafür traf er in den entscheidenden Spielen der Champions League. Fünf Tore im Viertelfinale gegen Bayern München. Drei Tore im Halbfinale gegen Atlético Madrid. Zwei Tore im Finale gegen Juventus Turin. Das ist fast schon zidanesque.

Überhaupt scheint Zidanes Einfluss auf Ronaldo einer der wichtigsten Faktoren zu sein für den großen Erfolg der Königlichen. Ronaldo hört auf Zidane. Das ist keine Selbstverständlichkeit, galt Ronaldo zwar lange als fleißiger, aber auch als schwieriger Profi. Cristiano Ronaldo hat sich zum Beispiel in der Öffentlichkeit einen Ruf als formidabler Freistoßschütze erarbeitet. Jedem Fan ist im Gedächtnis, wie er seine Freistöße zelebriert: den Ball sorgfältig hinlegen, drei Schritte zurück, breitbeinig aufstellen wie ein Cowboy. Die Wahrheit ist jedoch:

viel Fassade, wenig dahinter. Zwischen April 2014 und April 2015 versenkte Ronaldo keinen einzigen Freistoß, in der Saison 2015/16 lag seine Trefferquote bei mageren 7,5 Prozent (Lionel Messi oder Freistoßexperte Hakan Çalhanoğlu erreichen doppelt so hohe Werte). Das war für Real ein Problem, schließlich sieht Ronaldo sich selbst als Superstar des Teams, der das natürliche Recht hat, jeden Freistoß zu schießen – nicht ganz zu Unrecht, aber dennoch aufgrund seiner Quote ein Problem. Schon Mourinho hat versucht, ihm eine neue Schusstechnik anzugewöhnen. Rafael Benítez, der Vorgänger von Zidane, ging noch einen Schritt weiter und hielt ihm detaillierte Vorträge, wie er den Ball zu treffen hat. Ronaldo hörte ihm nicht zu. Er empfand es erniedrigend, als amtierender Weltfußballer derart belehrt zu werden.

Zidane ging dieses Problem anders an. Er stellte eine Freistoßmauer aus Plastik-Kickern auf und platzierte zwanzig Bälle um den Strafraum. Er rief einen Wettbewerb aus: Zidane gegen Ronaldo. Jeder hatte zehn Schüsse. Nacheinander traten sie an. Das Ergebnis: Zidane düpierte Ronaldo. Und damit weckte er seinen Ehrgeiz. Plötzlich sah man in der Saison 2016/17, wie Ronaldo neue Schusstechniken ausprobierte – nicht mehr ganz so brachial, nicht mehr immer in der Cowboy-Pose, sondern filigraner, wie einst Zidane. Plötzlich traf der Superstar wieder nach Freistößen. Mit Worten war Ronaldo nicht zu überzeugen, aber mit Taten.

Man sieht schon: Zidane ist ein Mann der Praxis, kein Mann der Theorie. Das System habe sich den Spielern unterzuordnen, nicht umgekehrt. Die entscheidenden Spiele soll die beste Elf machen – und die beste Elf auf den Platz zu bringen sei das oberste Gebot für den Trainer. Er bastelte sein System um seine Stars. Der BBC-Sturm – Karim Benzema, Gareth Bale, Cristiano Ronaldo – bildeten den Angriff. Dahinter sollten mit Toni Kroos und Luka Modrić zwei Spielmacher die Fäden ziehen. Die Außenverteidiger Daniel Carvajal und Marcelo sollen ihrem Temperament entsprechend nach vorn gehen. Sie alle sind feine Techniker und Ballartisten. Die besten Spieler sollen ihre Stärken einbringen.

Zidane hat das in seiner Zeit bei Juventus Turin gelernt, als er unter Carlo Ancelotti trainierte. Ancelotti hatte in Sacchis großer Milan-Mannschaft gespielt, die den europäischen Landesmeister-Pokal gewann. Zu Beginn seiner Karriere war er einer der größten Verfechter der Sacchi-Lehre. Hohes Pressing und totale Kompaktheit waren seine Religion. Er machte keine Kompromisse. Die Spieler hatten sich seinem System unterzuordnen. Bei einer seiner ersten Trainerstationen, dem AC Parma, beging er aus seiner Sicht einen folgenschweren Fehler: Er lehnte den Transfer von Roberto Baggio ab, einem talentierten Stürmer, der aber – so Ancelotti – nicht konsequent genug gegen den Ball arbeitete. Er war daher untauglich für sein System, das auf Disziplin und das Verschieben aller Akteure setzte, auch der Stürmer. Baggio wechselte stattdessen nach Bologna. Ihm gelangen 23 Tore in der Premierensaison. Tore, die Ancelottis Parma gut hätte gebrauchen können. Nach der Saison wurde Ancelotti entlassen. Er schwor sich: Ein guter Spieler soll fortan immer Platz finden in meinem System. So ging er bei Juventus Turin auch mit Zidane um, der – ähnlich wie Baggio – eher alibimäßig gegen den Ball arbeitete und sicher nicht immer der beste Spieler auf dem Platz war. Doch Zidane bekam seine Freiheiten. Der Franzose listet Ancelotti als denjenigen Trainer auf, der ihn am meisten beeinflusst hat.

Zidanes Philosophie gleicht der von Ancelotti. Die besten Akteure sollen spielen und ihre Technik und Eleganz ausleben. Nur auf einer Position weicht Zidane von dieser Linie ab: Auf der Sechs stellt er in Madrid Casemiro auf, einen bulligen Zweikämpfer, der das Balljagen wesentlich besser beherrscht als das Ballverteilen. Auch diese Idee dürfte aus seiner Zeit als Spieler stammen. Bei Real war Zidane selbst Teil einer Elf aus Stars: Real Madrids «Galaktische» vereinten Offensivpower wie kaum ein Team in der Geschichte des Fußballs. Zidane spielte neben Ronaldo (dem Brasilianer), Raúl, Luís Figo, Roberto Carlos und Santiago Solari. Auf dem Platz standen so viele Angreifer, wie es nur geht. Ein Unverzichtbarer war jedoch ein anderer: Claude Makélélé. Er hatte als Sechser die gleichsam komplexe wie undankbare Aufgabe, die Angriffe der Stars abzusichern, und er tat das mit Weitsicht, Antizipation und Zweikampfhärte. Nach zwei Champions-League-Triumphen verkaufte Reals Präsident Makélélé, um noch mehr Geld in Stars zu investieren. Zidane schüttelte den Kopf: «Warum noch eine weitere Schicht Gold auf den Bentley streichen, wenn du den gesamten Motor verlierst?» Casemiro ist sein Makélélé – wenn auch mit weniger Weitblick und mehr Brachialgewalt.

Es ist natürlich nicht so, dass Zidane ein taktikfremder Narr ist. Seine Mannschaft setzt Prinzipien des Positionsspiels um, zeigt beizeiten ein aggressives Pressing im Stile eines Arrigo Sacchi und dominiert den Gegner. Doch in den entscheidenden Momenten überlässt Zidane seinen Spielern die Kontrolle. Systemumstellungen oder Impulse von der Bank gibt es selten. Komplex ist das Spiel seiner Mannschaft nicht. Er vertraut vollends den individuellen Qualitäten seiner Spieler. Damit ist er in einer Fußballwelt, die taktisch immer strikter

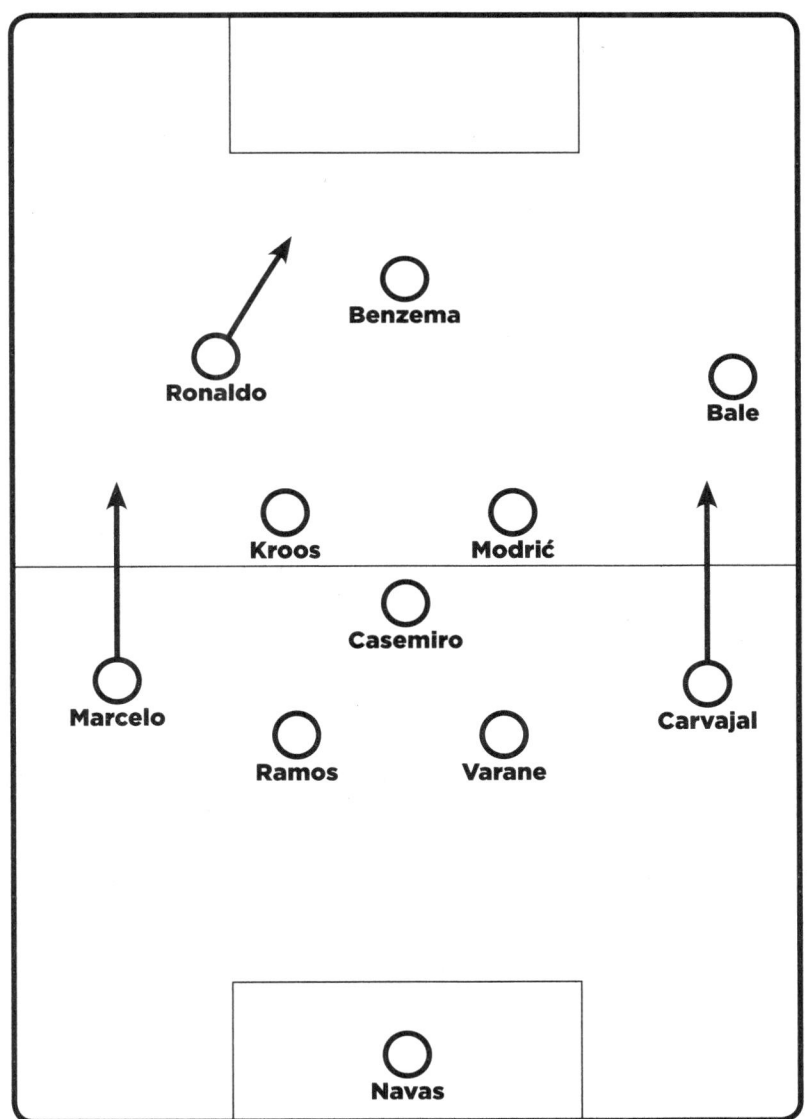

Real Madrid unter Zinédine Zidane, Saison 2015/16

wird, durchaus altmodisch. Dass sein Weg funktioniert, liegt zu einem gewichtigen Teil an seinen Spielern. Real Madrid hat ein Jahrzehnt benötigt, um sich nach der Zeit der «Galaktischen» neu zu erfinden. Nun haben sie eine der besten Mannschaften der Fußballgeschichte zusammengestellt. Individuelle Klasse in der Offensive kombiniert mit einer starken Defensive und Strategen im Mittelfeld. Gerade die Rolle von Kroos und Modrić kann man nicht genug unterstreichen: Mit ihrem formvollendeten Passspiel machen sie aus Real eine Ballbesitzmannschaft, auch wenn diese eigentlich gar nicht so aufgestellt ist. Sie legen sich den Gegner zurecht und können mit ihren Ideen auch tiefstehende Gegner knacken. Real öffnet Räume nicht über ein prägnantes Positionsspiel, sondern über die Spielintelligenz ihrer Akteure.

Einer der am häufigsten geäußerten Kritikpunkte an Guardiola lautet, dass seine Philosophie zwar bei Barcelona oder Bayern umsetzbar sei, doch nicht etwa beim SC Freiburg. Tatsächlich gilt das aber eher für Zidane. Guardiolas Positionsspiel ist zumindest theoretisch universell einsetzbar. Selbst Kreisklasse-Spielern könnte man vorgeben, wie sie sich zu positionieren haben, welche Pässe sie spielen sollen, wo der Gegner seine Lücken hat. Ob diese Pässe auch ankommen, ist die andere Frage. Aber hier würde dann das Gegenpressing greifen.

Zidanes Ansatz, die besten Spieler zum richtigen Zeitpunkt in bester physischer Verfassung aufzustellen und ihnen zu vertrauen, funktioniert hingegen nur, wenn man eine starke Elf hat, der ein Trainer entsprechendes Vertrauen schenken kann. Die Spieler müssen intelligent sein, von einem unbändigen inneren Siegeswillen angetrieben werden und eigenständig fußballerische Lösungen erarbeiten können.

Dieser Ansatz ist in der zweiten oder dritten Liga kaum nach-
zuahmen. Nicht einmal im Spitzenfußball funktioniert dieser
Ansatz immer. Das Scheitern von Zidanes Vorbild Carlo Ancelotti in München zeigt die Schwächen dieses Ansatzes: Wenn
die Spieler nicht auf dem allerhöchsten Niveau Leistung zeigen, benötige ich eine gute Taktik, um diese Schwachstellen
auszugleichen. Zidanes Mannschaft ist insofern eine Summe
ihrer Teile – nicht mehr, aber eben auch nicht weniger.

Zidane dürfte Kritik an seiner Arbeit egal sein. Er hat in der
kurzen Zeit als Trainer mehr erreicht als die meisten Kollegen in ihrer ganzen Laufbahn. Er hat ein Team aus individua-
listischen Alleskönnern geformt, konditionell in Schuss gebracht und durch die richtige Motivation noch besser gemacht.
Er beweist, dass es auch in Zukunft in der Fußballwelt nicht
den einen goldenen Weg gibt. Viele Wege führen zum Erfolg.
Manchmal eben auch die altmodischen.

Epilog

Kurz nachdem ich das finale Porträt dieses Buchs niedergeschrieben hatte, war ich zu einer Aufnahme des Podcasts *Rasenfunk* eingeladen. Wir sprachen über die Trainer der Bundesliga und wieso junge, erfolgreiche Trainer bereits nach wenigen Siegen in den Himmel gelobt werden. Wer drei Spiele gewinnt, wird schnell zum Über-Trainer stilisiert, erhält Dutzende Interviewanfragen, wird zum neuen Trainertalent hochgeschrieben. Wer drei Spiele verliert, wird angezählt, als rückständig abgestempelt, entlassen. Ich sagte dann etwas, das so gar nicht zu dem passen will, was ich in den elf Kapiteln des Buches geschrieben habe: «Wir überhöhen heutzutage die Rolle der Trainer total.»

Triumphe und Tränen, Titel und Ausscheiden, Siege und Niederlagen – all das wird heute zu großen Teilen am Trainer festgemacht. Dabei gibt es keinen Mitarbeiter, der durchschnittlich eine kürzere Verweildauer bei einem Fußballverein hat als der Trainer. Selbst Spieler wechseln nicht derart häufig den Verein wie ihre Übungsleiter. Gerade einmal drei Trainer, die zu Beginn der Bundesliga-Saison 2017/18 am Spielfeldrand standen, waren länger als zwei Jahre bei ihrem Klub. Einer von ihnen, Peter Stöger, wurde noch in der Hinrunde vom 1. FC Köln entlassen, nur um wenige Tage später Peter Bosz als Trainer von Borussia Dortmund abzulösen. Trainer, so scheint es, werden immer austauschbarer. Wie sollen sie eine Spielidee entwickeln, ein Team taktisch verbessern, das Können der Einzelspieler fördern, wenn sie nach nur wenigen Niederlagen wieder gehen müssen?

Fußballvereine sind im 21. Jahrhundert Unternehmen mit vielen kleinen Zahnrädchen. Der Trainer mag das Zahnrädchen sein, um das sich alle anderen Rädchen drehen – doch wenn die anderen Rädchen klemmen, hilft auch der beste Trainer wenig. Maurizio Sarri sagte in einem Interview: «Diese Raserei, nach der ein Trainer ein Trottel ist, wenn er zwei Spiele verliert ... macht es sehr schwierig, Projekte zum Leben zu erwecken und dann den Fußball weiterzuentwickeln.» Die Trainer in diesem Buch haben nicht nur Talent für ihren Beruf, hohes Fachwissen und Ehrgeiz – sie hatten auch das Glück, zum richtigen Zeitpunkt am richtigen Ort zu sein; vielleicht war es auch das Glück der Tüchtigen. Nur so konnten sie überhaupt Projekte und innovative Visionen zum Leben erwecken.

Manchmal braucht es jahrelange Arbeit, um den Fußball auf eine neue Stufe zu heben; nicht nur von einem Trainer, sondern von einem ganzen Verein. Pep Guardiola hat in Barcelona das Denken über Fußball, Taktik und Strategie völlig verändert. Er hat der Fußballtaktik neue Facetten hinzugefügt und damit zahllose Kollegen inspiriert. Das war nur möglich, weil er auf einer Fußball- und Klubphilosophie aufbauen konnte, die schon lange vor ihm entstand. Die Klub-Verantwortlichen wiederum glaubten an Guardiolas Vision. In diesen schnelllebigen Fußballzeiten hat man an nur wenigen Orten den Mut und die Geduld, so ein langfristiges Experiment zu wagen.

Die elf in diesem Buch Porträtierten haben den Fußball der heutigen Zeit geprägt: mit ihrer Außendarstellung, mit ihrer Art des Fußballs, mit ihren frischen Ideen und Strategien. Ob sie den Fußball auch in Zukunft prägen werden? Flexibilität ist eines der großen Themen, mit denen sich alle Trainer in den kommenden Jahren auseinandersetzen müssen. Die Spieler werden immer besser ausgebildet, lernen bereits in der Jugend mehrere taktische Systeme kennen. Mannschaften können binnen Sekunden ihre Formation wechseln. Manche Trainer ändern drei-, viermal in einem Spiel ihre taktische Ausrichtung, manche Spieler tauchen binnen eines Spiels auf drei oder vier unterschiedlichen Positionen auf. Wer mit dieser taktischen Vielfalt nicht umgehen kann, wird ins Hintertreffen geraten.

Doch auch langfristig in strategischer Hinsicht müssen Trainer heutzutage flexibler denken als früher. Scouts spähen den kommenden Gegner bis ins kleinste Detail aus. Wer sich auf eine Philosophie versteift, macht sich berechenbar. Die Zeit der Ideologen neigt sich dem Ende zu. Junge Trainer wie Julian Nagelsmann agieren nicht nur auf der taktischen, sondern auch auf der strategischen Ebene vielschichtig. Das Vorbild in diesem Bereich heißt Joachim Löw. In seiner Amtszeit als Bundestrainer erfand er sich ständig neu. Ausgerechnet der alte Hase beweist, dass man als Trainer nicht festgefahren sein sollte.

Wahr ist auch: Die Zeit der großen Revolutionen im Fitness-, aber auch im taktischen Bereich ist vorbei. Die Laufleistung der Spieler wird in den kommenden Jahren nicht mehr exorbitant steigen, niemand wird eine völlig neue Taktik erfinden. Kein Trainer wird einen derartigen Vorsprung erreichen wie einst José Mourinho, als er mit seinen damals revolutionären Methoden der Konkurrenz um Jahre voraus war.

Heute geht es um die vielen kleinen Dinge, die in einem komplexen Sport wie Fußball den Ausschlag geben können. Wie kann ein Spieler den Ball so annehmen, dass er direkt die nächste Aktion starten kann? Wie lautet die optimale Temperatur im Ermüdungsbecken? Welches Hotel bietet die beste Betten für die Spieler? Im Radsport taufte man dieses Prinzip «marginal gains»: Eine Vielzahl kleiner Verbesserungen soll sich am Ende zu einem großen Wettbewerbsvorteil summieren. Längst wird diese Idee auch im Fußball verfolgt.

DFB-Chefscout Urs Siegenthaler prognostizierte jüngst in einem Interview mit der *Berliner Morgenpost*, dass in Zukunft ganze Spielzüge einstudiert werden könnten, vom ersten Pass bis zum finalen Schuss, wie das heute schon beim Basketball oder American Football der Fall ist. Wer sich die eiskalte Präzision des Ballbesitzspiels von Pep Guardiolas Manchester City anschaut, könnte meinen, das ist bereits so. Doch das ist nur ein Beispiel unter vielen. Spielzüge, technische Fertigkeiten, Standardsituationen: Es gibt viele Details, an denen Trainer und Spieler weiter feilen können.

Was bedeutet das für den Trainerberuf? Niko Kovač gab in einem Interview mit der *FAZ* einen Einblick in einen modernen Fußballklub: «[Früher] gab es neben dem Trainer noch einen Assistenten, einen Torwarttrainer und einen Physiotherapeuten. Heute haben wir in Frankfurt etwa zwanzig Leute im Stab, Physiotherapeuten, Ernährungsberater, Yogalehrer, und ich bin mir sicher, dass wir uns damit in der Bundesliga eher im unteren Mittelfeld befinden. Es gibt so viele Neuigkeiten, so viele Entwicklungen, so viele wissenschaftliche Erkenntnisse, die in unserer Gesellschaft Platz finden, gerade im Sport. Es wäre dumm, diese nicht zu nutzen. Wissen ist Macht.»

Ständiger Weiterentwicklung bedarf es also nicht nur im taktischen und strategischen Bereich. Wissenschaftliche Erkenntnisse und technische Entwicklungen verändern die Arbeit eines Fußballtrainers, Stück für Stück. Die wichtigen Innovationen erkennen und in die eigene Arbeit einfließen lassen – darauf kommt es an. Dazu braucht es ein gesamtes Team. Ein einzelner Trainer kann das nicht mehr leisten.

Die Arbeit der Trainer wird in diesem Zusammenhang in Zukunft nicht weniger wichtig, im Gegenteil: Sie sind der neuralgische Punkt, an dem alle Fäden zusammenlaufen; alle Informationen, alle Innovationen, alle Ideen. Sie müssen dafür sorgen, dass sich alle Details zu einem großen Ganzen zusammenfügen. Ein guter Trainer muss heutzutage immer auch delegieren können. Das beweist vor allem Jürgen Klopp. Die vielseitigen Stärken eines wachsenden Trainerteams ausbalancieren und eine gemeinsame Richtung vorgeben: Das könnten die zukünftigen Aufgabe eines Trainers sein. Es ist gut möglich, dass der Trainer von morgen eine weniger omnipräsente Führungsfigur ist, sondern ein Vermittler zwischen den Spezialisten im Trainerteam auf der einen und den Fußballspielern auf der anderen Seite.

Ob in diesem Fußball noch Platz sein wird für Guardiola, Mourinho, Klopp und die übrigen Strategen unserer Zeit? Nur wenige große Trainer können ihr Niveau über Jahre oder gar Jahrzehnte halten. Ihre Innovationen werden kopiert, ihr Charisma lässt nach, ihr taktisches Konzept geht plötzlich nicht mehr auf in einer sich verändernden Fußball-Landschaft. Und doch haben gerade Guardiola und Löw in der Vergangenheit bewiesen, dass sie auch mit sich ständig verändernden Umständen umgehen und sich anpassen können. Jüngere Trainer wie Thomas Tuchel oder Julian Nagelsmann haben Flexibilität längst zu ihrem Markenkern erkoren. Sie sind nicht die einzigen Trainertalente, die in den Startlöchern lauern. Domenico Tedesco (Schalke 04), Jorge Sampaoli (argentinischer Nationaltrainer), Roberto Martínez (belgischer Nationaltrainer): nur drei Namen, die wir in Zukunft sicher noch häufiger hören werden. Ihre Biographien sind nicht weniger interessant als die jener Trainer, die in diesem Buch porträtiert wurden.

Überhaupt ist das der größte Trend, der sich aus diesem Buch ableiten lässt: Der Trainerberuf öffnet sich für Menschen, deren Biographien bunt sind. Es wird auch Spitzentrainer geben, die früher selbst auf hohem Niveau gekickt haben. Aber es wird auch Trainer geben, die aus ganz anderen Bereichen stammen als dem Fußballgeschäft. Martin Schmidt, früher Trainer in Mainz, heute in Wolfsburg, war vor seiner Trainerkarriere zunächst Mechaniker und leitete später eine Modefirma. Mein *Spielverlagerung.de*-Kollege René Marić hat das Schreiben an den Nagel gehängt und ist heute Co-Trainer bei Red Bull Salzburg. Das Trainertalent von morgen kann von überall her kommen. Genauso ist es möglich, dass plötzlich altgediente Trainer groß herauskommen – sofern sie zur richtigen Zeit am richtigen Ort sind. Jogi Löws Karriere war bereits totgesagt, ehe er den Job fand, der zu seinen Stärken, aber auch zu seinen Schwächen passte. Vielleicht ergeht es auch manch anderem Kollegen so, den wir heutzutage als «altmodisch» abstempeln würden. Zinédine Zidane erfand das

Rad nicht neu, gewann jedoch zuletzt zweimal die Champions League.

Wer wird also der Stratege der Zukunft? Die Antwort auf diese Frage liegt auf dem Platz, um noch einmal Otto Rehhagel zu zitieren. Manche Dinge ändern sich im Fußball zum Glück nie.

Danksagung

Ich bedanke mich bei den zahllosen Kollegen und Freunden, die mir mit diesem Buch geholfen haben – teils wissentlich, teils unwissentlich, indem sie sich mit mir über Fußball oder die in diesem Buch porträtierten Trainer unterhalten haben. Es würde den Rahmen sprengen, alle hier aufzuführen. Wenn wir uns wieder treffen, schulde ich euch ein Bier – mindestens!

Herausheben möchte ich Lukas Tank, Max-Jacob Ost und Tim Rieke. Sie haben das Buch in seiner frühesten Version gelesen. Ihre Anregungen und Tipps haben dieses Buch geprägt und inhaltlich verbessert. Ich kann mich gar nicht genug bei euch bedanken für eure Zeit und eure Expertise.

Ohne Johanna Langmaack wäre dieses Buch nie entstanden. Sie hatte die Idee zu diesem Projekt und hat es vom Anfang bis zum Ende begleitet. Würde ein Computer einen Algorithmus für die perfekte Lektorin erschaffen, am Ende würdest du dabei herauskommen, Johanna. Vielen lieben Dank.

Der größte Dank gebührt meiner Frau Katharina. Durch meine intensive Arbeit an diesem Buch warst du wochenlang praktisch alleinerziehend. Ich kann nicht in Worte fassen, wie dankbar ich für deine Unterstützung bin. Ich liebe dich.

Literaturverzeichnis

Alciato, Allesandro. *Metodo Conte.* Mailand: Vallardi, 2015.

Bausenwein, Christoph. *Joachim Löw. Ästhet, Stratege, Weltmeister.* Göttingen: Verlag Die Werkstatt, 2014.

Cox, Michael. *The Mixer. The Story of Premier League Tactics, from Route One to False Nines.* London: HarperCollins Publishers, 2017.

Escher, Tobias. *Vom Libero zur Doppelsechs. Eine Taktikgeschichte des deutschen Fußballs.* Reinbek: Rowohlt, 2016.

Gallwey, W. Timothey. *Tennis – Das Innere Spiel. Durch entspannte Konzentration zur Bestleistung.* Übersetzt von Werner Roller. München: Wilhelm Goldmann Verlag, 2012.

Henseling, Marco, und René Marić. *Fußball durch Fußball. Das Trainingshandbuch von Spielverlagerung.de.* Göttingen: Verlag Die Werkstatt, 2015.

Honigstein, Raphael. *Der vierte Stern. Wie sich der deutsche Fußball neu erfand.* Übersetzt von Ronald Reng. Berlin: Ullstein Buchverlage GmbH, 2016.

Honigstein, Raphael. «*Ich mag, wenn's kracht*». *Jürgen Klopp. Die Biographie.* Berlin: Ullstein Buchverlage GmbH, 2017.

Ibrahimović, Zlatan, und David Lagercrantz. *Ich bin Zlatan Ibrahimović. Meine Geschichte.* Übersetzt von Wolfgang Butt. München: Malik, 2013.

Lahm, Philipp. *Der feine Unterschied.* München: Verlag Antje Kunstmann, 2011.

Mourinho, José, und Luís Lorenco. *José Mourinho.* Stockport: Dewi Lewis Media, 2004.

Neveling, Elmar. *Jürgen Klopp. Echte Liebe.* München: Copress Verlag in der Stiebner Verlag GmbH, 2013.

Perarnau, Martí. *Herr Guardiola. Das erste Jahr mit Bayern München.* Übersetzt von Hans-Joachim Hartstein & Lea Rachwitz. München: Kunstmann, 2014.

Perarnau, Martí. *Pep Guardiola. Das Deutschland-Tagebuch.* Übersetzt von Matthias Strobel & Carsten Regling. Salzburg: Ecowin, 2016.

Pirlo, Andrea, und Alessandro Alciato. *Ich denke, also spiele ich.* Übersetzt von Elisabeth Liebl. München: Riva, 2015.

Rafelt, Martin. *Vollgasfußball. Die Fußballphilosophie des Jürgen Klopp.* Göttingen: Verlag Die Werkstatt, 2016.

Ripke, Paul. *Die Nationalmannschaft: One Night in Rio.* Hamburg: Edel Books, 2014.

Rodier, Philippe. *L'entraîneur idéal.* Montreal: Hugo Sport, 2017.

Rojas Rojas, Eduardo. *Marcelo Bielsa. Los 11 caminos al gol.* Buenos Aires: Sudamericana, 2015.

Schulze-Marmeling, Dietrich, Herausgeber. *Strategen des Spiels. Die legendären Fußballtrainer.* Göttingen: Verlag Die Werkstatt, 2005.

Torres, Diego. *The Special One. The Secret World of José Mou-*

rinho. Übersetzt von Pete Jenson. London: HarperCollins Publishers, 2014.

Wilson, Jonathan. *Revolutionen auf dem Rasen. Eine Geschichte der Fußballtaktik.* Göttingen: Verlag Die Werkstatt, 2012.

Winner, David. *Oranje Brillant. Das neurotische Genie des holländischen Fußballs.* Übersetzt von Kristian Lutze. Köln: Kiepenheuer & Witsch, 2008.

Wolff, Julien. *José Mourinho. Die persönliche Biografie des Special One.* München: Riva, 2016.

Weitere Quellen umfassen u. a. die Online-Archive der Zeit, des Spiegels, der FAZ, der Süddeutschen, der Welt, der Ruhrnachrichten, des ZeitMagazin Mann, des Fußball-Magazins 11Freunde, des kickers, der NY Times, des Guardians, der englischen Ausgabe der GQ, des Online-Magazins The Ringer, des Blizzards, des Tactical Rooms, der Gazzetta dello Sport, der Corriere dello Sport, des Algemeen Dagblatt, der Vrij Nederland, von ESPN, CNN, VICE, Sky, der Seite Spox.com, Spielverlagerung.de sowie das Online-Videoarchiv der Firma InStat.

Register

Personen- und Vereinsregister

Neuer, Manuel 200
Newell's Old Boys 77 ff.
Olympique Lyon 37, 176
Olympique Marseille 86
OSC Lille 89
Özil, Mesut 196, 261
Pedro, Eliezer Rodríguez Ledesma 135
Pelé 259
Pescara Calcio 145
Piero, Alessandro del 121
Pintus, Antonio 256, 263
Pirlo, Andrea 130 f., 135
Pochettino, Mauricio 76, 117
Podolski, Lukas 196
Pogba, Paul 41, 130
PSV Eindhoven 168, 216
Rangnick, Ralf 103, 215 f., 221
Raúl 266
Real Madrid 37, 39 f., 55 f., 58, 177, 256 ff.
Rehhagel, Otto 9
Ribbeck, Erich 212
Ribéry, Franck 66, 245 f., 260
Rijkaard, Frank 42
Rivaldo 27
Robben, Arjen 66, 135, 246
Robson, Sir Bobby 26
Ronaldinho 63 f.
Ronaldo, Cristiano 17, 159, 179, 257, 259, 262 ff.
Ronaldo, Luís Nazário de Lima 266
Rosario Central 77 f.
Rudy, Sebastian 251
Sacchi, Arrigo 97 f., 124, 145, 150, 154 f., 157, 215, 265 f.
Sampaoli, Jorge 76, 275
Sánchez, Davinson 41
Sarri, Maurizio 141 ff., 177, 271
SC Freiburg 185, 268

Schmidt, Martin 275
Schöllhorn, Wolfgang Prof. Dr. 222
Schwarz, Sandro 99
Schweinsteiger, Bastian 196, 199
Seirullo, Francisco 27 f., 62
Sérgio, Manuel 24 f.
Siegenthaler, Urs 191, 201, 203 f., 273
Simeone, Diego 71, 76, 88
Solari, Santiago 266
Sporting Lissabon 26, 88
Sporting Toulon 165
SSC Neapel 143, 146 f., 150 ff.
SSV Ulm 215
Stevens, Huub 238
Stöger, Peter 271
Stoitschkow, Christo 27
Stuttgarter Kickers 215
Süle, Niklas 251
Tedesco, Domenico 244, 249, 275
Tottenham Hotspur 76, 117 f.
Trapattoni, Giovanni 120 f., 132
TSG Hoffenheim 103, 237 ff.
TSV 1860 München 237
Tuchel, Thomas 15, 65 ff., 71, 156, 177, 203, 209 ff., 236 f., 249, 261
União Leiria 27
US Lecce 119
VfB Stuttgart 179, 185 ff., 216 f., 242, 244
VfL Wolfsburg 219, 275
Vidal, Arturo 130
Vitesse Arnheim 162, 164, 168 f.
Vogts, Berti 212
Völler, Rudi 189
Wagner, Sandro 242
Watzke, Hans-Joachim 229
Weigl, Julian 178
Wenger, Arsène 41, 109, 117 f.
Werder Bremen 220

Infokästen

Tobias Escher
Vom Libero zur Doppelsechs

Der Taktikexperte Tobias Escher zeigt in einem spannenden
Überblick, wie sich Fußball in Deutschland in den letzten 100 Jahren entwickelt hat. Welche Strategie wählt ein
Team? Weshalb spielte 1975 jede Mannschaft mit einem
Libero und 2015 stattdessen mit einer Doppelsechs? Und
wie wurde Deutschland 2014 Weltmeister? Escher erzählt
in seinem Buch, wie sich das Spiel über die Jahre verändert
hat, welche Taktik sich durchsetzen konnte und welche
Gegentaktik erfolgreich war. Er erklärt, wie sich Trainer die
Änderung der Abseitsregel zunutze gemacht haben und dass
sich Fußballtrainer in Deutschland immer wieder von taktischen Innovationen aus dem Ausland inspirieren ließen:
vom englischen Kick 'n' Rush übers Catenaccio bis hin zum
Gegenpressing.

320 Seiten

Weitere Informationen finden Sie unter www.rowohlt.de